[美] 保罗 · 克鲁格曼（Paul Krugman）_ 著
余江 _ 译

克鲁格曼的经济学讲义

ARGUING WITH ZOMBIES

ECONOMICS, POLITICS, AND THE FIGHT FOR A BETTER FUTURE

中信出版集团 | 北京

图书在版编目（CIP）数据

克鲁格曼的经济学讲义 /（美）保罗·克鲁格曼著；余江译. -- 北京：中信出版社，2020.11

书名原文：Arguing with Zombies: Economics, Politics, and the Fight for a Better Future

ISBN 978-7-5217-2345-8

Ⅰ.①克… Ⅱ.①保… ②余… Ⅲ.①经济学 Ⅳ.①F0

中国版本图书馆CIP数据核字（2020）第210952号

克鲁格曼的经济学讲义

著　　者：[美] 保罗·克鲁格曼
译　　者：余江
出版发行：中信出版集团股份有限公司
（北京市朝阳区惠新东街甲4号富盛大厦2座　邮编　100029）
承 印 者：中国电影出版社印刷厂

开　　本：787mm×1092mm　1/16　　印　　张：25.75　　字　　数：350千字
版　　次：2020年11月第1版　　印　　次：2020年11月第1次印刷
京权图字：01-2020-0892
书　　号：ISBN 978-7-5217-2345-8
定　　价：88.00元

服务热线：400-600-8099
投稿邮箱：author@citicpub.com

以此纪念我已故的同事和朋友乌韦·莱因哈特，
他为推进医疗经济学讨论所做的工作无与伦比，
特别是还帮助我免出洋相。

目录

致谢

本书收录的大部分文章起初是作为报纸专栏发表的。专栏写作的性质就其定义而言不允许及时开展讨论或合作，你早上起床，喝杯咖啡，决定要写的主题——提前计划基本上没有意义，因为总会被各种事件冲乱——然后在下午五点交稿。博客帖子亦是如此，可以在一小时甚至更短时间内从形成模糊概念到公开发表，往往更没有同他人讨论文稿的机会。大多数情况下，我能够寻求有效批评和意见的唯一人选是我的太太罗宾·威尔斯（Robin Wells），所幸她经常能给出无价的反馈。

不过，专栏写作依然是以有关课题的现实讨论为背景的。在本书记录的15年写作历程中，我吸收了许多人的智慧。我要列出其中一些人的名字，但完全清楚该名单很不完整，不公平地忽略了好多人。这一时期，我竟然写了数以千计的专栏和博客帖子，以至于经常想不起必要的专业知识是从谁那里借鉴的。

在医疗领域，我从乌韦·莱因哈特与乔纳森·格鲁伯（Jonathan Gruber）那里获得了大量帮助。本书也特别献给乌韦。

迪恩·贝克尔（Dean Baker）帮助我认定美国当时面临巨大的房地产泡沫问题。

我与布拉德·德龙（Brad DeLong）在呼吁对本轮危机采取凯恩斯主义应对策略方面可以说结成了双打组合。

我对有效市场金融理论问题的阐述，大量借鉴了贾斯汀·福克斯（Justin Fox）的研究成果。

迈克·康克扎尔（Mike Konczal）帮助我理解了奥地利学派的糟糕逻辑，西蒙·雷恩－刘易斯（Simon Wren-Lewis）则帮助我弄清楚了为什么这一糟糕逻辑会在英国盛行。

理查德·科根（Richard Kogan）或许是第一个提醒我所谓债务滚雪球问题并不存在的人。

伊曼纽尔·赛斯（Emmanuel Saez）与加布里埃尔·祖克曼（Gabriel Zucman）除了带给我们大量有关税收的知识外，还极大地促进了我对民主党新政策建议的理解，尤其是沃伦的财富税建议。

查德·鲍恩（Chad Bown）向我详细介绍了关于特朗普关税的来龙去脉。

关于技术和不平等之间是否存在联系，我的大部分认识来自拉里·米歇尔（Larry Mishel）的讲授。更一般地说，我还经常向斯通中心（Stone Center）的同事珍妮特·戈尼克（Janet Gornick）求教不平等数据的具体含义。

我对保守主义运动的大部分认识来自里克·珀尔斯坦（Rick Perlstein）。

斯通中心的另一位同事莱斯利·麦考尔（Leslie McCall）帮助我正确认识了选民对税收和政府支出的态度的政治学，或者说至少帮助减少了部分错误认识。

同无可比拟的迈克尔·曼（Michael Mann）通信，帮助我理解了对气候科学研究的肮脏政治操作。

最后要感谢诺顿出版社（Norton）的德雷克·迈克菲里（Drake McFeely），早在我开始为《纽约时报》写稿之前，他就帮忙出版了我的贸易理论著作，并使这些作品的品质大为改观。

引言：那美好的仗

做舆论权威人士从来不在我的计划之内。

在 1977 年完成研究生学业时，我憧憬着献身于教学和研究的人生。假如需要在公共讨论中扮演任何角色，我想会是作为一名技术专家，不带情感地为决策者提供哪些可行、哪些不可行的意见。

如果看一下我被引用次数最多的研究成果，你会发现大多与政治无关。其中主要是经济地理与国际贸易领域的论文，它们不仅无关乎政治，而且基本上不涉及政策。这些文章只是试图弄清楚全球贸易的面貌和产业活动的选址，用经济学术语来讲，它们属于分析世界如何运转的“实证经济学”（positive economics），而非指示应该怎样运转的“规范经济学”（normative economics）。

然而到 21 世纪的美国，所有事情都成了政治。在许多情况下，承认某个经济问题的现实证据会被视为有党派倾向的行为。例如，美联储大量购入政府债券，会不会推高通货膨胀（以下简称通胀）？明确的实证回答是：如果经济处于萧条期，就不会。美联储在 2008 年金融危机后购买了 3 万亿美元债券，通胀率依旧维持在低水平。可是在现实中，美联储政策有推高通胀风险的观点成了共和党的官方观点，于是承认客观事实将被贴上进步派立场的标签。

甚至在有些时候，哪怕提出某类疑问也会被当作党派行为。如果对收入不平等的现状提出疑问，会有相当多保守派谴责你不像个美国人。在他们眼中，只要提及收入分配议题，或者把中产阶级的收入增长同富人加以比较，都属于“马克思主义的论调”。

当然，这种现象并不限于经济领域。可以说同气候学家相比，我们经济学家的境遇还算轻松，他们会因为得出了强势利益集团不愿意让其他人知晓的结论而遭到迫害。还有研究枪支暴力问题的社会科学家：1996 年到 2017 年，美国疾控中心被明令禁止资助有关枪支伤亡的研究项目。

此时，有志于学者生涯的人该何去何从？一种办法是忽略政治热度，继续专注于自己的研究。这是令我尊敬的选择，对包括经济学家在内的大多数学者而言也是正确的选择。

但我们还需要公共知识分子，即了解和尊重学术研究，同时又愿意加入政治斗争的人。

本书收录的正是我在努力扮演这一角色时所著的文章，其中多数发表于《纽约时报》。后面我会谈及自己如何来到那个位置，以及我现在还试图做些什么。这里让我们先谈谈另一个问题：全盘政治化到底是怎么回事？

政治化的根源

政治议题多如牛毛，而且你可以想象，人们有着各式各样的立场，并不对应简单的左右之分。例如有这样一类选民：他们强烈支持枪支管控，要求用积极政策遏制全球变暖，却希望看到美国的社会保障制度与医疗保险制度被私有化（如果不是完全取消的话）。

可是在现实中，现代美国的政治生活呈现出高度的一维特征，尤其是在选举产生的代表人身上。只要知道某位国会议员在全民医保等议题上的立场，你就能推测出他对气候政策的态度，反之亦然。

这种单一的政治维度是如何定义的？它基本上属于传统的左右方向的连续变化区间：你认为公共政策对减少市场经济的风险和不平等应发挥多大作用？你希望所在的社会更像今天的丹麦，有着较高的税负、健全的社会安全网和广泛的劳工保护，还是更像镀金时代的美国，奉行自由放任准则？

在某种层面上，此类争论的轴心与价值观相关。左翼人士往往沿哲学家约翰·罗尔斯的思路秉持社会正义观念，他们认为，当民众不清楚自己是谁、会扮演什么角色时就应该拥护这些左翼人士选择的社会类型。大致而言，此类观点的道德立场就是“幸得上帝眷顾”，然而上帝常常不会临幸。

相反，右翼人士认为（或自认为）政府为缓和风险与不平等而采取干预措施是不道德的。在他们眼中，对富人征税来帮助穷人是一种盗窃，无论其目的有多么高尚。

经济学说不清你应该接受何种价值观，但可以描述反映特定价值观体系的政策会带来何种结果。不过这也是政治化乘虚而入的地方。特别是，反对扩大政府作用的人想证明，政府干预不仅有违道德，还对生产有反作用甚至破坏作用。如果证据不能支持，他们就会攻击证据及提供证据的人。

原则上，这种政治化行动可能来自左右两个方面。确实在某些时间和某些地点，我们看到过某些大人物拒绝承认价格管制导致短缺、过度印钞引发通胀等现象，例如在近期的委内瑞拉。即使在美国，也有某些左翼人士会指责你（好吧，其实是在说我）是代表大公司利益的骗子，只因为你指出实现全民医保有多种途径，可以在私人保险业继续发挥显著作用的情况下实现。

然而鉴于金钱和权力的现实格局，现代美国无所不在的政治化现象大多数还是反映了来自右翼的压力。

归根到底，虽然低税收、小政府的社会主张有其哲学根据，现代保守主义却不那么依靠哲理上的劝诫，而是植根于如果社会退回镀金时代会有一些人大发横财的现实。这些人的数量或许不多，但极为富有。大力宣扬朝他们的方向前进对所有人都有好处的观点，完全符合他们自身的利益。来自右翼的亿万富翁的财力支持是唤起僵尸学说的强大魔力，这样的学说本应该被截然相反的证据杀死，却依旧迈着蹒跚的步伐，吞噬人们的头脑。

最顽固的一种僵尸学说坚持认为，对富人征税会对整体经济造成巨大破坏，因此对高收入减税将带来神奇的增长。这种说法在现实中不断碰壁，却越来越牢固地控制了共和党。

还有其他僵尸学说：如果想要一个低税收、低福利的国家，他们会声称社会安全网体系有害无益，也无法运行。因此很多人不停地宣扬提供全民医保不可能实现，尽管除美国之外的所有发达国家都在一定程度上实现了该目标。

你明白了吧。把税收和政府支出研究扯上政治内容很容易理解，但为什么这一现象还会延伸到同阶级利益并无明显关联的领域？例如亿万富翁们也需要宜居的地球，那为什么气候变化会成为具有如此强烈的左右之争色彩的议题？经济衰退会伤害所有人，为什么保守派还反对用印钞来挽救经济下滑？还有，为什么对种族问题的态度同税收和支出问题的立场存在极其紧密的关联？

很大部分答案在于，政治玩家相信存在一种把所有形式的政府行动主义连接起来的光环效应，我也认为的确如此。如果说服人们让他们认同我们需要用公共政策来减少温室气体排放，他们就会更容易接受需要通过公共政策来缓和不平等。如果让他们相信货币政策能遏制衰退，他们将更有可能支持扩大医疗可及性的政策。

事情向来如此。美国右翼阵营曾经在20世纪四五十年代强烈反对凯恩斯主义经济学，以至于试图阻止在大学讲授相关课程，尽管凯恩斯本人恰当地指出，他的学说属于“温和的保守主义”，其目的是维护资本主义，而非取而代之。那为什么还会遭到激烈反对？因为右翼人士把它看成了普遍的大政府主张打进来的锋利楔子。而我们今天的政治极端化程度远超当时，所以政治化的议题范围也就更加泛滥。

除了光环效应，还有政治策略效应。我们知道，美国的政治生活过去有两个维度，不像如今只有一个：在左右之分的轴线之外，还有种族平等与种族隔离的轴线。至今依然有相当数量的选民，他们喜欢为自己服务的大政府，却不喜欢深色皮肤的人。与之相反的自由意志主义（libertarian）立场——喜欢小政府，接受种族宽容——在逻辑上是自洽的，但除了几十个打着领带的拥趸外并无太多支持者。不过我们几乎看不到倾向于大政府的种族主义政客。经济上的右翼势力通过迎合白人劳工阶层的种族仇视情绪，以争取他们的支持，却攻击这群人所依赖的社会福利计划。就这样，种族宽容以及性别平等和性少数群体（LGBTQ）权利等其他社会进步主义运动也像所有议题一样卷入了政治划界。

前文提到，这一切的结果就是泛政治化。借用丹尼尔·莫伊尼汉（Daniel Patrick Moynihan）的名言："每个人都有权持有自己的观点，但无权坚持只有自己认定的事实。"可是在当今美国，却有许多人相信他们有权宣扬自己认定的事实。这意味着专家治国梦——政治上中立的思考者帮助决策者实现高效治理——至少在目前已经幻灭。当然对关心我们的社会何去何从的学者而言，那并不是唯一可以出任的角色。

极端化时代的公共舆论权威

设想一下，你对某个专业领域（如经济学）颇有了解，又希望对公共议题讨论——不熟悉或不在乎技术内容的人们开展的讨论——发挥影响力。显然这描述的是我本人的状态，也适用于很多其他人士，例如，加入公共事务的其他经济学家，包括把自己从杰出经济学家改造为公共知识分子的约瑟夫·斯蒂格利茨，以及英国的西蒙·雷恩－刘易斯等。越来越多的记者也拥有良好的经济学教育背景，例如《纽约时报》的大卫·莱昂哈特（David Leonhardt）和《华盛顿邮报》的凯瑟琳·兰佩尔（Catherine Rampell）。演好这样的角色有哪些要求？

本书的最后一章收录了我于1993年发表的文章《我的工作方法》，其中讲到做研究的四项规则。这里也谈谈我理解的做公共舆论权威的四项规则，适用于本书的几乎所有内容。我估计前两项应该没有多少争议，后两项则不然。它们是：

· 多关注简单议题；

· 用直白语言写作；

· 以诚实揭露虚伪；

· 别害怕谈论动机。

多关注简单议题。经济学中有很多严肃而诚恳的学者仍不能达成共识的难题。作为公共舆论专家的经济学家该如何处理这样的问题？

我的回答是，多数时候他们应该尽可能远离此类问题。真实情况是现实世界的绝大多数经济争论是围绕简单问题展开的，对这些问题有显见的正确答案，可强势的利益团体不愿意接受。你可以聚焦于这些问题，对正确答案加以诠释，从而为公共讨论做出贡献。困难的问题自然还在那里，而媒体评论专栏并不是适合讨论它们的地方。

例如，就政府债务的影响而言，公众需要了解的内容是：试图在经济萧条期维持平衡预算会加深萧条程度，另外对政府债务失控螺旋飙升的担忧被过度夸大了。这里也有某些难度更大的问题，如对基础设施支出做评估的时候应采用何种利率水平，但简单的问题已经有大量内容可供讨论撰写。

用直白语言写作。作为公共舆论专家的经济学家应该用英语写作，当然我说的不是字面上的意思。事实上如果有更多人用德语解释基本经济概念，这个世界或许会变得更好。我想说的是，要成为有影响力的公共舆论权威，你必须采用平易的语言，不要以为大家都理解那些并不常见的概念。

为此可以看看我被引用最多的一篇论文：《收益递增与经济地理》。在只做学术研究的岁月里（那篇文章发表于 1991 年），我已经被经济学家誉为风格清新的作者，擅长借助直觉，不追求数学难度。但在那篇文章中，抛开数学公式，你依然会读到这样的句子："在不完全竞争和收益递增的环境下，货币的外部性关系重大。"我在《纽约时报》的读者中，会有哪怕 1% 明白那是什么意思吗？

摆脱专业术语不是听上去那么容易。部分原因是大多数术语有其服务的目标，即这种语言给既定的听众传递了重要信息。假如不依靠术语，那可能需要多得多的篇幅和时间，用成百上千个字来表述同样的内容。另外的原因则是，当你在某个专业领域沉浸多年后，可能已难以记得普通人（哪怕受过良好教育的聪明人）在现实中是如何讲话的。

我为《纽约时报》写作已有20多年，依然会偶尔收到文字编辑们的疑问，说他们（以及普通读者）理解不了某些段落，只因我无意间认为公众会像经济学家那样使用某些词语。例如当经济学家提到“投资”的时候，他们通常是指新的工厂或写字楼的建设，但如果不想让大众读者误解为是在谈论购买股票，他们就需要把意思更直接地说出来。

这并不是说你应该把读者想象得很愚笨，而是要对如何传递沟通下功夫。比如我于2019年发表的专栏文章《了解真实的美国农村》，其部分内容正是对上述1991年论文的观点重述。估计大多数读者看懂了文章的意思，尽管我的论点令其中许多人感到恼怒。

以诚实揭露虚伪。下面进入争议比较多的规则部分。前文提到，如今一切都变得政治化。结果导致，经济乃至任何领域的许多公共讨论是出于蓄意欺骗。

举一个最明显的例子，有些主张对富人减税的人可能假装是从现实证据中得出自己的判断，但这不符合事实：没有证据能说服他们改变看法。事实上，他们经常用偷梁换柱来应付不利于自己的证据。比如，有人曾预测比尔·克林顿的加税政策会导致经济衰退，到如今他们又改口称，克林顿时代的经济繁荣是受益于罗纳德·里根在1981年减税的长期效果。还有些时候，他们纯粹是撒谎、编造数据和其他的所谓事实。

作为公共舆论权威的经济学家该如何面对这样的现实？我知道许多经济学家倾向于采用的一个办法是，继续像真诚讨论那样开展对话：罗列证据，解释为什么某种观点正确、另一种观点错误，然后到此为止。

而我认为（你可能猜到了），这还不够，而且对读者很不公平。当你直面虚伪的争论时，应该让公众获知，不仅那些论证是错误的，而且是出于恶意欺骗。例如，指出那些预测美联储购入债券会引发通胀失控的人错了固然重要，强调他们中没有一个人愿意承认错误同样重要。此外还应点明：他们从未解释导致错误的原因，而且在共和党入主白宫之后，其中某些人的立场马上反转。

换句话说，我们要勇于直面政治讨论中大肆弥漫的欺诈虚伪，经常揭露他们在传递谎言。由此联系到我说的最后一项规则。

别害怕讨论动机。我希望在我们生活的世界中，人们通常可以认为政策讨论是出于真诚和善意。某些讨论的确如此，例如关于“量化宽松”，即美联储大量购买债券对刺激经济繁荣究竟发挥了多大效用，就展开了真正的理性讨论。我属于怀疑派，但我能尊重乐观派的意见，而且我相信论战双方都保持着开放心态。

然而，在21世纪美国的大多数重要政策讨论中，某一阵营始终在做欺诈陈述。我已经提到，这应该明确指出来，让读者知道，不仅关于减税作用的不切实际的观点是错误的，而且主张这种观点的人是在故意欺骗。我还要更进一步指出，为了对读者公正起见，还需要解释清楚那些人为什么在欺骗。

大致而言，这是指揭露美国的现代保守主义的实质，揭露服务于右翼亿万富翁利益并有效控制了共和党的媒体组织和智库的密切网络。正是这一网络，即保守主义运动，让各种僵尸学说得以苟延残喘，这其中也包括共和党对减税魔力的信念。如果你是在参与真正善意的辩论，指责对方的动机并非好事。但如果你是在同不诚实的对手辩论，承认他们的动机只不过是接受现实而已。

我希望世界本来不是这样的。有些时候我怀念职业生涯初期的天真幼稚，那时的我只想找出正确答案，会很自然地以为同我论争的人都在做同样的事。但如果要成为有作用的公共知识分子，你就必须同自己身处的世界而非自己理想的世界打交道。

关于本书

我从2000年起为《纽约时报》写稿，之前几年还为《财富》和《石板书》杂志撰写月度专栏，但我的主要身份还是研究型经济学家。事实上我自认为最出色的学术论文是作于1998年的《再现：日本的低迷与流动性陷阱的回归》。

对于我的稿件，《纽约时报》希望基本专注于商业和经济。但结果我来到了他们和我本人都未曾预料的位置上。小布什政府的不诚实达到了美国政治历史上前所未见的程度（当然现在已被特朗普主义者超越），在我看来，这显然已把大家卷入了同虚伪陈述交锋的战争。主流报纸的专栏作家当中并没有其他人愿意说破这一点，于是我感觉自己必须站出来。

当然那段时期我所撰写的最好作品已经收录进2003年的专栏文集《大破解：我们迷失在新世纪》，目前并无回顾的必要。

本书收录的文章，除少数之外，作于2004年小布什连任之后。当时其他许多人已经加入反对谎言执政的战斗，让我能安心聚焦于更多属于自己专业领域的议题，如把社会保障计划私有化的尝试，以及扩大医疗保险覆盖面的行动等。

本书有超过三分之一的篇幅是关于2008年金融危机的各个方面及后续影响的。没有谁真正预见到那场危机，除非那些预测了很多从未发生的其他危机的人。我本人已认识到当时出现了严重的房地产泡沫，但泡沫破灭造成的巨大破坏仍令我震惊不已，主要是因为我没有看到由于缺乏监管的“影子”银行业务的增长，金融体系已变得何其脆弱。

不过崩溃一旦发生，就进入了关注这些课题的经济学家熟悉的领域。我们从理论和历史上知道很多关于金融危机的事情，也比较清楚危机之后的经济体会如何运转。我在1998年写成的那篇论文就是讲，当零利率都不足以恢复充分就业时会发生什么情况，这个现象已经从日本特有的问题变成了西方各国的常态。

于是对我而言，2008年之后的5年左右既是最好又是最坏的时代。最好的时代是因为担任专栏作家的角色与我的学术研究几乎完美合拍，我可以就政策制定者应该怎么办的问题畅所欲言。最坏的时代则是说，政策制定者始终拒绝采纳我们已有的正确认识，转而迷恋于以糟糕（且往往不诚实）的论点为基础的预算赤字问题，带来了大量不必要的痛苦。

本书其余部分主要是与书名有关的内容：与各种僵尸学说的论战，

从减税僵尸到否认气候变化僵尸，以及支撑这些僵尸蹒跚而行的保守主义运动。书中的确有太多内容涉及唐纳德·特朗普，但我认为他并非对过去路线的偏离，而是数十年来的保守主义运动的必然结果。

本书的结尾部分将较为光明，或许并非如此，只是让我心情较好的话题。最后一章挑选了若干植根于我的学术研究的偏经济理论的文章，相比《纽约时报》的专栏，它们更难读一些，包含更多术语。但我仍希望，部分读者能投入精力看看我在背后是如何思考各种议题的。

本书讲述的是为了真理和正义同僵尸学说战斗的故事。我不知道这场战斗能否彻底获胜，还是可能失败，但绝对值得一搏。

1

挽救社会保障计划

战时选举之后

相比2016年，2004年的大选夜不算多大冲击，但依然令美国的进步派感觉苦涩失望。回头看，小布什的形象有所提升，人们看到他确实好过特朗普，却忘记了他主政下发生的暴行。毕竟是他以错误的借口把美国拖入战争，造成数十万人死亡。看到选民对如此卑劣的家伙表示欣赏着实令人不快。

此外，许多评论家认为那场选举不仅仅是一次性事件，而是保守派建立起长期统治的预兆。从电视网络上看——当时的人们依然观看普通的电视节目——很多人出来宣告美国式进步主义的死亡，确认我们整体上仍是个保守主义国家。

然而更细致地看，会发现一个不同的故事。2004年大选并不是对保守主义政策的认可，因为那场选举以缺乏政策辩论著称，部分原因在于政策议题没有冲破大量新闻媒体制造的琐碎氛围。例如，我曾经查阅了一个月的电视新闻记录，以核查观众可以从中了解两位候选人对于医疗服务各自有哪些建议，而他们的立场相差悬殊。结果发现毫无这方面的实质性报道。曾有过两三篇报道说医疗方面的建议如何受到政治操纵，却对建议的具体内容只字未提。

那场选举是关于形象和感受的争夺。小布什依然笼罩在后“9·11”的光辉与伊拉克战争的胜利幻觉中，许多美国人仍把他视为捍卫国家安全的英勇象征，造就了英国人所说的“卡其布选举”（khaki election）* 。一个次要但仍较为显眼的选举主题是传统价值观，某些倡导者开始推动同

---

* 卡其布曾是英国军装的主要材料。——译者注

性婚姻合法化，引来了恶意的反对声音。

于是就像我当时喜欢取笑的那样，小布什把自己打扮成抗击同性婚姻恐怖分子的美国保卫者，从而赢得了连任。可是选举一结束，他就宣布选民授权自己……把美国社会保障计划私有化，打算将其改造成一套个人投资账户体制。

为什么小布什及其顾问认为这种操作在政治上混得过去？部分原因在于，与许多有钱人一样，他们丝毫不清楚社会保障计划对大多数美国人是多么重要。

如果你是拿着高薪的政治顾问、媒体记者或智库专家等，或许会有优厚的私人退休计划，并期待在 65 岁时积攒下相当数额的资产。可是大多数退休人员依靠社会保障计划提供主要收入，并且对大约 1/3 的人来说，那几乎是他们的唯一收入来源。一旦人们发觉小布什想要破坏这个制度，自然很不高兴。

然而，小布什及其同伙不仅没意识到社会保障计划在普通选民中是多么受欢迎，他们还过分依赖精英群体的共识。

事情在后来或许有了变化。不过在本书收录的文章写作期间的任何时间点上，在华盛顿特区环城路以内的圈子里，所有希望表现得头脑聪明和消息灵通的人士都需要“知道”某些事情，不是因为这些事情是真相，而是因为精英圈里的其他人都在议论它们。其中一个话题就是：社会保障计划正陷入危机，必须加以大力改革。说这种话的人自己并没有考察美国的退休制度如何运转，或对其未来进行核算，他们只知道这是别人希望他们讲的话。正如我当时所述，说社会保障计划面临危机、需要削减福利待遇，是一种表彰“严肃认真的勋章”。

除了突出自己的严肃性外，他们往往还希望带点时髦感。在发起社会保障私有化议题时，美国社会保障计划已经有 70 年的运行历史，于是有相当数量的评论者把该制度的古老作为需要变革的一条理由，提出要将其改造成某种与 21 世纪相称的样子。

他们称，公司退休金已经有了巨大变革：老式的“待遇确定型”计划（每个月给你支付固定数额的养老金）让位于“缴费确定型”计划（把养老缴费放到投资账户里）。为什么社会保障计划不能照此办理呢？实际上我们有非常强有力的理由。私人退休计划面临的新风险意味着，为防止投资失败，人们有一笔有保障的稳定收入将变得更加重要。但这些道理对尚不习惯深入思考退休经济学的普通人而言，并非显而易见。

这就是需要我和若干进步派政策钻研者加入讨论的时候。

美国社会保障计划后来得以免于私有化，主要是因为两个因素：普通民众弄明白怎么回事之后发起了广泛的反对运动，以及民主党领导人（尤其是南希·佩洛西）反击精英群体谬论的坚定立场。在被问及何时会提交她自己对社会保障的改革方案时，佩洛西回复说：“永远不会，对你来说够好了吗？”其实还有一个在当时显得同样重要的因素，就是像我这样的人在揭露那些谬论，说明所谓的危机并不存在，私有化不是对真实问题的解决方案，为退休者提供基本生活扶持是政府本应该承担的任务之一，而且能够比私人部门做得更好。

接下来一件神奇的事情发生了。自成为《纽约时报》的专栏作家以来，我所在的阵营首次赢得了政策辩论的胜利。

社会保障大恐慌

美国社会保障体系受托人的年度报告显示出非常良好的财务状况。实际上只需要适度的资金注入，就可以在今后至少75年中维持现有的福利发放水平。不过，其他报告似乎将它描述为一个深陷财务困境的体系，例如，本周二的《纽约时报》介绍说，美国财政部在2002年完成的一份研究认为，社会保障计划与医疗保险计划（Medicare）的赤字高达440亿美元。真相究竟如何？

这里给点提示：尽管右翼政客在公开场合都坚持说他们希望挽救社会保障计划，决定他们观点的意识形态却在急切寻找拆散这个体系的理由。因此在阅读由意识形态驱动的机构——这份名单里如今居然包括美国财政部——的职员撰写的耸人听闻的报告时，你必须保持极大警惕。

首先，他们的用词——“与医疗保险计划”（and Medicare）这两个词极其重要。按照财政部的那份研究，所谓440亿美元的赤字中仅有16%来自社会保障计划。其次，这两个社会保障项目的所谓资金缺口主要源自很远期的预测：62%的合计资金缺口将出现在2077年之后。

因此财政部的报告说明社会保障计划面临迫在眉睫的危机吗？非也。

社会保障计划目前的问题其实是人口问题：随着人口结构老化，退休人员数量的增长将超过劳动者。由此导致，福利发放的成本将在未来30年提升约2个百分点的GDP（国内生产总值），并在之后继续缓慢提

* 2004年3月5日。

高。相比之下，小布什的减税政策如果被永久执行，将使政府收入的减幅达到 GDP 的至少 2.5%，而且立刻生效。考虑到不同于联邦政府的其他支出项目，社会保障计划目前还有资金盈余，这已充分说明为什么对国家的财政前景而言，小布什的减税是比社会保障计划资金缺口大得多的问题。

经常同社会保障计划混为一谈的医疗保险计划，其实是面临不同问题的不同福利项目。医疗保险计划的预计支出增长主要不是源自人口结构因素，而是医疗费用上涨。后者主要反映了医疗进步让医生可以治疗更多的疾病。

假如该趋势延续——当我们做极为长远的打算时，这其实并不确定——我们或许会在长期陷入真正的两难困境，不仅是退休人员的医疗服务，还关系到所有医疗服务，不仅是经济问题，也涉及道德考虑。给全体美国人提供全套的现代医疗服务将迫使政府筹集远超当前水平的资金，这样的情形也许会出现。然而，不提供这样的服务将意味着穷人和中产阶级无法负担全套医疗救治，只能坐视他们的生活质量严重下降乃至过早死亡。

当然，无论我们如何改变社会保障计划，上述两难处境都会存在。我们甚至不清楚是否应该现在就着手解决这种困境。我全力赞成着眼于长远。如果政府为了把成本多隐瞒几年，而只做 5 年期的预测，那是很令人气愤的伎俩。我们应该尽一切办法预先筹划，但也该设置些限度。例如当有人对医疗保险计划在 2077 年之后的成本发出不祥警告时，我会质疑：为什么今天做财政决策需要考虑给尚未出生的若干代人提供尚未发明出来的医疗服务的可能成本？

社会保障计划当前面临的最大风险事实上来自政治方面。对该体系持仇视态度的那些人会不会利用恐吓策略和模糊数学将其搞垮？

继艾伦·格林斯潘呼吁削减社会保障计划的福利之后，共和党国会议员们宣称解决方案是创立个人退休账户。他们仍在贩卖这种万灵药已够令人惊讶，而新闻界继续任由他们为所欲为则更加神奇。昨天的《华尔街日报》上有位作者审慎地指出："仅靠个人账户不足以根治社会保障计划的弊病。"我感觉这话也没错，好比只吃甜甜圈并不会让你减肥一样。直截了当地说出私有化只会恶化而非改善社会保障计划的财务状况，有那么难吗?

我们是否应该考虑通过恰当的改革，以减轻社会保障计划的开支，或扩大其收入基础？当然应该。然而，对于那些宣称只有摧毁该体系才能挽救它的人，则必须保持警惕。

发明一场危机

把社会保障计划私有化，即用个人投资账户整体或部分地取代现有体系，丝毫不会改善该体系的财务状况。如果有影响，只会让情况变得更糟。然而关于私有化建议的政治角逐主要取决于让公众相信该体系面临迫在眉睫的崩溃，只有摧毁社会保障计划才能挽救之。

我原先计划在 2005 年 1 月份回归专栏的时候，对这个议题再发表评论。但目前看来有必要打破自己的休假，拆穿关于社会保障计划危机的弥天大谎。

美国社会保障计划的运行并没有任何奇特或神秘的内容，不过是由专门的工资税收入作为资金来源的一个政府项目，正如由专门的汽油税支持的高速公路维护项目。

目前而言，来自工资税的收入大于社会保障计划发放的福利支出。这是有意而为的结果，由 20 年前提高工资税所致，当时的建议人正是艾伦·格林斯潘。工资税上涨的负担大多落到低收入和中等收入家庭的头上，而里根政府此前刚削减的税负的主要受益者却是富豪阶层。格林斯潘对这一安排给出的理由是需要更多收入来建立一笔信托基金，当婴儿潮世代的人们进入退休期之后，可以用信托基金补充福利支出。

社会保障计划危机论中的些许真理是，当时的加税幅度还不够大。美国国会预算办公室近期的一份报告预计，该信托基金将在 2052 年耗

---

* 2004 年 12 月 7 日。

尽（或许比社会保障管理局给出的极为谨慎的预测更现实）。届时，社会保障体系并不会“破产”，即使信托基金用完，社保工资税的收入依然能支持承诺福利支出的81%。当然，从长期看确实面临融资问题。

不过这个问题的规模并不太大。国会预算办公室的报告显示，在福利水平不变的条件下，把信托基金的寿命延长到22世纪，只需要增加相当于0.54%GDP的工资税。该数字不到联邦预算支出的3%，低于我们现阶段在伊拉克的开销。而且这仅相当于每年因为小布什总统减税而损失的税收收入的1/4，大致等同于对年收入50万美元以上人群减税的部分。

有了上述数据后，我们不难得出可以确保退休计划在没有重大改变的情况下维持若干代人的财政解决方案。

的确，美国联邦政府目前整体上面临极大的财政缺口。可是这一缺口有太多是源于减税而非社会保障计划，小布什先生还坚持使减税永久化。

但由于鼓吹私有化的政治操作必须让公众相信社会保障计划面临危机，他们便不遗余力地发明了一场危机。

我喜欢举的一个例子是他们玩的“三张牌游戏”式的逻辑：首先，他们坚持说社会保障体系的现有盈余和由此积累的信托基金没有意义。他们讲，社会保障计划并不是真正独立的实体，只是联邦政府的一个附属部分。

假设信托基金毫无意义，那么格林斯潘在20世纪80年代支持的加税方案除了加剧阶级斗争以外还有什么作用呢？美国工薪阶层的税负提高，富豪阶层的税负下降，而且劳动者做出的牺牲还毫无意义。

请不要介意：在社会保障计划有盈余时说它不是独立实体的同一拨人，又坚持认为到下个10年末期，当社保福利支出开始超出工资税收入时，将意味着一场危机。你看，社会保障计划既然有自己的专项资金来源，就必须自负盈亏了。

以上两种观点，任何诚实的人都不可得兼。然而私有化鼓吹者的观点是完全与诚实无关的，他们是来埋葬社会保障计划而不是来拯救它的。他们并不真正关心社会保障体系有朝一日会破产的可能性，只是对该体系的成功历史愤愤不平。

因为社会保障计划是一个运转良好的政府福利项目，说明适度的政府税收和支出可以让民众的生活变得更美好更安全，所以右翼势力才希望摧毁这个体系。

借鉴失败案例

鉴于小布什政府试图说服美国人把社会保障计划改造成一个超大型私人养老金401(k)体系，我们可以从已经实践过这条道路的其他国家那里获得许多启发。

有关其他国家养老金私有化经验的信息不难找到，例如世纪基金会（Century Foundation，www.tcf.org）就提供了内容广泛的网页链接。

但除了给加图研究所（Cato Institute）和其他鼓励社会保障计划私有化的机构提供版面，以展示智利的正面案例外，美国新闻界给读者和观众提供的国际经验介绍非常少。特别是，公众还不清楚两个公开的秘密：

- 私有化把很大一部分劳动者的缴费消耗在了投资公司的管理费里。
- 私有化让许多退休人员陷入了贫困。

数十年来的保守主义营销让美国人相信，政府项目始终在制造臃肿不堪的官僚机构，私人部门则总是精干而高效的。然而在养老保险领域，情况恰恰相反。美国社会保障计划有超过99%的收入是用于福利发放，日常管理费消耗的部分不到1%。而在智利的体系中，管理费占比约为美国的20倍，这是私有化养老金体系常见的水平。

---

* 2004年12月17日。

管理费严重侵蚀了人们在自己账户中的预期收益。在自从撒切尔时代便有了私有化养老金体系的英国，某些投资公司收取的大额费用引发警报，最终迫使政府监管机构实施了“费用封顶”政策。即便如此，管理费依旧在大口吞噬英国人的退休储蓄。

对美国个人账户实际回报率较为合理的预测是每年4%左右。假如我们引入一个类似英国管理费水平的体系，劳动者从中获得的净回报率将被缩减1/4以上。加上有保障的待遇水平大幅削减和风险的显著提升，这样的“改革”将令除投资产业之外的所有人受害。

倡导者坚持说，私有化后的美国养老金体系可以大幅降低费用。的确，如果把投资限于管理费较低的指数基金，即让政府官员而非个人做投资决策，成本确实会较低。但如果养老金体系真是这样运作，那么劳动者可以控制其养老存款的说法就是虚假宣传。要知道在两年前，加图研究所就把它的“社会保障私有化项目”之中的“私有化”替换成了“选择”一词。

而且如果真有什么规则把劳动者的选择限制在低费用投资，那么投资产业的游说集团就会竭力推翻这些规则。

需要申明的是，我并不认为给金融机构带来庞大的意外之财是倡导养老金私有化的主要动机，他们的出发点更多是源自意识形态。可是，这笔好处毕竟是华尔街希望养老金私有化的主要原因，其他所有人应该对此保持高度怀疑。

接下来是老年人的贫困问题。

鼓吹智利模式的私有化倡导者从来不提，该国尚未实现减少相关政府支出的承诺。在智利养老金体系创立20多年之后，政府依然在往其中注入资金。为什么？因为如美联储的研究所示，智利政府必须“给未能积累下足够资本以提供最低养老金的劳动者提供补贴”。换句话说，私有化会让许多退休人员陷入极端贫困，必须靠政府介入来救助他们。

同样的事情也正在英国发生。该国的养老金委员会警告说，认为撒切尔夫人的私有化解决了养老金问题的人是活在“傻子天堂”里。为避免老年人大量返贫——与美国一样，英国自认为已经解决的问题——需要大量增加政府支出。

英国的经历对小布什政府的计划有直接启示。按目前的迹象所示，他们的最终计划或许是以给将来省钱为借口，要求削减社会保障计划保证的福利水平。以这种方式节约资金将是个幻觉，20年之后，美国会出现类似于英国养老金委员会发出的警告：为避免退休人员的贫困现象泛滥，需要大笔增加政府投入。

可见，小布什政府打算摧毁一个运转正常、能通过适度改革在今后数个世代维持良好财务状况的养老金体系。他们想引入失败案例，模仿其他国家尝试过的既不能节约资金又无法让老年人免于贫困的体制。

社会保障计划的经验教训

昨天，美国社会保障计划满70岁了。令几乎所有人惊讶的是，这个国家最成功的政府福利项目依旧完好无损。

短短几个月前，人们还普遍认为小布什总统将在社会保障计划上得手。然而他的私有化计划遭遇了彻底失败，以至于这个话题在全国讨论中基本踪迹全无。

但在这里，我想再谈谈社会保障计划，因为我们必须记住小布什先生试图做成些什么事情。

许多公共舆论权威与媒体编委依然肯定小布什先生试图“改革”美国社会保障计划的举动，但事实上他是来埋葬这个体系，而不是想挽救它的。假以时日，他的方案会把社会保障计划从社会保险项目改造为共同基金，除了名字之外，将完全不同于富兰克林·罗斯福创立的体系。

除了歪曲地表述其目标外，小布什先生还反复就现行体系的情况撒谎。哦，抱歉，这么说可能过于粗鲁了！但事实如此，小布什先生反复讲述那些已经被证明是错误的东西，以及他的下属们肯定知道是错误的东西。此类谎言包括，他声称社会保障计划对非洲裔美国人不公平，还说“多耽误一年，修复社会保障计划的成本将增加6 000亿美元”，等等。

与此同时，他的政府把美国社会保障管理局政治化，利用纳税人的

---

* 2005年8月15日。

钱推动有党派倾向的行动纲领。社会保障管理局的官员参加了事实上由纳税人的资金支持的政治集会，而来自公众的怀疑派人士被排斥在外。

以上内容我是用过去时描写的，但某些情况当前仍在继续上演。上周，担任社会保障计划理事职位的乔·安妮·巴恩哈特（Jo Anne Barnhart）发表一篇评论称：如我们所知，当初设计社会保障计划时，人们的预期寿命并不太长，不至于领取太多的福利收入。她写道："目前活着的美国老人的数量是 1935 年的任何人难以想象的。"

结果我们发现，美国社会保障管理局官方网站上刊载的一篇文章《社会保障计划采用的预期寿命》，就明确驳斥了当初对社会保障计划的设计"使领取福利的人数较少"的说法，以及认为该体系的问题源于"预期寿命在近年来显著延长"的相关观点。

美国老年人目前在人口中所占比例恰好符合社会保障计划创建者的预计。罗斯福的经济保障委员会于 1934 年发表的报告给《社会保障法案》奠定了基础，其中预测：到 2000 年将有 12.7% 的美国人年龄达到 65 岁及以上。实际数字为 12.4%。

尽管有巴恩哈特女士等人的操作，但就当前而言私有化之路似乎已行不通。国会的民主党领导人对强烈支持私有化的意见权威人士表示蔑视，拒绝让步。美国民众也明确表示喜欢社会保障计划现有的运转方式。

不过社会保障私有化运动给我们上了一堂现实教育课，关于当局如何通过曲解目的、罔顾事实和滥用对下属机构的操纵来兜售其政策主张。这跟兜售减税和伊拉克战争属于同样的伎俩。

重视这些教训有两方面的原因。一个原因是我们需要对小布什先生之后的任何行动有所预防。虽然他对伊朗问题放了狠话，但我认为不至于再发动一场战争，因为我们已没有足够的军队去打仗。然而他仍有空间提出另一项重大国内议题，或许是涉及税收改革。

凡事有备无患。改革的真正目标不会如宣传所示，当局会罔顾事实指摘现行体制，财政部可能作为纯粹的党派势力发挥作用。

另一个原因是公众对社会保障私有化的本能拒绝，加上对伊拉克败局日渐浓厚的沮丧，给民主党带来了大举揭露当局欺骗模式的机遇。问题在于，当其中某些人需要承认自己也遭到愚弄的时候，他们是否还有勇气把握这一机遇。

私有化记忆

在戴夫·魏格尔（Dave Weigel）对哈里·瑞德（Harry Reid）的回顾中，最有意思的内容之一聚焦于瑞德试图反击小布什的社会保障计划私有化，特别是他与进步派博客写手结盟的方式。

出于几个缘由，我对那次事件记忆犹新。其中之一是我当时也写了很多，逐一拆穿主张私有化的糟糕借口。那不是我第一次做类似的事情，但在两个点上显得较为特殊：论战确实很激烈，而且我所在的阵营居然赢得了政治角逐的胜利。

同样是在这个时期，我形成了对现代美国的政策讨论实际如何展开的认识。其中总有三方面的势力：右翼，他们对事实或逻辑并不关心；左翼，并非美国真正的激进左派，其实是其他任何人眼里的中左翼；以及自诩的中间派，他们在美国国内并无太多选民基础，却在华盛顿圈子内部极具影响力。

你之前了解的关于社会保障计划争论的情况是，中间派极力认为，左翼和右翼是对称的，民主党与共和党在各自的方向上走得同样极端。而这意味着他们始终在想办法为共和党及其政策建议说好话，无论这些建议是如何糟糕。正是在此情形下，保罗·瑞恩（Paul Ryan）才因为所谓的财政责任心受到表彰。

回到2005年时，小布什提出了缺乏根据的观点和完全不合逻辑的推论。首先他声称美国社会保障计划处于危机中，其次说私有化是解决

* 《纽约时报》博客，2015年3月28日。

办法，尽管这完全无助于改善该体系的财务问题。对如此赤裸裸的诱导转向式欺骗，中间派会如何加以粉饰呢？

那好，请看看乔·克莱因（Joe Klein）在2005年的表态：

> 我赞同保罗·克鲁格曼的看法，个人账户与偿付能力无关，而偿付能力是问题所在。但与他不同，我认为个人账户是个极好的政策，在信息时代，你需要在福利设计方面采用不同于工业时代的结构安排。然而当政党之间存在如此对立的政治气氛时，很难推动这类变革。
>
> 至少在过去10—15年里，民主党一直在无耻地公开煽动这个议题。无论对于社会保障计划、医疗保险计划或者医疗救助计划（Medicaid），他们都没有提供任何积极的帮助，是时候要求他们做出妥协了。

怎么说呢？值得称道的是，克莱因后来承认他在这里完全弄错了。但关键之处在于，我们看到的是他们的一种本能：拿出某种说法、任何说法，然后让中间派假装在两党之间保持不偏不倚。

顺便讲几句，关于民主党对医疗保险计划和医疗救助计划是否无所作为：看看社会保障计划争论时期的预算推测很有意思。国会预算办公室当时预计，到2014财年，医疗保险计划的支出将增加到7 080亿美元，医疗救助计划的支出将达到3 610亿美元。2014年的实际数字分别为6 000亿美元和3 010亿美元，而且医疗救助计划在奥巴马医改下还有所扩张。实际费用之低出乎意料，至少应该部分归功于《平价医疗法案》（又称《奥巴马医改法案》）之中包含的某些措施。有意思的是，这样的成就是在没有破坏医疗保险计划或将其私有化的情况下取得的。

然而在2005年，哈里·瑞德已认识到是时候停止讨好那些“一本正经的人士”，转而同肮脏的嬉皮士（DFHs，Dirty Foolish Hippies）结盟了。肮脏愚蠢的嬉皮士与真正的蠢人（VSPs）不同，他们在政策与政治上都产生了实际影响。那是个关键的转折点。

政府做得更出色的地方

当共和党总统参选人炫耀他们的政策纲领时——总是涉及对富人减税，并大力削减给穷人和中产阶级的福利——某些真正的新思维却在国会走廊另一侧发生。似乎突然之间，许多民主党人下定了决心同始终呼吁降低“福利权益”的华盛顿正统观点决裂，他们正在提议扩大社会保障计划的福利水平。

这在两个方面是令人欢迎的进步。首先，扩大社会保障计划这个具体建议本身非常好。其次，更基本的是，民主党人终于站起来迎战反政府宣传攻势，并承认在某些事情上政府比私人部门做得更好的事实。

与所有发达国家一样，美国主要依赖私人市场和私人项目为其国民提供他们想要和需要的东西。在我们的政治议论中，几乎没有人会提议改变此现状。让政府直接负责很大部分经济运转被当作好主意的时代，已成为遥远的过去。

不过我们也知道，某些事情或多或少必须由政府来做。任何一本经济学教科书都在讲述像国防和空中交通管制等公共品，如果不对所有人提供，也就不能对任何人提供，因此追求利润的企业没有激励提供这类产品。然而公共品是政府比私人部门做得更好的唯一领域吗？绝非如此。

政府能表现更好的一个经典例子是医疗保险。事实上保守派经常在鼓动更多地开展私有化，他们尤其希望把美国医疗保险计划变成购买私

* 2015 年 4 月 10 日。

人保险的代金券。可是所有证据都表明，这会把我们推到事与愿违的方向。医疗保险计划与医疗救助计划比私人保险便宜和高效得多，甚至官僚习气也更少。在国际上，美国医疗体制对私人部门的依赖程度是独一无二的，这个领域令人难以置信的低效率和高成本也同样与众不同。

政府的优越性还有另外一个重要例子：提供养老保险。

如果普通人都是真正完全理性、有远见的行为人，好比经济学家喜欢的模型里以及右翼分子喜欢的宣传里假设的那样，我们或许并不需要社会保障计划。在理想化的世界里，25 岁的劳动者会对自己在 70 多岁时安享晚年需要多少储蓄做符合现实的评估，以制定决策。他们还非常聪明和老练，知道如何把储蓄资金用于投资，在风险与收益之间小心寻找最佳平衡。

可是在真实世界里，许多乃至大多数美国劳动者为退休留下的储蓄太少。他们对储蓄资金的投资也很糟糕。例如，白宫近期发布的一份报告发现，由于投资顾问试图最大化自己的收费，而非维护好客户的利益，美国人每年会因此损失数十亿美元。

你或许会指出，如果劳动者储蓄太少，投资太糟糕，那是他们自己的错。然而人们有自己的工作和孩子，必须应付生活中的各种危机，指望他们同时成为投资专家是不公平的。无论如何，经济的运转是为了让真实的人过真实的生活，不应该成为只有少数人能顺利渡过的险滩。

另外在真实的退休世界里，社会保障计划是个运转良好、光彩夺目的表率。这个体系简单而廉洁，运转费用很低，官僚作风最少。它为毕生勤奋工作的美国老年人过上体面的退休生活提供了机会，而不需要他们展示自己有几十年的远见和非凡的投资天赋。唯一的麻烦在于，私人养老金的没落以及用不够充分的 401(k) 养老金计划来替代，造成了社会保障计划目前的规模不足以填补的缺口。那么为什么不把社会保障计划做得更大呢?

毋庸赘言，根据这一思路提出的建议已经激起了近乎歇斯底里的反应，不仅来自右翼，也包括自称的中间派。正如我在若干年前所写的那样，呼吁削减社会保障计划很久以来已经在华盛顿圈子里被当作“严肃认真的勋章，一种展示你多么像国务活动家、多么意志坚定的方式”。而且就在10年以前，小布什总统还曾试图把该计划私有化，并得到了大量中间派人士的支持。

其实真正严肃认真的态度意味着搞清楚何为可行、何为不可行。私有化的养老金计划运转非常糟糕，美国的社会保障计划运转非常出色。我们应该继续以这一成功案例为前进基础。

2

通向奥巴马医改之路

制定一份积极的纲领

我不是真正的医疗经济学家，但在电视节目及更重要的《纽约时报》专栏评论里扮演这一角色。于是我对角色加以钻研，向最出色的医疗经济学家学习，尤其是普林斯顿大学的已故同事乌韦·莱因哈特。

为什么选择医疗议题？在反击社会保障计划私有化取得鼓舞人心的大胜后，进步派政策专家遇到了一个挑战：我们已经展示了自己反对哪些做法，但我们赞成的又是什么方案？我们希望看到美国的政策发生怎样的改变？

对熟悉发达国家之间差异的任何人而言，显而易见的答案是，我们应该尝试其他所有人都在做的事：为全体民众提供基本医疗服务。美国在富裕国家中是独一无二的：没有好工作的人或者有既往病史的人无法获得医疗保险，假如需要昂贵的治疗，他们会遭遇财务破产，甚至过早死亡。那我们为什么不努力向文明世界看齐呢？

可是在21世纪头10年中期，民主党人依旧生活在1993年克林顿医疗改革失败的阴影之下。克林顿试图对美国医疗体制做大规模修补，然而他的改革计划一败涂地，堪比小布什推进的社会保障计划修补行动。卷土重来会有一丁点儿成功希望吗？

希望的确存在。《平价医疗法案》是不彻底、不完美的改革，但毕竟让基本医疗服务多覆盖了数千万美国人。取得这一成就的过程毫不轻松。

时机至关重要。《平价医疗法案》是在非常短的时间窗口内（2009—2010年）通过的，当时民主党人掌握着对国会和白宫的统一控制权，而这一局面很大程度上源自小布什政府末期爆发的经济灾难。政治领导力同样发挥了关键作用：假如不是南希·佩洛西击败了对社会保障计划的攻击，压住了民主党的阵脚，机会将稍纵即逝。

当然，辛苦的谋划也必不可少。民主党人能够比较从容地推动医疗改革，得益于倡导者与政策专家之前已花费多年时间做好了铺垫：论述医疗改革的理由，为实现目标制定政策和政治策略。

这一策略的核心部分是，民主党人的改革计划有意识地保留了尽可能多的现有医疗体制。

理解现代医疗体制的一个关键在于，医疗费用必须主要由某种形式的医疗保险来负担。原因何在？因为医疗费用的分布不平衡，一旦发生金额又很大。日常的医生出诊和非处方药花费不多，而血液透析、心脏手术等则代价不菲。在任何给定年份，大多数人都不会发生这种大额开销，因此在任何时间段里，大多数医疗费用发生在一小部分人身上。你并不清楚自己会不会是那个倒霉蛋，假如是，你将难以负担昂贵的治疗，除非你极其富有或者拥有合适的保险。

那么如何让人们获得保险呢？在21世纪头10年中期，美国的体制好比一张有若干大洞的破被单，至今在很大程度上依然如此。老年人由医疗保险计划覆盖，许多穷人（但并非全部）由医疗救助计划覆盖，它们是直接负责支付医疗费用的政府福利项目。其余人中的大多数则是通过各自的雇主获得医疗保险，背后是各种税收优惠和法规组合，迫使企业在提供保险时要覆盖全体雇员。可是仍有千百万人被遗漏：他们过于年轻，不符合医疗保险计划要求；不那么贫穷，没资格参加医疗救助计划；他们的工作不够好，雇主没有提供医疗保险福利。

这些漏洞该如何弥补？有关的经济学理论并不复杂：我们很容易就能把医疗保险计划之类的福利扩大到所有人。毕竟其他许多国家正是这样做的，包括美国的近邻加拿大。我认识的大多数医疗政策专家也完全赞成这种“单一支付方”（single payer）体制。

麻烦在于转轨的过程。具体来说，转向单一支付方体制将意味着用政府保险项目取代以雇主为基础的现有保险体制，这将导致极其重大的政治影响，原因有两个。

较为次要的原因是特殊利益集团的势力。这不是个小问题，但相对而言确实是次要原因。当比尔·克林顿在 1993 年试图推动重大医疗改革时，各保险公司资助了声势浩大的广告宣传来抹黑他的医改计划，它们的反对是克林顿遭遇失败的重要因素之一。

除产业利益之外，把整个体制转向单一支付方的行动将意味着：要求 1.56 亿美国人——约占整个人口的半数——必须放弃现在拥有的保险。当然，将有另外一种医疗保险取而代之，而且你可以很公正地讲：对绝大多数人而言，新的保险计划会比其雇主现在提供的保险更好。然而，他们会相信你吗？在反对改革的保守派的攻击下，有多少人能不受蛊惑？

2005—2008 年，进步派的政策专家与政客做成了一件事，就次优解决方案达成共识：保留以雇主为基础的现行医疗保险体制，但通过监管加补贴把医疗保险覆盖到没有保险的人群。从外国的经验中，我们知道这是可行的，如瑞士就是沿此思路，用分散化的体制实现了全民医保。与覆盖全民的医疗保险计划（Medicare for All）相比，这一方案的政治可行性要高得多。

于是就有了《平价医疗法案》，即奥巴马医改计划。本章收录的专栏文章记录了有关的争论如何展开，计划如何制订，以及奥巴马医改生效时发生的故事。

生病的美国医疗体制

我们这些批评当局编造社会保障计划危机的人，经常反被指责为空谈主义、拒绝面对国家的现实问题。我拒不认罪：美国确实面临一场危机，但并非社会保障计划的危机，而是出在医疗领域。

信息敏感的企业高管认可我的这一判断，最近对大公司首席财务官的一项调查发现：65%的人认为对医疗费用立刻采取行动是“非常重要”的，仅有31%的人对社会保障计划改革持同样的态度。

然而严肃的医疗改革议题尚未摆上台面，甚至在目前的政治气氛下或许根本就做不到。你知道，医疗体制的危机在意识形态上颇让人棘手。

让我们首先来梳理下医疗领域的一些基本事实。

需要注意的是，我谈的是“医疗体制改革”，而非“医疗保险计划改革”。医疗保险计划成本上涨的问题或许经常在政治讨论中出现，因为它是个政府项目，并时常被危机鼓吹者错误地同社会保障计划捆绑起来，但问题不在于政府支出失控。医疗保险计划与私人医疗保险计划的成本增速都远高于人均GDP增速，而且平均到每个参保人的增速差不多。

因此我们真正面临的问题是，医疗服务的整体支出在快速上涨，而不仅仅是目前由纳税人负担的那部分医疗服务。

---

* 2005年4月11日。

医疗支出费用上涨主要是医疗价格膨胀的结果，而这主要来自对创新的反应：医学能提供帮助的范围在不断扩展。例如，医疗保险计划近期开始为许多有心脏问题的病人负担植入心脏辅助装置的费用，因为研究发现此类治疗效果很好。这本是好消息，而非坏事。

那么问题出在哪里？为什么我们不欢迎医学的进步，不认为这些钱花得值？这里有三方面的原因。

第一，员工通过雇主获得保险的美国传统私人医疗保险体系正在崩溃。凯撒家族基金会估计，相比 2001 年，2004 年提供医疗保险的职位数减少了至少 500 万个。同时，医疗费用已成为继续提供保险的企业的沉重负担：例如，通用汽车公司目前每生产一辆汽车，就要花大约 1 500美元在医疗保险上面。

第二，医疗保险计划的支出增加或许是医疗进步的标志，但必须有人付钱。而当前很少有政客愿意谈论：如果要通过该计划让所有美国老年人享受到医学进步的好处，需要增加多少税收。

第三，美国医疗体制普遍缺乏效率。美国人经常以为自己拥有全世界最出色的医疗体制，但这不是真的。我遇到过新闻界的若干精英分子，他们就坚决不相信在大多数医疗服务质量指标上法国的排名远高于美国。美国在医疗服务上的人均花费远超其他任何国家，比加拿大或法国高出 75% 以上，然而从预期寿命到婴儿死亡率的众多指标来看，美国都在工业化国家中近乎垫底。

最后这点在某种意义上是个好消息。就长期而言，医学进步将迫使我们做出一个艰难的抉择：假如不希望变成一个只有富人能得到挽救生命的医疗服务、其他人听天由命的社会，我们就必须缴纳高得多的税收。而现行体制中的巨大浪费意味着，通过有效的改革可以既改进质量，又削减成本，从而推迟“审判日”的到来。

可是要推动有效改革，我们就必须去除某些偏见，尤其是意识形态造成的“政府永远是问题，市场竞争总是解决办法”的信念。

实际情况是，在医疗领域，私人部门往往较为臃肿，带有官僚主义，而某些政府机构，特别是美国退伍军人管理局系统显得精干而高效。在医疗领域，竞争与个人选择可能也确实会导致高费用、低品质的结果。在发达国家里，美国有着私有化程度最高、竞争最激烈的医疗体系，然而费用也远高于其他国家，效果则几乎是最差的。

美国医疗服务的秘密

美国医疗体制迫切需要改革。但变革应该采取何种形式？有没有哪些案例能让我们作为指导？

我的确知道有个医疗体系在限制费用方面做得相当成功，同时又提供了出色的服务。而这一体系的成功故事对于反政府意识形态是有益的纠正，因为政府不仅在为该体系支付账单，并且负责医院和诊所的运营。

不，我不是在谈论某个遥远的国度。我说的这个体系就是美国自己的退伍军人健康管理局，它的成功历史是美国政策讨论中保守得最好的秘密之一。

《美国管理医学杂志》发表的一篇文章提到，退伍军人健康管理局在20世纪80年代到90年代早期“有着官僚主义、效率低下和服务平庸的糟糕名声”。不过自90年代中期着手推进的改革改变了它的面貌，“该体系在改进质量、安全和价值上取得的成果使其在医疗领域成为越来越公认的领导者”。

美国国家质量研究中心开展的年度调查表明，退伍军人健康管理局在2005年的消费者满意度已连续6年超过私人医疗体系。取得如此高水平的服务质量（同时还得到了客观业绩测评指标的证实），并没有伴随着预算的大幅增加。事实上，该体系成功避免了美国医疗界其他部分泛滥成灾的成本暴涨现象。

---

* 2006年1月27日。

退伍军人健康管理局是如何做到的？

成功的秘密在于：这是一个全员的、全面的体系。由于覆盖了所有退伍军人，该体系不需要再雇用大批管理职员来核对病人的保险状况、要求各自的保险公司付款。由于覆盖了所有方面的医疗服务，该体系能够率先采用电子记录和其他创新手段，以降低成本、确保疗效，并避免医疗差错。

除此之外，正如菲利普·朗曼（Phillip Longman）在《华盛顿月刊》发表的评论所述，退伍军人健康管理局“与它的病人有着近乎维持终生的联系”。结果使该体系“实际上对疾病预防和改善疾病管理有了投资激励，因为采取这些措施不仅是在为别人省钱，还可以让自己的资源利用达到最大化。简单地说，该体系能做到医疗界的其他部分不太能做的事情，也就是系统性地提升质量，并且不会威胁到自身的财务生存能力”。

哦，还有一件事：退伍军人医疗体系对医疗供应方的砍价很强硬，支付的药品价格比大多数私人保险公司便宜得多。

我不想把退伍军人医疗体系描述得过于理想化。实际上，有理由对该体系的未来感到担忧：能不能得到足够的资源，以安抚从伊拉克战场回来的大量受伤和受创老兵？不过退伍军人健康管理局的转型显然是过去10年最鼓舞人心的医疗政策变革故事。但为什么你从未听说过呢？

我理解的背景是，公共舆论权威与政策制定者不谈论退伍军人医疗体系，是因为他们无法处理认知上的冲突。在一次私人谈话中，当我打算讲述该体系的成功案例时，有位知名评论家便对我大喊大叫。原因在于退伍军人健康管理局的成功经验，即政府机构可以比私人部门提供质量更好、成本更低的医疗服务，同他们支持的私有化方案完全相悖，而后者是如今主导华盛顿的通行反政府观点。

主流意识形态与医疗服务现实之间的失调，造成医疗保险计划每次制定药品法案时，仿佛有人在对照退伍军人医疗体系的正确做法列出清单，然后在每个地方都做相反的选择。例如退伍军人健康管理局避免与保险公司打交道，而药品法案却非要把不发挥实际作用的它们加入计划。退伍军人健康管理局获得了优厚的药品价格折扣，药品法案则禁止医疗保险计划做同样的操作。

当然，意识形态不能永远遮挡现实。对“公费医疗制度”的惊恐最终没能阻止美国医疗保险计划的创立。有远见的思想家已经在议论，退伍军人健康管理局而非小布什总统提出的不切实际的医疗体制，让民众像买“地砖”（这是他举的例子，不是我）那样货比三家地购买医疗服务，这才代表着美国医疗体制真正的未来。

医疗恐怖

这些日子里，恐怖主义成了无赖们的避难所。当英国政府宣布为国家医疗服务系统工作的一伙穆斯林医生是近期未遂炸弹袭击事件的幕后黑手时，我们应该知道会激起怎样的反应。

福克斯新闻节目主持人尼尔·卡夫托（Neil Cavuto）与评论员杰瑞·鲍耶（Jerry Bowyer）一脸严肃地讨论全民医保如何鼓励了恐怖主义的问题，屏幕上打出的标题是："国家医疗体制：恐怖活动的温床？"

即使以小布什时代政治讨论的标准看，这也过分粗鄙无礼，然而福克斯电视台是在追随一个悠久的传统。60 多年来，医疗—产业联合体及其政治盟友一直借助恐吓策略阻止美国遵从自己的良心，让医疗服务成为全体国民可以享受的权利。

之所以说良心，是因为医疗服务首先是个道德问题。

这是迈克尔·摩尔（Michael Moore）拍摄的《医疗内幕》激起的普遍反响告诉我们的。医疗改革者应该尽一切可能解决美国中产阶级的焦虑：对于自己没有保险，或者在最需要保险偿付时被保险公司拒绝理赔的日渐增长、事出有因的恐惧。但改革者不能仅强调个人利益的考虑，还应该呼唤美国人对于正直和仁慈的感情。

令观看《医疗内幕》的人深感愤怒的是美国医疗服务体系的极度残忍与不公：无力支付医治费用的人实实在在地被丢弃在人行道上，一个小女孩因为急诊治疗不在她母亲的保险范围内被拒绝提供治疗而死亡，

---

* 2007 年 7 月 9 日。

辛勤劳作的美国人被医疗账单弄到令人羞辱的赤贫境地。

《医疗内幕》对采取行动发出了强烈呼吁，但不要指望现状的维护者。历史已证明他们是多么善于找到新的路子来恐吓大众，以阻碍改革。

这样的恐吓策略往往包括过度宣扬政府保险带来的危险。《医疗内幕》放映了罗纳德·里根有一次对美国医疗协会所做演讲的录像，他警告说，为老年人提供医疗保险的一项建议计划，即如今大家所知的医疗保险计划，将导致极权主义。

多说一句，并没有导致独裁却做了太多好事的医疗保险计划如今正受到私有化的侵蚀破坏。

当然更主要的方面是，在现有体制中捞取好处的庞大利益集团希望你相信：全民医疗保险会造成沉重的税负与低劣的医疗服务。

除美国之外，所有富裕国家目前都有某种形式的全民医疗保险。这些国家的公民为此需要多缴一些税，但减少了在保险费和自费医疗上的支出。有全民医保的国家的总体医疗费用远低于美国的水平。

与此同时，每个现有指标都表明在服务质量、医疗可及性与健康效果上，美国医疗体制的表现比其他发达国家更差而非更好。甚至也包括英国，它的人均医疗支出仅为美国的40%左右。

诚然，在非急需手术方面，加拿大人要比有保险的美国人等待更长时间。但总体而言，普通加拿大人的医疗可及性与普通有保险的美国人相当，并大大优于没有保险的美国人，后一部分中的很多人从未接受过必要的治疗。

另外法国人提供了或许是世界上最好的医疗服务，同时没有任何太长的排队。《医疗内幕》中有旅居巴黎的美国人称赞法国体制的场景。从真实数据看，他们并未美化对方，法国的确做得那么好。

所有这些都指向摩尔先生在《医疗内幕》开头所提的问题：我们是什么样的人？

“我们从来都知道，漠不关心他人的自私自利是不道德的，而我们现在知道，这也是不利于经济的。”富兰克林·罗斯福在 1937 年的这段演说完全适用于今天的医疗体制。它并不属于让我们感到痛苦的两难决策的情况，而是做好事的同时也会提高效率。全民医疗保险可以每年挽救万千美国人的生命，同时节约支出。

这正是考验所在。阻挡全民医保的唯一障碍是利益集团贩卖的恐惧和收买的影响力。假如不能克服它们，美国的未来将没有多少希望。

等待游戏

没有医疗保险不算什么大事。这可以问问小布什总统，他上周说，“我觉得，人们有途径获得美国的医疗服务。无论如何，你可以直接去急诊室”。

我们或许可以说这是后果严重的麻木不仁。白宫宣布小布什先生将否决一项扩大医疗保险的两党联合计划，其中包含定期检查和预防治疗等内容，面向约410万名目前没有保险的儿童。无论如何，看起来这些孩子并不真正需要保险——他们不是可以直接去急诊室吗？

唉，小布什先生对不如他自己幸运的人缺乏同情心，这早已不是新闻。然而，他在这里表现出的任性无知代表着更大的图景：全民医疗保险的反对派整体上描述的光彩的美国医疗体制，以及他们所讲的法国、英国和加拿大医疗体制的吓人故事，都完全与事实不符。

所谓没有保险的人能在急诊室得到所需的各种医疗服务，只是个开头。此外流传的奇迹包括，有幸参加了保险的美国人从来不需要为医疗服务排长队。

实际上，我对这一传说的持续流传感到非常迷惑。我可以理解像小布什或弗雷德·汤普森（Fred Thompson）这类人如何能无视缺乏保险的美国人——往往是缺乏话语权的穷人——的绝望，后者最近宣称“最穷的美国人获得的医疗服务也远远好于”加拿大人或英国人。可是当我们大多数人都可以做反证的时候，他们怎么能假装说没有保险的美国人总

* 2007年7月16日。

能得到及时救治，而不被当场戳穿？

近期《商业周刊》上的一篇文章不客气地讲：“现实中的数据和报道都表明，与其他国家全民医疗保险体制中的病人相比，美国人现在等待治疗的时间同样长，甚至更长。”

联邦基金会（Commonwealth Fund）开展的一项跨国调查发现，在获得临时医疗救治的难度方面，美国在发达国家中近乎垫底（只略好于加拿大）。而在提供数小时内或周末需要的医疗服务方面，美国是发达国家中做得最差的。

在专家接诊和非急需手术方面，美国的表现要好一些。不过德国在这些指标上依然超越美国，另外我推测，上述研究中没有纳入的法国会与德国的表现相当。

此外，并非所有医疗等待都事出同因。在加拿大和英国，等待是因为医生试图把有限的医疗资源用于最紧急的病例。而在美国，等待通常是源于保险公司试图节约资金。

这带来了许多苦难。例如洛杉矶加州大学的教授马克·克莱曼（Mark Kleiman）最近由于保险商迟迟不批准做必要的活体检测，差点死于癌症。克莱曼先生在他的博客上写道：“只是到后来我才发现保险公司拖延的原因，我有个合同选项（但当时我并不知道），可以不走任何批准手续，直接进入‘第二级’，但那样意味着承担更高的共付金额。”

他补充说：“我不清楚这家保险公司在那年坐视多少人死亡，但我能肯定数字绝不是零。”

公正地说，克莱曼教授只是在推测：他的保险公司拿他的生命去冒险，试图让他本人承担更多的治疗费用。但毫无疑问，某些看似拥有稳妥保险的美国人确实是因为保险公司试图控制“医疗损失”（medical loss）而死，保险产业用医疗损失这个术语描述为治疗实际承担的必需支出。

另一方面，美国人做髋关节置换手术的速度的确快于加拿大人。这经常被用来作为私人医疗保险比政府医疗保险体制优越的案例，但其中有个好笑之处：给美国的绝大多数髋关节置换手术买单的，恰恰是政府的医疗保险计划。

不错，髋关节置换手术的差距其实是两个政府医疗保险体制的对比。美国的医疗保险计划比加拿大的医疗保险计划——对，他们的计划也叫这名字（Medicare）——排队时间更短，因为美国的资金更充裕，这就是真相。所谓私人保险体制的优越性完全与此无关。

最后的结论是，全民医疗保险的反对者根本不是在做实事求是的讨论，他们留下的只是幻想：关于其他国家医疗体制的恐怖故事，以及关于美国医疗服务的神话传说。

医疗服务的希望

所有证据都表明，给美国人提供其他发达国家的国民都已享受的有保障医疗保险，终于在政治上变得可行了。全民医保的经济学理由很充分，民意测验也显示公众对医疗保障的支持度很高。我们唯一恐惧的就是恐惧本身。

不幸的是，这方面的问题还很多。

当然，有一类恐惧就目前看已被克服：民主党政客因为当初的克林顿医改方案失败留下的怯懦心理。

事情已有了多大的变化，从希拉里·克林顿身上可见一斑。《纽约时报》在15个月前曾报道："她的扩大保险覆盖面的计划是温和、渐进式的……她依然不愿面对终极挑战，没有描述民主党的全面医疗改革计划会是什么样子。"

确实在被问及如何控制成本时，希拉里辩解说，"这取决于你设计的是哪种体系，全体国民愿意承受什么，我对此依然看不清"。

但这只是当时的表态。

2007年2月，约翰·爱德华兹（John Edwards）打破医疗体制改革议题，提出实施全民医保的睿智而严肃的计划，并且勇敢地宣布愿意终结小布什的部分减税措施，以便为该计划筹集资金。突然之间，全民医保从一个遥远的进步主义梦想变成了你确实可以期待在下届政府实现的事业。

---

* 2007年9月21日。

希拉里参议员用了很长时间才提出她自己的计划，这一拖延给医疗体制改革派带来了莫大焦虑，并可能成为将来的不祥之兆（稍后我再解释）。当然她在本周确实提出了计划，而且与爱德华兹的计划同样强势，因为除非你去深究细节，希拉里计划基本上就是爱德华兹计划。

这么说不是批评。一位政客在医疗体制问题上走对路子，比她展示出原创能力重要得多。希拉里参议员或许在政治上较为谨慎，但她确实懂医疗经济学，而且有识货的眼光。

爱德华兹计划、希拉里计划以及略微弱势但也类似的奥巴马计划，都是通过对保险监管、补贴、公私并存竞争的深思熟虑的组合，以实现全民或近乎全民的医疗保险覆盖。这些计划或许会让更简洁的单一支付方体制的倡导者感到失望，但我们很难想象全民医保计划能在近期内被国会通过，而爱德华兹之类的计划提供了一个合理的次优选项，你确实可以憧憬能在短短两年之后被民主党主导的国会通过，由民主党人的总统签署生效。

不过要走到那一步，还必须克服多得多的恐惧。

不会有认真严肃的共和党的替代方案。目前居领先地位的共和党候选人的医疗改革计划都同样老旧：主要依赖让富人拿走多数好处的税收优惠，自称可以召唤出市场的魔力。正如《美国展望》（*American Prospect*）杂志的埃兹拉·克莱因（Ezra Klein）残忍却准确的描述："在共和党描述的世界里，病人和将死之人可以从自己的税收里扣除他们并不拥有、也无力拥有的医疗保险的部分费用。"

然而无论共和党的提名人是谁，他/她都不会努力让公众信服其计划的优点。与之相反，他/她将竭力恐吓依然保有优厚医疗保险的比例日渐缩小的那些美国人，宣称民主党会把这个好处夺走。

抹黑加恐吓的竞选宣传已经发起。民主党人的几个计划都与米特·罗姆尼（Mitt Romney）在马萨诸塞州州长任上签署生效的医疗保险方案非常相似，不同点主要是在提供更多选项方面。但这并未阻止罗姆尼先生谴责希拉里的计划是"欧洲式的公费医疗"。弗雷德·汤普森则宣称，希拉里的计划不提供选择权（实际上提供的选项相当多），而是依靠“处罚”来推行。

这些攻击或许不足以阻止民主党人赢得来年的大选，但事情不会到此为止：即使民主党人拿下白宫并扩大在国会的多数席位，保险业和制药业的游说集团仍会试图要挟他们冲淡自己的竞选承诺。

所以，希拉里参议员在发布其医疗改革计划前的持续拖延才让全民医疗保险的支持者（我也是其中之一）深感紧张，这种紧张并没有随着她最终提出计划而完全消解。无论谁获得民主党提名都将在竞选中主打出色的医疗改革计划，这当然是好消息。剩下的疑问是，他/她是否有决心把计划变成现实。

击杀恐惧

在周日举行医疗改革法案投票的前一天，奥巴马总统向众议院民主党人做了一次脱稿讲话。临近结束时，他谈到自己的政党为何应该支持这一改革："每过一段时间总会有那么一刻，你有机会捍卫你对自己和这个国家的最美好的愿望，你有机会兑现自己做过的承诺……现在就是让那个承诺兑现的时刻。我们不是必然会成功，但我们必须让自己拥有的所有光芒照耀出来。"

同时在另一侧，前任共和党众议院议长纽特·金里奇（Newt Gingrich），被其党内的许多人誉为智慧型领袖的人，不得不站出来说：如果民主党人通过医疗改革法案，"他们将摧毁自己的政党，就像林登·约翰逊通过《民权法案》让民主党破败了40年那样"。

我要指出，金里奇先生搞错了：提供医疗保险的法案通常在生效前充满争议——罗纳德·里根的名言是医疗保险计划意味着美国式自由的终结——而一旦表决通过，总是大受欢迎。

但这不是我今天要讲的关键点。我希望大家看看对比：一方的结案陈词是呼唤我们的善良天性，鼓励政客做正确的事，哪怕这会毁掉他们的职业；另一方则是冷酷无情的现代犬儒主义。请想一想，为了贬低医疗改革而将其类比为《民权法案》意味着什么？在现代美国，有谁会说林登·约翰逊推动种族平等是做了错事？当然我们知道是谁：在投票前夜参与茶党组织的抗议活动，朝民主党国会议员叫喊种族主义口号的那

---

* 2010年3月21日。

帮人。

那种现代犬儒主义始终是整个反改革运动的标志。

的确，有少数保守派政策专家在展示出对问题的深入思考后，宣称对改革的财政影响感到不安（但很奇怪，他们对国会预算办公室的财政健康得以维持的报表无动于衷），或要求对控制成本采取更强有力的行动（其实目前的改革计划在控制医疗费用上比之前的任何法案都做得更多）。可是在大多数情况下，改革的反对者甚至都没有假装关心一下事实：无论是有关现行医疗体制，还是民主党提议的温和的中间派改革计划，其纲领同米特·罗姆尼在马萨诸塞州引入的改革极为接近。

可以说，反对派蛊惑人心的核心是赤裸裸的恐吓宣传，不受任何事实或者荣誉感的束缚。

不只是“死亡委员会”（death panel）之类的污蔑，还宣扬种族仇恨，例如《投资者商业日报》的一篇文章宣布，医疗改革是“关于类固醇的平权运动，根据肤色决定一切事务，从谁会成为医生到谁会获得治疗等”。有关堕胎资金的胡乱说法，还有坚持宣扬给年轻的美国劳动者提供及时的医疗服务保障带有独裁色彩等。其实自从林登·约翰逊——金里奇先生眼里的失败总统——在保守派的呼喊抗议声中成功推出医疗保险计划以来，美国的老年人一直在享受这样的保障。

需要澄清的是，推行恐吓运动的人并非与共和党建制派无关的边缘激进分子。恰恰相反，建制派一直卷入其中并积极支持。萨拉·佩林（Sarah Palin）——请记住，她当时是共和党的副总统候选人——之流的政客大力宣扬“死亡委员会”的谎言，而参议员查克·格拉斯利（Chuck Grassley）等号称明智、温和的政客则拒绝承认这些言论不符合事实。共和党国会议员在投票前夜还警告说“自由在今天死掉了一部分”，并指责民主党人采取“极权主义策略”，也就是我理解的“投票”程序。

确定无疑的是，恐吓运动起到了效果：医疗改革从高度受欢迎变成了广泛不受支持，虽然近期的支持度又有所反弹。但问题在于：这是否足以妨碍改革？

答案是否定的。民主党做成了。众议院通过了参议院的医疗改革方案，通过协商将达成最终的修订版本。

这当然是奥巴马总统的政治胜利、众议院议长南希·佩洛西的伟大成就，同时也是美国精神的胜利。最终，无原则的恶意恐吓攻势没能阻碍改革的步伐。恐惧在这一次被击杀出局。

编辑注解：2010 年 3 月 23 日

保罗·克鲁格曼在本周一关于医疗改革法案的专栏文章里引用纽特·金里奇的话说：林登·约翰逊通过《民权法案》让民主党破败了40 年。这部分引文最早出现在《华盛顿邮报》，该报在克鲁格曼的专栏文章发表后又报道说，金里奇称自己指的是约翰逊的“伟大社会”政策，而非 1964 年的《民权法案》。

奥巴马医改没有失败

有多少美国人知道医疗改革目前的推进情况如何？在这个议题上，有多少媒体人在追踪积极的进展？

我推测第一个问题的答案是“不太多”，第二个问题的答案则是“或许更少”，原因将在稍后阐述。假如我的推测没错，这是很令人惊奇的现象：一项重大政策成就正在改善千百万美国人的生活，却在很大程度上并未受到关注。

这怎么可能呢？想想不负责任的无休止的负面宣传吧。《平价医疗法案》受到狂热分子与右翼媒体的不停攻击，主流媒体也往往对其缺陷喋喋不休。很多攻击性预测称，该法案将招致灾难，却没有一个兑现。然而灾难的缺席不是吸引眼球的标题，做出错误预测的那些人又回来继续新的耸人听闻。

请特别看一看奥巴马医改对缺乏医疗保险的美国人数量的具体影响。联邦医疗网站在初期的崩溃让右翼势力幸灾乐祸，主流媒体也对此有大量负面报道。2014 年初，许多报道信誓旦旦地说第一年的参保人数将远远落后于白宫的预测。

结果之后的参保人数大大增加。那些悲观主义者是否受到了为什么错得离谱的诘问呢？当然没有。同样的这波人只是卷土重来，混杂着各种阴谋论与新的末日预测。怀俄明州参议员约翰·巴拉索（John Barrasso）说“政府在做假账”；若干“专家”宣称报名参保的人实际上不会

---

* 2014 年 7 月 13 日。

付费；还有得克萨斯州参议员泰德·克鲁兹（Ted Cruz）声称失去保险的人会比得到保险的人更多。

然而大多数报名参保者确实支付了保费，而且如今来自盖洛普、城市研究所（Urban Institute）及联邦基金会等机构的多项独立调查显示，无医疗保险的美国人的数量自2013年秋季以来大幅减少。

我已看到来自右翼的某些说法，认为无保险人数的大量减少是因为经济复苏而非医疗改革，这些保守派又在称赞奥巴马的经济表现了？但那完全可以被证实为错误的蹩脚看法。

一方面，无医疗保险人数下降如此剧烈，完全不足以用就业状况的适度改善来解释。另一方面，城市研究所的调查表明，扩大医疗保险计划覆盖面的各州，同时也基本上是尽最大努力让医疗改革奏效的各州，与拒绝让联邦政府的保障覆盖贫困人群的各州之间出现了惊人对比。不出意料，扩大医疗保险计划的各州的无保险居民人数下降幅度达到拒绝扩大的各州的3倍。傻瓜们，这不是因为经济，而是因为政策。

花费的成本呢？2013年有很多人说会出现保险费率暴涨的“费率冲击”。可是美国卫生和人类服务部在上月报告，所有获得联邦补贴的人占报名参保者的绝大多数，他们的平均净保费仅为每月82美元。

不错，奥巴马医改中有些人成了输家。如果你年轻、健康，收入达到不足以获得补贴的水平（同时雇主并不提供医疗保险），你的保费可能会提高。如果你的收入达到要为支持这些补贴而缴纳更多税收的水平，你会有财务上的损失。然而有意思的是，哪怕改革的反对者也不爱多讲此类故事。相反，他们总是在寻找那些年龄更大、疾病更多的中产阶级受害者，而且总是找不到。

另外按照联邦基金会的调查，新参保人中的绝大多数，其中包括74%的共和党人，对自己获得的保险感到满意。

你或许想问，如果医疗改革进展如此顺利，为什么民意调查结果依然糟糕？我认为关键在于需要认识到，奥巴马医改的设计基本上不会影响已经拥有良好医疗保险的美国人，因此许多人的观点会被新闻媒体上占主导的负面报道所扭曲。不过凯撒家族基金会的最新跟踪调查显示，有更多美国人在通过家人和朋友了解改革的信息，这意味着他们将开始听到改革的受益者的说法。

正如前文所述，媒体从业者尤其是舆论权威们或许是最后听到好消息的人，只是因为他们所处的社会经济圈层的人通常已经有较优厚的医疗保险。

而对不那么幸运的人，《平价医疗法案》已带来了巨大的积极效果。常见的怀疑派将继续呼喊失败，但真相是医疗改革正在发挥作用！

幻想中的医疗改革恐怖场景

美国政坛存在大量“模糊数学”，但来自得克萨斯州的众议院规则委员会主席皮特·塞申斯（Pete Sessions）先生最近在宣布奥巴马医改计划的成本“不合理”时，仍在这方面树立了新的标杆。他坚持说，如果你做点“简单的乘法计算”，就会发现扩大保险覆盖面的花费高达每名受益者500万美元。但他的算法有点离谱——错了1 000多倍。每名新参保的美国人的实际成本约为4 000美元。

虽说每个人都在犯错，但以上错误属于不可原谅的类型。无论你对《平价医疗法案》的总体看法如何，一个不争的事实是它花掉的纳税人的钱远低于预期，根据国会预算办公室的数据，大约节省了20%。国会的一位资深议员应该知道这点，假如他花点心思读一下国会预算办公室的报告，肯定就不会有兴趣再去议论此话题。

然而，这正是围绕奥巴马医改计划一直发生的故事。在法案生效前，反对派预计会在各种层面爆发灾难，但实际结果是法案的推行非常顺利。于是，这些灾难预测者是如何回应的呢？他们假装预测的那些糟糕结果确实发生了。

改革的敌人喜欢谈论的灾难幻想（而非成功现实）里面，费用只是一个方面。别忘了，奥巴马医改计划还被他们说成了超级就业杀手。众议院甚至在2011年通过了一部《废除打击就业的医疗法的法案》（Repealing the Job-Killing Health Care Law Act）。反对派声称，医疗改革会打

---

* 2015年3月30日。

击经济，尤其是让企业迫使员工接受兼职工作。

其实在奥巴马医改计划于2014年初全面生效时，私人部门的就业增长正在加速中，达到自克林顿政府以来从未有过的水平。与此同时，想从事全职工作却不能实现的非自愿的兼职工作的数量迅速减少。可怀疑派通常的表现就像是自己的预测已成为现实一般。例如，杰布·布什（Jeb Bush）在一周前讲，奥巴马医改是“所谓的经济复苏中压抑就业增长的最主要因素”。

最后还有对奇谈怪事的无休止搜索：关于辛勤工作的普通美国人如何因为医疗改革而变得举步维艰。我们已经看到，奥巴马医改的反对者基本上不会做数学计算，做的时候很抱歉会算错。他们真正需要的只是几个凄惨的故事，因为法案的某些条款而遭到剥夺的可怜人的诉说。

然而引人瞩目的是，他们没能够找到此类故事。2014年早些时候，科赫兄弟支持的“繁荣美国人协会”（Americans for Prosperity）发布了一系列有关奥巴马医改受害者的广告，可这些悲惨传说没有一个经得起查证。近期则有来自华盛顿州的众议员凯茜·罗杰斯（Cathy McMorris Rodgers）到脸书网站征集奥巴马医改造成的恐怖故事，而她看到的，是生活因为医疗改革而获得改善甚至生命得以挽救的人们提供的大量证词。

实际上，因医疗改革受损的只是收入极高的那部分美国人，以及保费有所提高的数量较少的一部分人，前者缴纳的税收增加了，后者年轻、健康（因此之前的保险商认为风险较小）、收入不算太低（因此无法获得补贴）。这两个群体都无法给广告抹黑提供合适的受害者形象。

简而言之，在寻找事实依据时，对医疗改革的攻击一无所获。但公众并不了解这些背景。在控制成本方面做得好的消息完全没有传播开，Voc. com网站近期开展的一项调查表明，仅有5%的美国人知道奥巴马医改计划的费用低于预期，而42%的人以为政府花了比预期更多的钱。

目前有接近1 600万美国人因为医改而新获得保险，他们的正面经历对改变公众的感受效果甚微。部分原因是《平价医疗法案》从设计上就对已经有良好医疗保险的人不起什么作用。在该法案生效前，大部分美国人已经被雇主医疗保险、医疗保险计划和医疗救助计划覆盖，他们没觉得自己的保险状态有什么变化。

但是在更深的层面，我们今天目睹的是后真相政治（post-truth politics）操作的影响。在我们今天生活的时代，政客以及为之服务的所谓专家从来不认为必须接受令人不快的事实，无论表明他们观点错误的证据有多么充分，也绝不放弃其立场。

这样的结果就是幻想的灾难可以遮蔽真实的成功。奥巴马医改并不完美，但它确实大幅改善了千百万人的生活质量。需要有人把这些告诉选民。

3

对奥巴马医改计划的攻击

残酷的党团会议

当美国最高法院于2012年6月做出关于奥巴马医改计划合宪问题的关键判决时，你身在何地？如果记不清，那你肯定不是关心医疗政策领域的痴人。而我自然是，我当时在英国度假，与太太一起坐在一家有无线网络的酒吧，密切跟踪着有关报道。

记得第一篇报道断章取义，让人感觉最高法院给医改计划判了死刑。所幸事实并非如此，在搞清楚医疗改革得以存续之后，就只有一件事可做了：我要了双份的苏格兰威士忌，并很快喝了个精光。

虽然改革得以存续，最高法院仍给《平价医疗法案》设置了一个限制：使法案中的一项内容，即把医疗救助计划扩展到贫困线133%之内的所有人，成为各州的可选项。

你可能认为这不会造成多大区别。毕竟在该法案下，联邦政府在初期将承担全部成本，虽然过几年会下降至90%，但仍是极其优厚的安排。我的意思是，什么样的州政府会拒绝给大量本州居民提供医疗保险的建议，几乎不用当地花钱，还能带来有助于振兴地方经济的联邦资金？

答案却是：几乎所有被共和党控制的州政府。某些州后来改变了主意，但到2019年中期依然有14个州拒绝给部分最弱势的国民提供基本医疗保障，哪怕不用这些地方付出任何代价。

乍一看，你或许会解释说拒绝扩展医疗救助计划是一种策略行动，试图从总体上诋毁奥巴马医改。可是《平价医疗法案》到今天已生效很长时间，如果拒绝扩展医疗救助计划会扼杀该法案，那早就该发生了。因此，到现在我们必须承认还有某些更加丑陋的企图仍在继续。

我是说，阻挠向富人征税以帮助穷人的计划是一回事。你可以用向富人征税会打击就业创造者之类的说辞予以辩解，或者直接说你更关心富人而非穷人。然而，拒绝可以帮助穷人的免费拨款则是另一回事，这种事本身就非常残忍。

因此我们从 2012 年以来的美国政治中得到的教训是，有相当多的人带着这种特殊形式的残忍心态。尽管我相信那仍然只是一小部分选民，但在共和党基本盘中所占的比例却高得多，而且在共和党的职业政客中牢牢占据多数。

这让我想起 2016 年大选后出现的对奥巴马医改计划的反对运动，共和党那时再次短暂获得了对国会和白宫的一致掌控权。共和党最终获得了破坏奥巴马最重要的国内遗产的机会：废除整部《平价医疗法案》。这样做在他们看来是有某种意义的，因为废除整部法案将代表撤销为扩张医疗救助计划和补贴中等收入家庭而对高收入者征缴的税收。可一旦认识到这种废除将剥夺数千万人的保障时，即便是老大党也对此前景避而不谈。

剩下的事情变成了一场蓄意破坏运动：为颠覆奥巴马医改，试图改变其中某些条款，不是过分明目张胆地夺走人们的医疗保险，而是让保险变得更难获得或更贵，或兼而有之。遭到这种形式的攻击，跟民主党人起初为使医改法案通过而做出的让步有关：《平价医疗法案》是公私混合型体制，而非统一的政府保险项目，它包含若干可变的部分，往里面掺沙子搞破坏并不太难。

这场破坏运动的真相是，它对任何人都没有直接的好处，即使富人缴纳的税收也没有减少。因此与拒绝扩大医疗救助计划覆盖面一样，它纯粹是在伤害医改法案的受益者，而且在某些情况下花的钱比维持原法案时更多。

好消息则是，奥巴马医改计划的设计比许多人（包括我本人在内）之前的认识更为出色。法案很难避免遭到破坏，但比许多人担忧的情况更显得稳健。在本章收录的专栏评论里，我描述了对该法案的各种攻击，及其大部分内容如何得以存续的过程。

健康三支柱，没有坏的

会不会有50位共和党参议员愿意以“对党忠诚”的名义给自己的选民带来巨大伤害？我不清楚。

但目前似乎是个好时机，来检讨一下为什么共和党无法针对奥巴马医改提出非灾难性的替代方案。这不是因为他们太愚蠢（尽管其反智主义已达到惊人程度），而是因为你不可能在不摧毁整部《平价医疗法案》的情况下改变其中的任何核心成分。

假设你希望给所有人提供医疗保险，包括有既往病史的人。我知道的大多数医疗经济学家都喜欢单一支付方体制，即全民医疗保险计划。但现实地说，这在目前还难以做到。

一方面，保险业界不会坐以待毙，它们有着极强的影响力。另一方面，向单一支付方体制转轨需要大幅增税。尽管大多数人从取消保险费中得到的好处多于增加缴税造成的损失，然而这在竞选中是个很难讲清楚的理由。

此外，大多数65岁以下的美国人有雇主提供的医疗保险，并应该对这一保障感到满意。对于用其他任何办法替代这一保障的任何建议，他们感到紧张是可以理解的，无论你如何诚实地对其保证替代方案比之前的更好。

于是《平价医疗法案》采取了渐进主义的办法，即所谓的“三脚凳”。

该法案首先要求保险公司向所有人提供相同的保险计划，收取相同

---

* 2017年7月10日。

的费用，而与个人的医疗历史无关。这是为了解决既往病史的问题。当然这个要求本身会导致“死亡螺旋”的结果：身体健康的人会等到生病后才去参保，因此已经参保的人相对而言不够健康，将推高保费，保费提高会挤出更多健康的人，如此循环恶化。

因此上述保险监管还必须结合个人强制规定，要求目前健康的人也必须参保。另外购买的保险必须满足最低标准，因为购买覆盖范围极小的廉价保单事实上同完全不购买保险是一回事。

但如果人们无力负担保险怎么办？凳子的第三条支柱是通过补贴减轻低收入人群的负担。对于收入最低的群体，补贴将达到100%，并采取扩大医疗救助计划的操作方式。

关键之处在于，这三根支柱都是必不可少的，拿走任何一根，整个计划就无法运转。

那么在三根支柱都到位的情况下，计划能够顺利运行吗？是的。

为了解《平价医疗法案》目前的进展，你需要认识到，根据法案文本与最高法院的解释，该法案的执行很大程度上取决于各州政府给予的合作。在实际上参与了合作的各州，医疗救助计划得到扩展，各自的保险交易所开始运作，参保人数增加，保险公司之间的竞争加强，医改计划运行得非常顺利。

我们可以把肯塔基州与其邻近的田纳西州的情况做个对比。在全面实施《平价医疗法案》之前的2013年，田纳西州无保险的人占比（约13%）略低于肯塔基州（14%）。等到肯塔基州全面实施该法案后的2015年，那里无保险的人占比已下降至6%，而田纳西州则为11%。

再看看仅有一家（或没有）保险公司的各县面临的缺乏充分竞争的问题。近期有研究指出，这几乎是红州（共和党州）特有的问题。在共和党人担任州长的各州，有21%的人口生活在此类郡县。相比之下，在民主党人担任州长的地方，此类郡县的人口占比仅为2%。

因此尽管没有人愿意相信，但奥巴马医改计划确实是一部深思熟虑的法案，在愿意使它发挥作用的州，确实行之有效。该法案可以也应该得到更好改进，可共和党人对此毫无兴趣。相反，他们所有的念头都围绕着如何锯掉三脚凳的一根或者更多支柱。

第一，他们铁了心要取消个人强制规定。这条规定在健康人群中不受欢迎，但对整个体系实现正常运转、为需要医保的人服务不可或缺。

第二，他们决心大幅削减补贴，包括疯狂缩减医疗救助计划的经费以节约开支，以便为富人减税。这样做将造成大多数家庭负担的净保费急剧提高。

最后，我们现在听到许多关于《克鲁兹修正案》的说法，其内容是让保险公司提供覆盖范围极低、免赔额很高的保险计划。此类产品对那些有既往病史的人将毫无用处，会把他们单独隔离在高成本保险市场，从而有效锯掉凳子的第三根支柱。

但为了避免无保险人数的大幅增加，共和党人将不得不放弃上述的哪一条破坏念头呢？结论是：都得放弃。

于是在用了这么多年对奥巴马医改计划的口诛笔伐之后，共和党人对于如何能做得更好依然毫无头绪。或者说，他们根本就一无所知。

奥巴马医改计划才是真正稳定的天才

可以理解，新闻头版继续被目前困扰特朗普政府的大约 13 万起丑闻占据。然而民意调查显示，腐败的恶味虽然浓烈，却不太能左右中期选举。选民心头的最大疑惑依然是关于医疗保险的。

你知道吗，选民是对的。假如共和党再掌控国会两院，我们完全可以预期他们将再度尝试废除奥巴马医改，剥夺大约 2 500 万或 3 000 万美国人的医疗保险。为什么？因为他们破坏该计划的企图始终未能得逞，而时间已所剩无几。

我不是说他们的破坏完全没取得成果。特朗普政府成功地大幅推高了医疗保险费率。是的，我说的是“成功”，因为这显然是他们的本来目的。

自 2016 年以来，《平价医疗法案》的保险交易所的参保人数也有所下降，而且几乎所有下降都发生在特朗普政府负责运营的交易所，而非各州负责的部分。没有医疗保险的美国人的总数量在奥巴马任期内大幅下降后，又重新回升。

共和党人希望并筹划的事情是造成参保人数下降和费率飙升的“死亡螺旋”。尽管关于死亡螺旋正在发生的常见论断颇具影响力，大多数公众相信保险交易所正走向崩溃，实际情况却并非如此。如果考虑到负责运营的那些人正试图加以破坏，奥巴马医改计划其实相当稳定。

奥巴马医改计划维持稳健的秘密何在？尽管没人愿意相信，答案其

---

* 2018 年 4 月 9 日。

实在于该计划的设计者绝顶聪明。政治现实迫使他们建立了鲁布·戈德堡（Rube Goldberg）式的小题大做的机制，一套实现简单目标的复杂体系。我认识的每位进步派医疗专家都希望把医疗保险计划扩展到全民，但就是做不到。而奥巴马医改计划的设计者创造出了一套非常擅于承受冲击的体制，包括希望摧毁该计划的白宫发动的冲击。

起初，奥巴马医改计划应该是以“三脚凳”为基础：禁止私人保险公司根据既往病史实施歧视定价；“个人强制规则”要求个人购买满足最低标准的保险，哪怕他们目前身体完全健康；为降低保费负担而提供补贴。

然而共和党人竭尽所能想锯掉其中一根支柱。甚至在取消强制参保规则之前，他们就已大幅减少保险扩展行动，希望削弱身体健康的美国人的参保积极性。

结果造成实际上参与医疗保险的人群比预定的规模更小、疾病更多，从而迫使保险公司收取更高的费率。

但补贴会在这里发挥作用。

根据《平价医疗法案》，最穷的那部分美国人由医疗救助计划覆盖，同私人保险的费率无关。与此同时，许多收入略高一些的人——达到贫困线的400%，或四口之家的收入达到9.5万美元——都有资格获得补贴。这个部分相当于总人口的59%，但由于收入比他们更高的人中很多已通过雇主获得了保险，这部分人在保险交易所的参保人中实际占比达到83%。这里还有一个关键在于：补贴不是固定的数额，有关的公式会计算出足够高的补贴，使居民支付的保费不会超过其收入的一定比例。

上述安排的结果是，在2 700万通过医疗救助计划扩展或在交易所购买保险而获得医保的美国人里，仅有约200万会受到特朗普导致的费率上涨的冲击。这个数字固然不小，但不足以造成死亡螺旋的持续。实际上，由于一些复杂的原因（别问了，事关利益），对很多人来说补贴后的保险费率还有所下降。

这就让老大党非常非常郁闷了。

从一开始，共和党仇视奥巴马医改的原因就不仅是他们希望其失败，而且因为他们害怕该计划一旦成功，将会证明政府可以用行动来改善民众的生活。共和党人的梦魇正逐步成为现实：尽管花费了很长时间，《平价医疗法案》最终仍在赢得人心，公众对于共和党会扼杀该法案的担忧正变成沉重的政治包袱。

在我看来，这表明如果共和党人继续控制国会，他们将再次试图一劳永逸地摧毁该法案，因为他们清楚那或许是最后的机会。事实上，如果他们不能很快扼杀奥巴马医改，下一步可能是推出某个扩展项目，让所有年龄的美国人都能参与医疗保险计划。

所以说，选民认为医疗保险是中期选举的真正议题，这完全合理。它或许还不是最重大的问题，因为有充分理由证明美国民主制度的生存正命悬一线，但确实也影响深远。

得病，破产，然后死去

老实说吧：尽管以特立独行著称，但约翰·麦凯恩在生命最后十年的多数时候还是非常正统的共和党人，对党的路线循规蹈矩，无论这有多么不负责任。比如，放弃他一度赞成的应该为控制气候变化而采取行动的立场。

然而对于这些不光彩的记录，他通过一次行动挽回了不少形象：对共和党废除《平价医疗法案》的企图，他投下了关键的反对票。那一次“反对”保住了数千万美国人的医疗保险，至少暂时如此。

如今麦凯恩已故去，并带走了我们所知的国会中唯一有点骨气的共和党人。这使得假如共和党在 11 月份能继续控制国会，他们真的会废除奥巴马医改。这不是猜测，而是公开的承诺，由副总统迈克·彭斯在上周宣布。

但是在 2017 年曾经让废除行动搁浅的那些问题呢？共和党人显然在 2017 年重新思考了他们的政策主张，试图找到废除《平价医疗法案》而不会给普通美国人造成严重伤害的办法，特别是那些有既往病史的人。对吧？

哈哈，我在讲笑话。

共和党人当然没有反思他们关于医疗体制（乃至任何事务）的主张。部分原因在于当代的老大党并不做政策研究。民主党人的智库网络及赞同他们的独立专家重视实际证据，希望解决真正的问题，有时确实

---

* 2018 年 9 月 3 日。

对法案建议发挥了影响。共和党人则完全没有可比性，他们驯养的“专家”基本上都是在说政治大人物喜欢听的话。

不过在医疗领域，问题显得更为严重：共和党无法拿出《平价医疗法案》的替代方案，因为没有这种替代选项。尤其是如果你想为有既往病史的人提供医疗保障——包括约一半共和党人在内的选民最看重的议题——奥巴马医改计划已经是能够做到的最保守的政策了。唯一的替代办法是实施全民医疗保险计划之类的方案，需要政策显著地向左倾斜，而非倒向右翼。

就这一点，医疗经济学家在很多年里做了很多次解释，可是一如既往，让因为不理解而拿到报酬的人理解某些道理相当困难。不过，我们还是再做一次尝试吧。

如果希望私人保险公司给有既往病史的人提供保障，你就必须禁止基于就医记录的歧视做法。然而仅此措施并不足够，因为如果每个人的保单费用相同，健康状况欠佳的人会更多参保，导致糟糕的风险集合，迫使保费被推高。纽约就发生过这种情形，在《平价医疗法案》实施前个人保单的保费奇高，但在奥巴马医改生效后很快下跌了一半。

这是因为奥巴马医改计划采取了相关措施，给健康人也创造了参保激励。一方面对没有保险的人处以罚款（个人强制参保规定），另一方面提供补贴，把医疗费用支出限制在收入的既定比例之内。共和党人曾试图通过取消强制参保规定来破坏奥巴马医改计划，也确实导致保险费率被抬高，不过由于补贴的存在，整个体制仍屹立不倒。

这再度说明，要为有既往病史的人群提供保障，奥巴马医改已是最保守的选择。假如共和党人真正在乎属于这种情况的数千万美国人，他们就应该支持甚至加强《平价医疗法案》。

相反，如果能在两个月后继续掌握控制权，他们将试图扼杀该法案。可是为有既往病史的人群提供保障的做法广受欢迎，因此他们会假装答应继续给予保障，而拿出实际上无法实现该目标的议案。

既然真相如此，为什么他们以为自己能如此明目张胆地诈骗得手呢？是他们把选民想得过分愚蠢了吗？

确实如此。在近期的集会中，特朗普一再宣扬，民主党人打算“为推行社会主义而洗劫医疗保险计划”。

不过更重要的目标是新闻媒体，这个行业的许多成员还没有学会如何应付当代保守主义的恶意欺诈。

例如，内华达州参议员迪恩·海勒（Dean Heller）等人联合提出一项议案，号称要给有既往病史的人群提供保障，但实际做不到。他希望新闻媒体以《海勒发布给有既往病史的美国人提供医疗保障的计划》做大字标题，而把关键事实——他的法案根本不能做到——深埋在文章的第17段文字里。

从他的视角看，更好的办法或许是在第17段文字中说明，只有“某些民主党人”认为他的议案是个骗局，而共和党人并不这么认为。报道要兼顾双边，你懂的。

因此，假如你是一位有既往病史的美国人，或担心自己在将来进入这种状况，你需要认清楚现实：共和党人正在打你的医疗保险的主意。如果他们在11月保住控制权，能够以平价（或者任何代价）购买的医疗保险将在几个月内消失。

民主党人如何能够履行医疗保险承诺

新泽西州指明了道路，你对此有疑问吗？

“民主党人需要拿出主动计划，而不只是反对唐纳德·特朗普”——你在中期选举期间听专家们讲过多少次类似的话？事实上，赛斯·莫尔顿（Seth Moulton）这样的人还在讲，他正率队试图阻止南希·佩洛西再度担任众议院议长，但显然不会得逞。

这种廉价攻击令人恼火的地方在于，它错得一清二楚。每个人的确都在关注特朗普，但他在民主党人传出的信息中明显缺乏存在感。卫斯理媒体项目（Wesleyan Media Project）的调查发现，2018 年选举的特殊之处并不是民主党人对“推特总司令”有多关心，而是有多无视：自 2002 年以来，还没有哪个反对党推送如此少的广告攻击白宫的在任者。

那么给民主党带来大获全胜的选举结果的竞选运动谈论的话题是什么？最主要是关于医疗，占民主党广告宣传的半数以上。由此引发的问题是：民主党在众议院和州级选举中取得大胜之后，能否做些事情来兑现关键的竞选承诺？

是的，他们能够做到。

其实，民主党拿下众议院本身就实现了一个重要目标：粉碎了废除《平价医疗法案》的企图。虽然共和党反对该法案为有既往病史的人群提供保障的诉讼仍在等候判决，倾向共和党的法官在此案中的长期沉默越来越令人生疑，但不会有更多试图废除该法案的立法行动尝试了。

---

* 2018 年 11 月 22 日。

另一方面，由于共和党依然把持着参议院和白宫，医疗领域新的重大联邦法案不会出现。民主党人可以讨论未来的计划，比如为65岁以下的美国人提供某种形式的医疗保险计划参保选项等。开展此类讨论很有意义，他们之所以能够在2009—2010年推动重大医疗改革，原因之一就在于之前的两年间民主党人对其中的关键议题做了充分探讨。相比之下，2017年试图废除医改法案的共和党人对其行动的影响则毫无概念。但至少从现在看，华盛顿将陷入僵局，当然相比之前的局势已大有好转！

然而在各州层面，却可以采取行动。

严格来说，《平价医疗法案》并没有创建一个全国性的项目，而是给50个州层面的项目制定了规则，并提供资助。法案鼓励各州创建自己的医疗保险交易所，当然也可以选择利用联邦的交易网站（healthcare. gov）。最高法院2012年的一项判决还允许各州退出医疗救助计划的扩展项目，很多州也确实选择了拒绝联邦资金，并剥夺了本地居民的医疗保险。

由此导致基于各州政治倾向医疗的命运出现了分化。在《平价医疗法案》生效前的2013年，加利福尼亚州的无保险率高于全美平均水平，17. 2%的居民缺乏医疗保障。北卡罗来纳州的境遇则略好一些，“仅有”15. 6%的人无保障。可是到了2017年，加利福尼亚州的无保险率已降低了10个百分点，达到7. 2%，而北卡罗来纳州的相应比率仍高于10%。

这一差距是如何造成的？由民主党人控制州长和议会的深蓝色加利福尼亚州尽其所能让奥巴马医改计划得以顺利实施：扩大医疗救助计划，运营自己的保险交易所，采取积极措施发动民众参保。而在共和党把持下的北卡罗来纳州，这些事情都没有做。

州层面行动的重要性只是在过去两年才凸显出来，因为特朗普政府及其国会同盟尽管无法撤销《平价医疗法案》，却不遗余力地暗中破坏。他们取消了要求健康人参保的个人强制规定，取消了帮助保险公司管理自身风险的再保险，并大幅削减了保险服务的拓展行动。

所有这些措施都造成保险费率提高，参保人数下降。但如果各州愿意的话，它们可以填上特朗普留下的大窟窿。

如何能做到这一点的最夸张案例来自新泽西州，民主党人于 2017 年底取得了完全的控制权，迅速创立了州层面的强制规定与再保险。结果令人印象深刻：新泽西在 2019 年的保费比 2018 年下降了 9.3%，目前的费率远低于全美平均水平。抵制特朗普一派的破坏，大约让该州的普通保险购买人每年节约了 1 500 美元。

如今民主党人赢得了更多州的控制权，他们可以也应该复制新泽西州的案例，并在有能力时更进一步。例如，为何不引入州层面的公共保险，即有精算结果支持的政府保险项目作为私人保险的替代选项？

最后的结论是，虽然新赢得的众议院多数地位除捍卫奥巴马医改计划外，至少在目前还不能做出太多贡献，但民主党人在各州的盟友却能大有作为，并在此过程中兑现自己在 2018 年竞选纲领中的承诺。正如他们在新泽西州所说的那样，你对此还有什么疑问吗？

4

泡沫与破灭

千恐万惧一齐来

有人还记得20世纪90年代后期的亚洲金融危机吗？在新的一系列事情发生之后，它似乎已成为久远的历史。然而对跟踪那场危机的人来说，它是一次真正令人恐怖的事件，不仅在于当时数万亿美元的损失、数千万人生活受到干扰的短期后果，而且成了一个预兆。

1996年前后，包括我在内的绝大多数经济学家都相信，尽管世界充满风险，但爆发20世纪30年代大萧条的那类风险已经因为经济知识的进步而被消除了。类似情况毕竟也在其他社会弊病上应验过。早在1854年，约翰·斯诺（John Snow）医生就发现伦敦的霍乱疫情暴发与一个公共水泵有关，当流行病专家认识到是受污染的水在传播霍乱之后，这种疫病的暴发便成了过去时。

与之相似，凯恩斯于1936年发现支出不足和银行相继破产是大规模失业背后的原因，一旦政策制定者理解了这种诊断思路，大萧条式的经济崩溃也就成了过去时。

经济衰退，包括严重衰退，并未消失。美国失业率曾在1982年达到近11%的高点。但与二战后的大多数经济滑坡一样，那次衰退更像是一次电击治疗，而非心脏病暴发。它或多或少由政策制定者主动实施，以驱散他们担心的通胀失控风险。没有人认为旧式“恐慌”会卷土重来，即由于人们竞相把现金储存在自己家里，会导致银行挤兑、企业关门。

可是到90年代后期，这种景象的确在泰国、马来西亚、印度尼西亚和韩国上演了。一场更缓慢的危机，长期的萎靡不振，则发生在短短几年前还被广泛视为新兴超级经济大国的日本。虽然某些观察家——很遗憾，其中有太多西方经济学家——倾向于把这些危机看作意外事件，从中无法学到太多教训，我们中的其他一些人却受到了极大震撼。

因为其中部分国家毕竟已较为现代化，较为成熟，尽管它们的决策者不是那么完美（哪个国家的又是呢），却肯定不是傻子在当家。尤其是日本，从基本面看同美国非常相似：一个富裕、有教养、技术发达、政治稳定的大国，加上虽非卓越但也颇为能干的货币与财政当局。假如日本会陷入停滞与通缩的“失去的十年”，同样的事情就不会发生在美国？

我在当时记录了上述担忧，尤其是在1998年的一篇学术论文《再现：日本的低迷与流动性陷阱的回归》（我认为该文很好地经受住了时间检验），以及1999年的著作《萧条经济学的回归》。其他人也发出了类似警报，包括当时在普林斯顿大学的本·伯南克。但还有相当多的人并不喜欢听到这种声音。

然而，美国与日本之间的相似之处随着时间与日俱增。到2005年左右，我与其他许多人（但仍不够多）已对膨胀的房地产泡沫日渐担忧。很显然，当泡沫破灭时会出现糟糕的事情。而实际结果的恶劣程度仍远远超过几乎所有人的想象。多年的金融去监管与金融“创新”（经常相当于找到办法来规避监管）创造的银行体系，尽管以现代的高科技作为背景，却同大萧条前夜的银行体系一样容易被恐慌击倒。

恐慌随即爆发。

本章收录的专栏文章记述了我和其他人对某些可怕错误正在发生的加剧恐惧，以及当那些我们曾担忧的情形确实爆发后，我们必须翻越哪些错觉之墙。之后还有应该如何应对的问题，更多放在下一章里介绍。

泡沫耗尽

还记得股市泡沫吗？在2000年以来的各种事件之后，那似乎已是遥远的过去。但少数悲观派人士，尤其是摩根士丹利的斯蒂芬·罗奇认为我们还没有为以往的挥霍无度付出代价。

我从未全盘接受过那种观点，不过在审视房地产市场后，我开始反思。

2001年7月，巨型债券基金太平洋投资管理公司（Pimco）的经济学家保罗·麦考利（Paul McCulley）预测，美联储只会用一种泡沫替换另一种泡沫："为维持美国式享乐主义，美联储有余地在必要时创造住房价格泡沫。而且我认为美联储有意愿这么做，尽管政治正确要求格林斯潘先生对此类事情说不。"

正如麦考利先生的预计，利率下调导致了住房价格高涨，继而不仅促进了建筑业繁荣，也抬高了消费者支出，因为房主利用抵押再融资借入了更多债务。所有这些都创造出工作岗位，填补了股市泡沫破灭所损失的部分。

现在的问题是有什么能替换房地产泡沫。

没有人以为经济可以永远依赖住房购买与再融资，但希望在于当住房繁荣逐渐消退时，我们不再需要它了。

然而尽管住房繁荣持续的时间已超出任何人的想象，当它走到尽头时，美国经济仍会面临巨大麻烦。也就是说，假如住房建设的狂热步伐

---

* 2005年5月27日。

开始冷却，消费者不再借入住房抵押贷款，经济就会急剧减速。一旦住房价格真正开始下跌，我们将见证非常糟糕的场景，建筑业与消费者支出都会大跌，把美国经济重新打回衰退。

正因为如此，看到有迹象显示美国住房市场正在接近最终的狂热投资泡沫阶段，正如上个10年末期的股票市场，才令人感觉极为不祥。

某些分析师依然坚信，住房价格并未脱缰。总是有人能为看似荒唐的资产价格找出说得过去的理由。还记得道琼斯36 000点吗？反对为其做合理化解释，并在《非理性繁荣》一书中正确指出股市泡沫的罗伯特·希勒在新版中又增加了对住房市场的不祥预测，还说住房泡沫“或许是美国历史上最大的泡沫”。

在美国的部分地方，某些不应该成为投机者的人群中出现了投机狂热。这在历史上的泡沫现象中屡见不鲜，20世纪20年代熟悉股票消息的擦鞋男孩，90年代播放CNBC电视台（而非体育台ESPN）财经节目的啤酒比萨快餐店。

虽然格林斯潘如今承认住房市场上存在“泡沫的特征”，但他说泡沫仅限于“特定区域”。的确，最疯狂的场景集中在少数地区，如佛罗里达州和加利福尼亚州的沿海。

可是这些并不是小地方，而是广阔的富庶之地，使全美住房市场整体上看都有相当大的泡沫。大量的住房购买具有投机性，美国全国房地产经纪人协会（National Association of Realtors）估计，2004年出售的住房中有23%是为投资而非居住购买。根据《商业周刊》的说法，31%的新增抵押贷款是只付利息型的，标志着人们已达到财务能力的极限。

需要牢记的要点是，股票市场泡沫破灭伤害了太多人，而不只是在接近价格顶点购入股票的人。到2003年夏，私人部门的就业人数比2001年巅峰时少了300万之多。假如股票泡沫没有被房地产泡沫迅速替代，工作岗位损失的后果还会严重得多。

那么，当住房泡沫破灭时会发生何种情形？同样的一切将会重演，除非美联储能找到新的替代手段。而要构想出替代泡沫是极其困难的。

说到底，美联储管理经济的能力主要来自在住房市场制造繁荣与萧条的本事。在住房进入泡沫崩溃后的滑坡时，还剩下什么手段呢？

罗奇先生相信，美联储在 2001 年之后的表面成功只是一种幻觉，只是在为将来积攒麻烦。我希望他是错的，但美联储看似已耗尽自己的泡沫。

嘶嘶作响

这是泡沫终结的方式：不是砰的一声，而是嘶嘶作响。

住房价格的变动比股票价格慢得多，房价在一天之内跌去23%的黑色星期一并不存在。事实上，哪怕住房泡沫已经破灭，房价经常还会上涨一段时间。

所以美国住房泡沫结束的消息不会表现为房价暴跌，而是随着对卖方索要的价格买方已不再愿意支付，出现销售量下降，库存增加。这个过程或许已经启动。

当然，还有人依然否认住房泡沫的存在。这里请让我具体解释一下，我们为何认为他们搞错了。

证据之一是对房地产的狂热情绪，不免让人回忆起1999年的股票狂热。甚至某些玩家还是同一拨人。1999年的畅销书《道琼斯36000点》的作者是如今住房泡沫不存在论的最高声宣扬者。

接下来是数据。许多泡沫否认者提到全国整体市场上的平均价格令人担忧但还说不上疯狂。可是就住房市场而言，美国其实应划分为两个国度：平原地区与带状地区。

在美国中部的平原地区，建造住房很轻松。如果住房需求增加，那里的都市区域（并没有传统上的市中心）只需要适度扩张即可。其结果是，住房价格基本上由建筑成本决定。在平原地区，根本就掀不起住房泡沫。

---

* 2005年8月8日。

而在位于沿海的带状地区，较高的人口密度加上对土地使用的限制（所以那里会成为特殊的带状）使新住房的建造颇为困难。因此当人们愿意为住房花更多钱时（比如因为抵押贷款利率下调），虽然某些新住房将投入建设，但现有住房的价格也会水涨船高。假如人们判断房价将持续上涨，他们就会愿意投入更多的钱，刺激房价进一步抬升，如此循环往复。换句话说，带状地带容易发生房地产泡沫。

在现实中，带状地带的住房价格上涨速度远高于全美平均值，很清晰地呈现出泡沫特征。

从全美整体来看，住房价格在 2000 年第一季度到 2005 年第一季度上涨了大约 50%。但这个平均值是个混合的结果，既包括休斯敦和亚特兰大等平原地带的都市区（价格涨幅分别为 26% 和 29%），也有带状地带的纽约、迈阿密和圣迭戈等（价格涨幅分别为 77%、96% 和 118%）。

如果不是相信房价会继续抬升，没有人会接受圣迭戈的房价。租金比房价的涨幅要慢得多，美国劳工统计局的“业主等价租金”指数从 1999 年底到 2004 年底仅上涨了 27%。《商业周刊》则报道说，2004 年在圣迭戈租一套房子的成本仅为拥有类似住房的成本的 40%，这还是在考虑了抵押贷款的低利率之后。因此在那些地方买房的唯一解释，就是你认为房价将继续快速上升，带来巨大的资本收益。这恰恰符合泡沫的定义。

当人们不再相信肯定能获得高额资本收益时，泡沫就将终结。圣迭戈上一轮住房泡沫破灭，就出现了这样的情形：在快速上涨后，房价于 1990 年见顶。很快市场上充斥着大量房源，房价开始下泄。到 1996 年，经通胀调整后的房价跌去了 25% 左右。

同样的情形正在今天的圣迭戈重演，而此前的价格涨幅令 20 世纪 80 年代的泡沫相形见绌。市场上挂牌的独栋住宅与公寓的数量在过去一年翻了一番。《洛杉矶时报》报道：“一两年前连夜就能卖掉的房子经常引发竞价大战，而今在市场上好几周无人问津。”其他曾经火热的地方市场也出现了类似场景。

与此同时，美国经济变得高度依赖住房泡沫。2001 年以来的经济复苏在许多方面令人失望，如果不是住房建设支出高涨，以及由住房抵押再融资支撑的消费支出暴涨，那场复苏或许根本不会发生。我还没有提到，美国的个人储蓄率已下降到了零。

现在我们开始听到嘶嘶声，空气正从泡沫中往外泄漏。不仅是带状地带房地产的业主们，每个人都应该小心为妙。

开创我们的金融危机之路

始于2006年夏末，而后在9—10月稍事休息的金融危机，回来复仇了。

情况有多糟糕？我还从未见过金融从业者如此紧张，哪怕是在1997—1998年亚洲金融危机期间经济的多米诺骨牌正在全世界垮塌。

这一次，市场参与者似乎真的吓坏了，因为他们突然意识到自己并不了解自己创造的这个复杂的金融体系。

但在深入解释之前，让我们先说说正在发生的一些事情。

信贷，也即市场参与者之间的借款对金融市场的意义好比润滑油对汽车发动机的作用。在短期内筹集现金的能力，即人们所说的“流动性”，是金融市场乃至整个经济生活的关键润滑剂。

然而流动性目前正趋于枯竭，某些信贷市场实际上已经关闭。虽然仍被视为安全资产的美国政府债券的利率下跌，其他市场——如银行间互相拆借资金的伦敦市场——的利率却在走高。

太平洋资产管理公司的债券经理比尔·格罗斯（Bill Gross）说：“我们正在目睹的其实是当今银行体系的解体，杠杆借款的复杂性是如此费解，以至于美联储主席本·伯南克要求对冲基金经理人在8月中旬给他面对面上补习课。”

假如持续时间大大延长，金融市场的冻结将导致整体贷款规模剧减，迫使企业投资同住房建设一样走跌，而这将意味着经济衰退，或许

---

* 2007年12月3日。

非常严重。

流动性消失背后隐藏的是信任的崩塌：市场参与者不愿意相互给对方贷款，因为他们对收回贷款没有把握。

这一信任的崩塌直接源于住房泡沫的破裂。住房价格飙升比互联网泡沫更缺乏实际意义，我是说，甚至没有一项耀眼的新科技来佐证旧规则已不再适用，但金融市场却莫名其妙地把这一疯涨当成了新常态。于是当泡沫破灭时，大量被标记为“AAA”级的投资成了垃圾产品。

对次级抵押贷款的“超高级”债权，即对抵押贷款借款人的还款拥有优先求偿权，即使有相当比例借款人违约，仍可能获得全额偿还，自2007年7月以来损失了1/3的市值。

但真正破坏信任的是没有人知道有毒的金融废品埋在哪里。按说花旗集团不应该在次级资产上有几百亿美元的风险敞口，实际上它却这样做了。佛罗里达州为该州各学区发挥类似银行作用的地方政府投资组合理应是无风险性质的，实际却并非如此，致使那些学校如今已没有钱给教师发工资。

事情怎么会变得如此缺乏透明度？答案在于“金融创新”，这个词汇从现在开始应该让投资者心生恐惧。

好吧，客观地说，某些类型的金融创新确实是好事。我并不希望回到过去那种活期账户不支付利息，在周末无法提取现金的日子。

可是近年来，各种“CDO”“SIV”“RMBS”“ABCP”之类以首字母缩写表示的创新采取了欺诈式推销。它们在宣传中被说成可以分散风险、提高投资安全性，实际上却是播撒混乱，引诱投资者承担意识不到的更大风险，但让这些产品的创造者赚了大钱，而且在投资失败后还不用承担损失。

为什么这些行为能被容忍？从深层来看，我相信问题源于意识形态：笃信市场永远正确的政策制定者完全忽略了警报。我们还知道，格林斯潘就没有理会爱德华·格拉姆利克（Edward Gramlich，时任美联储理事）发出的关于潜在次贷危机的警告。

而且关于自由市场的正统观念很难纠正。仅仅一周之前，美国财政部长亨利·保尔森对《财富》杂志承认，金融创新确实领先于监管，但他又补充道，“我认为我们并不希望事情反过来”。这就是你给出的最终答案吗，部长先生？

如今，保尔森先生提出了帮助借款人对抵押贷款开展重新谈判，以避免违约拍卖的新建议，尽管还不清楚任何细节，但原则上还是个好主意。不过现实地说，这对次级贷款问题起不到多大作用。

最后的结论是，政策制定者让金融业自由创新，创新的结果是让这个行业自身乃至我们其他人都卷入了一场混乱不堪的巨大困境。

麦道夫式经济

伯纳德·麦道夫，一位卓越（或者说几乎所有人想象中）的投资人、慈善家、所在社区的代表人物，被揭发是个骗子，令世界为之震动。确实，据称规模达到500亿美元的庞氏骗局着实难以理解。

但显然不止我一个人在思考如下显而易见的问题：麦道夫先生的故事跟投资业在整体上的经历到底有多大差别？

在过去一代人的时间内，金融服务业在国民收入中所占份额不断扩大，让那些从事该产业的人富得令人难以置信。不过在这个时点，该产业的很大部分似乎正在毁灭价值，而不是创造价值。这还不仅仅是金钱的问题：负责管理别人金钱的那些人获取的巨额财富腐蚀了我们整个社会。

首先来看看薪酬问题。2007年，“证券、大宗商品交易和投资业”雇员的平均薪酬超过经济中其余部分平均薪酬的4倍。100万美元的年收入并不算特殊，甚至2 000万美元乃至更多也相当常见。最富裕的那群美国人的收入在过去一代人的时间里迅速膨胀，而普通劳动者的工资水平停滞不前，华尔街的高收入是这种分化的主要原因之一。

但是，对这些金融业超级明星必须支付超级高薪，对吧？不，未必如此。华尔街的薪酬体系对表面的利润奖励得过分慷慨，哪怕这些表现后来被证明是幻象。

---

* 2008年12月19日。

假设有这样的例子，一位货币经理人利用大量债务对客户的资金做杠杆操作，大部分投资于高收益但也是高风险的资产类型，如可疑的抵押贷款支持证券。在一段时间内，比如只要住房泡沫继续膨胀，他（几乎都是男性）会获得很高利润，因此得到巨额奖励。然后当泡沫破灭，投资变成有毒资产后，他的投资客户将损失惨重，发给他的奖励则无法追回。

好吧，我说的例子也许不全是假设。

华尔街整体上做的事情跟麦道夫案件有多大区别？据称，麦道夫先生跨越了若干程序，直接窃取客户的资金，而不是收取高额管理费，却把投资人暴露给他们并不理解的风险。麦道夫先生显然是在蓄意行骗，而华尔街的许多人士却对自己的促销宣传深信不疑。然而最终结局是相同的：除了麦道夫被软禁在家外，资金管理人都发了财，投资者眼看着自己的钱不见了。

我们这里是在谈很大数额的金钱。近年来，金融业在美国 GDP 中的占比达到约 8%，远高于一代人之前不足 5% 的水平。假如多出来的这 3% 的资金没有获得应有回报，事实或许就是如此，那么每年就有约 4 000 亿美元被浪费、欺诈和滥用。

另外，美国庞氏骗局时代造成的损失远不止直接浪费的资金。

最残酷的方面是，华尔街来路不明的高收益已经并将继续腐蚀政坛，而且蔓延到两党。例如美国证监会主席克里斯托弗·考克斯这样的小布什政府官员，对金融欺诈的证据激增就熟视无睹。民主党人则迟迟不采取行动，弥补有利于对冲基金和私募股权公司经理人的令人震惊的税收漏洞——我是说舒默（Schumer）参议员。政客都在照金钱的指示办事。

在此期间，美国的未来在多大程度上被个人财富的吸铁石给毁掉了？这些年来有多少最优秀、最聪明的年轻人被吸引到投资银行，而放弃了科学、公共服务以及其他各种事业？

最主要的方面还在于，膨胀的金融业牟取的巨额财富破坏了我们对现实的感知，影响了我们的判断力。

请想一想，几乎所有重要人物如何忽略了即将爆发危机的预警？这如何可能发生？比如，格林斯潘如何能在几年前宣布，多亏了衍生品，“金融体系总体上已变得更有韧性”？我相信，答案在于即便是精英人群，也有崇拜挣了大钱的人的天然倾向，并以为那些人都很清楚自己在做什么。

毕竟，这正是那么多人盲目信任麦道夫先生的原因。

我们今天清点残骸，试图弄清楚事情为何在如此短期内搞得如此糟糕。答案其实颇为简单：我们现在目睹的，就是一个麦道夫化的世界的后果。

装傻策略

过去，诺亚·史密斯（Noah Smith）这样描述反对凯恩斯主义经济学的一种常见策略（也是你们的特定策略）："不停地装作一个无知的傻瓜。"当然，如果你不是在假装，而的确是个无知的傻瓜，这个策略总是最有效果的。

这让我想起肯·朗格尼（Ken Langone）的咆哮，他在答复我的观点时说，"我们别再讲所有这些废话，停止宣扬这些矫揉造作的思想观念好了。你知道人们会如何反应，他们目光呆滞，搞不懂你这家伙到底在说什么"。

插句话，那或许还是我头一回在老西部片之外听到有人说"矫揉造作"这个词儿。

话说回来，这伤害了我的虚荣心。我一向以为，自己很善于把经济学观点阐述得尽可能简单明了，用日常语言说清楚。当然，我还从未达到"人们正不得不勒紧裤腰带，因此政府也该勒紧裤腰带"此种大白话的程度。但那是因为这个世界还没有那么简单，而且有些听上去过瘾的话其实是错的。

眼下，我不知道朗格尼是否真像他听上去那么笨，但我推测或许不是。他试图表现得像个正常人，实际上却像20世纪50年代的B级片演员，并露出了马脚。不过这可能仍是个机会，让我重新讲述下经济中正在发生什么，以及我为何要提倡自己主张的办法。

---

* 《纽约时报》博客，2013年4月27日。

按如下次序展开：

1. 经济生活并不像一个有某些收入、有某些支出、两者之间并无固定联系的个体家庭。实际上，我的支出是你的收入，你的支出是我的收入，假如我们都削减支出，我们两人的收入也都会减少。

2. 我们现在的处境是，许多人已削减了支出，要么因为自愿选择，要么因为债主的逼迫，同时很少有人愿意增加支出。结果造成了收入低迷，经济衰退，数百万有意向的劳动者无法找到工作。

3. 事情并不总是这样，但出现类似局面时，政府并不会跟私人部门构成竞争关系。政府的采购不会用到本来会用于私人产品生产的资源，而是让闲置的资源被利用起来。政府借款不会挤出私人借款，而是动用闲置资金。因此，如今应该让政府扩大而非减少支出。假如我们无视这一理念，而削减政府支出，经济将继续萎缩，失业将恶化。实际上，由于收入减少，甚至私人支出也会萎缩。

4. 对当前问题的这一观点在过去 4 年做出了正确的预测，而其他观点给出的预测完全错误。预算赤字并未导致利率飙升，美联储的“印钞”也没带来通胀加剧；实施紧缩政策的国家，则几乎都严重加剧了经济下滑。

5. 不错，从长期看政府必须还债。然而削减支出或增加税收应该等到经济衰退结束后实施，也即当私人部门的支出意愿提振到能实现充分就业的时候。

这些内容复杂得难以理解吗？我觉得没有吧。当然我可以设想，像朗格尼先生那样的人会直接说，他完全听不懂上面的胡言乱语。但除非他真的很笨，我已经说了对此存疑，否则那只是因为他不想听懂。

没有人懂债务问题

包括珍妮特·耶伦在内，很多经济学家把2008年以来的全球经济难题大致理解为“去杠杆”的故事，几乎所有地方的债务人同时打算减轻债务负担。为什么去杠杆会成为难题？因为经济中我的支出构成了你的收入，你的支出则是我的收入，假如每个人都同时减少支出，全世界的收入都将下降。

或者借用耶伦女士于2009年的表述：“对个人或企业而言属于明智之举的谨慎措施对经济恢复常态其实也属必要，却会放大整体经济的痛苦。”

那么在让经济恢复“常态”方面，我们已取得了多大进展？完全没有。你看，政策制定者的行动是基于对债务问题的错误认识，他们缓解问题的尝试实际上把问题变得更加糟糕。

首先说一下事实：麦肯锡全球研究院上周公布了题为“债务与进展不大的去杠杆”的报告，发现没有任何国家降低了其总债务与GDP之比。某些国家的居民债务有所减少，特别是美国，但其他国家却在提高。另外，即使在私人去杠杆效果显著的地方，政府债务的增幅却超过了私人债务的降幅。

你也许认为，削减债务比率的失败说明我们的努力还不够，各国的居民和政府没有足够认真地勒紧裤腰带，而世界需要的是更严厉的紧缩节约。但事实上，我们已实施了史无前例的紧缩。国际货币基金组织指

---

* 2015年2月9日。

出，除利息之外的政府实际支出在富裕国家普遍下降，债务负担沉重的南欧各国大幅削减了开支，像德国和美国这样的国家也同样有所削减，而它们本可以用历史上最低的利率水平借到钱。

可所有这些紧缩只会把事情搞得更加糟糕，而且是意料之中的结果，因为要求每个人都勒紧裤腰带是基于对债务在经济中的作用的错误认识。

每当有人用“不要再盗窃我们孩子的钱”这种口号来反对赤字，都是上述错误认识在发挥影响。这种口号听上去没错，除非你深入思考：举借债务的家庭让自己变得更加贫困，整个国家举借债务是否也会造成类似结果？

不会的。一个家庭举债是欠别人的钱，而整个世界经济是自己欠自己的钱。虽说各国之间可以相互借款，但美国自 2008 年以来从海外借来的钱却少于以前，欧洲相对于世界其他地方则是净债权人。

既然债务是我们自己欠自己的钱，它本身不会直接让整个经济变得更贫困，还完债也不会让我们变得更富有。当然债务可能对金融稳定构成威胁，但如果削减债务的措施让经济陷入通缩与衰退，情况并不能得到改善。

这关系到我们目前的局势，因为去杠杆的完全失败与欧洲孕育的政治危机之间存在某种直接联系。

欧洲主要领导人一直认同这样的观点：经济危机是由于支出过度所致，源自那些寅吃卯粮的国家。德国总理默克尔坚持说，未来的路线是回归节俭。她宣称，欧洲应该模仿著名的斯瓦比亚主妇们的勤俭生活。

但这是针对慢性灾难的处方。欧洲的债务国的确需要勒紧裤腰带，并且它们不得不实施的紧缩极其残酷。与此同时，本需要增加开支以抵消外围国家紧缩效应的德国及其他欧洲中心国家也试图削减支出。结果造成了债务比率不可能被降低的外部环境：实际增长率慢到爬行状态，通胀率几近于无，受创最严重的国家已陷入全面通缩。

痛苦的选民为这一政策灾难忍受了相当长时间，相信精英承诺的很快将看到牺牲带来的回报。然而随着苦痛不断延续，进展毫无踪影，激进势力兴起便不可避免了。如果惊讶于左派在希腊的胜利或反建制派在西班牙的崛起，那说明你并未仔细关注局势。

没有人知道接下来会发生什么。庄家对希腊继续留在欧元区的前景依然开出了超出平盘的价码，但假如未能留下，我认为破坏不会就此停止：希腊的退出很可能会威胁到整个欧洲货币体系。一旦欧元失败，我们或许该为之写上这样的墓志铭：死于拙劣的类比。

更正（2015 年 2 月 19 日）：保罗·克鲁格曼在本周一的专栏文章里对庄家关于希腊是否退出欧元区的赌博盘口介绍是错的。庄家开出的价码比平盘更差，而非更好。

5
危机管理

宏观经济学的胜利

2008 年危机令几乎每个人深感震惊。的确，包括我在内的某些人看到了麻烦在酝酿，但远未料到是这样的规模。虽然确有少数人预言了严重危机将来临，但大体而言这些人还预言了很多未曾发生的危机。

不过危机虽然带来冲击，经济学专业内的很大一部分人——如下一章将会谈到那样，并非所有人，但也是相当多——却在学术上为后危机时代做好了准备。如你所见，我们有理论架构和模型，说明严重衰退的经济可以如何运转。这一理论架构最初是在大萧条中被锻造出来的，并在 20 世纪 90 年代的亚洲危机与日本的漫长停滞期里得到更新改善。

该理论架构会在《IS－LM 纪实》一文中加以解释，附带几幅略微烧脑的图表，是本书中最具学究气的文章之一。我对此表示歉意，如果愿意你可以跳过不看，但我认为要理解我们在危机后那几年讨论的部分话题，掌握某些基础逻辑还是有用的。虽然它只是理论故事的一个朴素的简化版本，但结果表明，要帮助你理解 2008 年之后的世界，那些内容已经足够了。

这一宏观经济学基本架构的内容是，当经济体陷入深度衰退时，具体来说，像本轮金融危机之后那种衰退程度，一切都会改变，即使把利率完全降至零也不足以刺激经济恢复充分就业。

你知道，在正常时候或者至少是过去常说的正常时候，对抗衰退的工作主要交给美联储及其在海外的对应机构，例如欧洲央行、英格兰银行、日本银行等。这些“中央银行”有权利和权威“印制钞票”（不是字面上所说的印刷，但意思其实也差不多），并用新创造的货币购买政府债券。该行动接下来能让它们有效控制短期借款利率，如银行之间的隔夜贷款利率、用于支持短期行动的 1 月期和 3 月期政府债务利率等。中央银行通常能通过印制更多货币抵挡衰退，压低利率水平，由此带来更多的私人借款和支出。

然而当真正糟糕的事情发生时，中央银行可以把利率压低到零，却仍不足以挽回局势。如我所言，当这种情形出现时，一切规则都将被改变。本章第一篇专栏文章会谈到，“美德变为恶习，警惕伴随着风险，慎重倒成了蠢事”。政府的赤字预算将有所助益，而不是破坏，甚至不会导致利率提高。做得太少比做得太多要危险得多。表面上负责任的行为，如面临大额赤字时降低政府支出，拒绝印刷看似过多的货币，最终会让经济萧条更趋恶化。

上述意见并不容易让经济学家之外的人士接受，包括政客、商业领袖以及有影响力的媒体人等。不过新组建的奥巴马政府中的经济学家非常了解这一理论架构，美联储主席伯南克同样如此。奥巴马政府与美联储均基于这种理论认识开展行动，从奥巴马的“刺激”计划到美联储资产规模的大举扩张。可是该刺激计划基本上只是个折中办法，从一开始就能明显看出其规模不足以胜任。

此论断将完整展现在《刺激的算术》一文中，以如下的政治警示作为总结：

> 我似乎看到了如下景象：为争取更多共和党人的支持，将制订出一份乏力的刺激计划，甚至比我们现在讨论的内容更为乏力。该计划会限制失业的恶化程度，但情况依旧相当糟糕。失业率会攀升至9%的峰值，然后只能缓慢下降。于是米奇·麦康奈尔（Mitch McConnell）出来说，“看吧，政府支出根本不起作用”。
>
> 但愿我的看法是错的。

不幸的是，我没有说错，后面发生的事实的确如此，并且更糟糕的还在后面，因为在 2010 年时，大多数最具影响力的人拒绝了像我这样的人提出的建议。

当然，宏观经济学作为一种研究工具却得到了强有力的佐证。2008 年之后的事件充分证实了萧条经济学理论架构的预测：大规模财政赤字没有推动利率上涨，大规模货币发行没有带来通货膨胀，某些国家的政府试图通过削减支出保持审慎做法，其经济滑坡反而严重得多。

换句话说，2008 年以后的经历是宏观经济分析在学术上的胜利。诚然，胜利的滋味甘苦交织，因为得到良好建议的政客先是三心二意地接受，后来又与之完全背离。我只希望本章收录的评论文章能展示，就研究工作本身而言，我们对重大事务确实做出了正确的判断。

萧条经济学的回归

你或许没有注意到，经济消息正变得日趋严峻。形势虽然糟糕，但我认为不至于出现另一次大萧条。实际上，失业率或许不会达到大萧条之后的最高水平（1982 年的 10.7%），我希望对此再有把握一点。

当然，我们早已回到我所说的“萧条经济学”的领域。我以这个术语表示类似于 20 世纪 30 年代出现的状态，常用的经济政策工具——首先是美联储通过下调利率刺激经济的能力——在此时已失去效力。当萧条经济学盛行的时候，通常的经济政策规则将不再适用，此时美德变为恶习，警惕伴随着风险，慎重倒成了蠢事。

要理解我的说法，请考虑下最新一条负面经济新闻的含义：本周四有关新增失业保险申领人的报道说，目前人数已越过 50 万的关口。尽管是条坏消息，但单独看似乎还说不上灾难。毕竟这与 2001 年衰退和 1990—1991 年衰退时达到的数字处于相似区间，而那两次衰退最终证明属于历史上较为轻微的程度，虽然也都用了较长时间才实现就业市场的复苏。

另外在那两次衰退中，对经济走弱的标准政策应对措施，即降低美联储能够最直接影响的联邦基金利率，都是可行的。如今却不然：有效联邦基金利率（不同于因为技术原因而没有实际意义的官方目标利率）在近日的平均水平已下调至 0.3% 以下。这表明几乎没有降息

---

* 2008 年 11 月 14 日。

空间了。

由于不存在进一步降低利率的可能性，我们将没有工具阻止经济下降势头。失业率提高会导致消费支出继续减少，而百思买集团（美国知名电子产品零售商）在本周警告消费支出已经遭遇了重大下滑。疲弱的消费支出将导致企业投资计划缩减，经济走弱则会带来更多工作岗位裁减，引起新的紧缩循环。

为摆脱螺旋式下滑，联邦政府必须提供经济刺激，其形式是扩大支出，并给遭遇困难的人提供更多援助。然而刺激计划的推出不会足够迅速和有力，除非政客与经济官员能够克服若干传统偏见。

偏见之一是对赤字的恐惧。在正常时期，对预算赤字的担心是件好事，财政责任是一种美德，一旦危机过去，我们就得重新温习。可是当萧条经济学盛行时，这种美德会变成恶习，例如富兰克林·罗斯福在1937年试图平衡财政收支的过早尝试差点扼杀了新政。

偏见之二是认为政策推行应该保持谨慎。这在正常时候说得通：如果不是确有必要，不应当对政策做大幅调整。可是在当前形势下，警惕会伴随风险，因为走向更坏的巨大改变正在发生，行动上的任何拖延都会增加经济灾难加剧的概率。政策反应确实该尽可能精心设计，但时间至关重要。

最后，对于政策目标保持虚心慎重在正常时候是好事，但在当前形势下，因为做得太多而犯错要比因做得太少而不足好得多。如果刺激计划的规模最后超出了需要，其风险是导致经济过热和通胀，但美联储随时可以通过提高利率化解这种威胁；而另一方面，如果刺激计划规模太小，则美联储对于弥补这个不足将无能为力。因此当萧条经济学盛行时，慎重反倒成了蠢事。

所有这些对于接下来的经济政策意味着什么？奥巴马政府正式就任的时候几乎肯定要面临比当前更加糟糕的经济形势，例如高盛公司预测，失业率将从目前的6.5%提高到明年底的8.5%。

各种迹象均显示，新政府将推出重大刺激计划。我自己的粗略计算是，需要非常大规模的刺激措施组合，约为6 000亿美元的量级。

因此问题来了：奥巴马的团队有胆量提出如此规模的计划吗?

我们希望这个问题能得到肯定的回答，新政府的确会有这种胆量。因为对我们当前所处的局势而言，向传统的审慎思维让步将非常危险。

IS－LM纪实

关注本博客和其他消息渠道的若干读者要求对 IS－LM 理论做一番讲解。这样的要求很合理，因为本博客圈的对话一直属于圈内人的交流，对普通人来说或许有些费解，因此我也一直给自己的发言贴上“书呆子气”的标签。

请注意：IS－LM 代表“投资－储蓄”和“流动性－货币”，这对后面的阅读会很有帮助。

你首先需要知道的一件事是，有多种正确方式来解释 IS－LM 理论。因为它是关于若干市场相互作用的理论模型，你的理解可以从多个方向入手，任何一个起点都是可行的。

在这些方式中，我喜欢的一种是：把该理论设想为两种看似矛盾的决定利率水平的观点的调和。第一种观点认为，利率由储蓄的供给和需求决定，即“可贷资金”的思考方法。第二种观点认为，利率由债券和货币之间的取舍决定，债券会给你支付利息，货币则没有利息，但你可以利用它做交易，所以依靠这种流动性而具有特殊价值，这是“流动性偏好”的思考方法。当然，某些类似货币的东西也会支付利息，但通常不如流动性较差的资产所付利息那么多。

以上两种观点如何能同时成立呢？原因在于我们的讨论至少涉及两个变量，除利率之外，还有经济总量 GDP。而 GDP 的调整能够使满足可贷资金与流动性偏好的利率水平同时实现。

---

* 《纽约时报》博客，2011 年 10 月 9 日。

首先来看可贷资金。假设期望的储蓄和投资支出在目前相等，而某些因素导致利率水平下降，那么它是否必然会回到初始水平？未必如此。期望投资超出期望储蓄可能导致经济扩张，从而提升收入水平。由于收入的部分增量会用于储蓄，再假设投资需求不会同步增加，则 GDP 一定幅度的增长将足以使期望投资与期望储蓄在新的利率水平上实现平衡。

这意味着可贷资金本身不能决定利率水平，而是决定着利率与 GDP 的一组可能的组合，较低的利率对应较高的 GDP。这就是 IS 曲线的含义。

与此同时，人们需要决定如何配置其财富，也就是在货币与债券之间做取舍。对货币的需求是向下倾斜的，利率越高，人们越愿意为高回报而放弃流动性。我们暂时假设美联储保持货币供给不变，于是利率必然会达到使货币需求等于货币总量的水平。接下来美联储可以通过改变货币供给来调整利率，增加货币供给，利率必然会下降，使人们持有的货币数量增加。

但在此处，GDP 的因素也必须考虑进来：GDP 增加意味着更多的交易，在其他条件不变时，对货币的需求会相应提高。因此 GDP 的增加将导致让货币供给和货币需求相匹配的利率水平必须提高。这说明与可贷资金一样，流动性偏好本身也不能决定利率水平，而是决定着利率与 GDP 的一组可能的组合，即 LM 曲线。

由此便得出了 IS – LM 理论。

图 1 中两条曲线的交点决定了 GDP 与利率水平，在这一点上，可贷资金与流动性偏好都能实现平衡。

这一理论有什么作用？首先，它能帮助你避免一些错误看法，例如由于储蓄必然等于投资，则政府支出不可能导致总支出的增加，这立刻就能把我们的认识水平抬高到芝加哥大学某些知名教授认可的观点之上。另外，IS – LM 理论还能帮助你澄清某些似是而非的疑惑，例如政府赤字会导致利率提高，从而可能造成经济萎缩的说法。

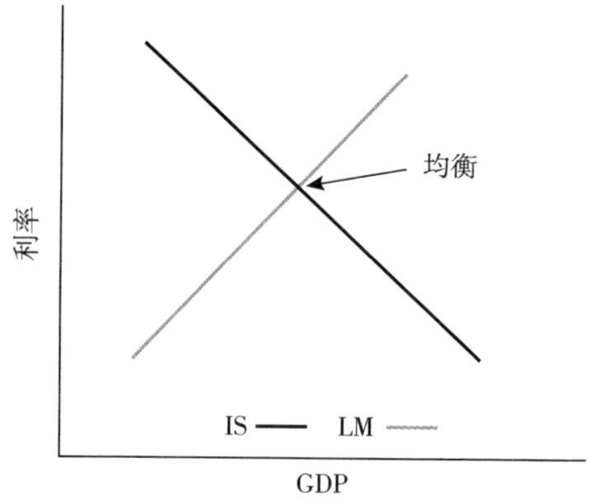

图 1

最令人瞩目的一点是，IS－LM 理论竟然对思考目前这种极端情况也大有裨益。私人需求现在大幅下降，即使在利率降至零水平后，经济依然不振。这种情况在图示中会变成图 2 这样：

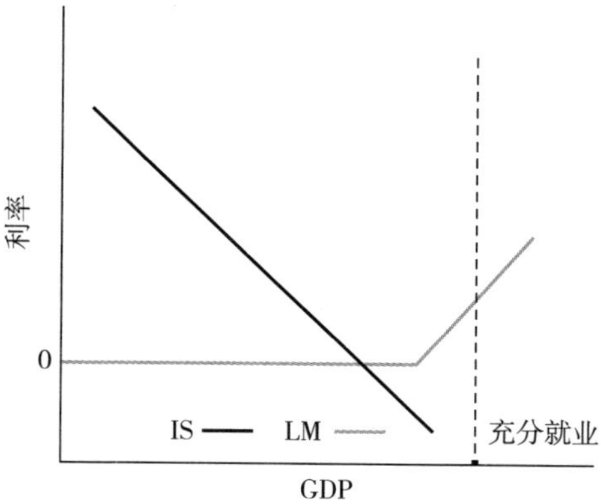

图 2

为什么 LM 曲线在零利率水平上保持水平走向？因为如果利率降至零以下，人们会抛弃债券，只持有货币。于是在这一边界水平上，货币只是作为价值储藏手段持有，货币供给的变化将失去作用。这就是所谓的“流动性陷阱”。

IS－LM 理论能对流动性陷阱的场景做出某些预测：政府赤字会让

IS 曲线向右平移，在流动性陷阱中这不会影响利率水平；而增加货币供给则于事无补。

这正是为什么在 2009 年初当《华尔街日报》和奥地利学派及其他常见的怀疑派人士惊呼利率会高涨、通胀会失控时，懂得 IS – LM 理论的人预测说，利率将保持在低水平，基础货币即使扩大至原先的 3 倍仍不会带来通胀。在我的眼里，那之后的事实发展成了对 IS – LM 学派的坚实辩护，尽管大宗商品价格变化使整体通胀有所上升；对惊呼利率和通胀率将高涨的群体则意味着彻底的打脸。

不错，IS – LM 理论做了太多的简化，也不能作为最终结论。但它做到了优秀的经济模型应该做的事情：对我们看到的现象做出解释，对特殊情况下可能发生的事情做出非常有价值的预测。在追踪当前的危机方面，懂得 IS – LM 理论的经济学家做得比不懂该理论的人好太多。

刺激的算术

(带学究气但相当重要的议题)

我们正一点点得到奥巴马刺激计划的有关信息，已多到可以对其影响做简略计算。先说结论：我们看到的计划将使今后两年的平均失业率下降不到2个百分点，或许还会少得多。由此让人切实担忧：为争取两党达成共识，即将就任的政府正在有意压低其刺激计划的规模。

从本博客延伸的条目中还可以看到我的具体计算。

这一讨论的出发点是奥肯定律，即实际GDP变化同失业率变化之间的关系。对奥肯定律中的系数的估计值为2~3，我将采用就目前而言较为乐观的估计值2，其含义是为使失业率下降1个百分点，你必须把实际GDP提高约2%。由于美国的GDP约为15万亿美元，这表明必须让GDP每年增加约3 000亿美元，才能把失业率降低1个百分点。

如今我们听到的奥巴马刺激计划是在今后两年达到7 750亿美元的规模，其中3 000亿美元为减税，剩余是增加政府支出。我们可以暂定，这相当于每年减税1 500亿美元，增加2 400亿美元支出。

这些减税和支出会让美国的GDP增加多少？马克·赞迪（Mark Zandi）在economy.com网站上的估算结果被广泛引用，他认为政府支出的乘数效应值大约为1.5，减税的效应估计则很不确定。在奥巴马计划中约占一半份额的工薪税削减是大好事，其乘数效应约为1.29；占其余

* 《纽约时报》博客，2009年1月6日。

份额的营业税削减的刺激效果则差得多。

尤其是，基于当前损失而让企业获得过去缴纳税收的返还，看上去非常像一次性转移支付，完全没有刺激效应，而报道说这是奥巴马计划的重要特征之一。

我们不妨大度一点，假设减税的总乘数效应为1。那么奥巴马计划每年对GDP的刺激效应将为：1 500亿×1+2 400亿×1.5=5 100亿美元。既然增加3 000亿美元能使失业率降低1个百分点，那么该计划将使失业率从无干预状态下降1.7个百分点。

最后再把该效应同经济展望做个对比。“充分就业”显然意味着失业率降至5%左右——美国国会预算办公室称，“非加速通胀失业率”（NAIRU）为5.2%，我觉得该估计过高。目前的失业率约为7%，并在迅速上升。奥巴马本人也说，如果没有刺激措施，失业率可能达到两位数。因此我们可以假设面对这样的经济形势：若没有刺激，未来两年的平均失业率将为9%。那么奥巴马计划将使其降至7.3%，这确实会带来帮助，但也很容易被批评者说成是失败。

此时我们需要考虑政治因素。这一计划确实远远落后于强烈刺激措施支持者期待的规模，而且似乎为了争取共和党人的支持票而制订。即使该计划能在参议院获得预期的80张赞成票（这令人怀疑），在杜撰渲染之下，它给人留下失败感受的责任最终仍将落到民主党人头上。

我似乎看到了如下景象：为争取更多共和党人的支持，将制订出一项乏力的刺激计划，甚至比我们现在讨论的更为乏力。该计划会限制失业的恶化程度，但情况依旧相当糟糕。失业率会攀升至9%的峰值，然后只能缓慢下降。于是米奇·麦康奈尔出来说，“看吧，政府支出根本不起作用”。

但愿我的看法是错的。

奥巴马缺口

"我不相信已经来不及改变路线，但如果我们不尽快采取大胆行动，情况的确会如此。如果无所作为，这一经济衰退可能持续很多年。"

当选总统奥巴马于周四做了上述表态，以解释为什么美国需要对经济下滑做出非常积极的应对。他是对的。目前我们面临大萧条以来最危险的经济危机，而且很容易陷入漫长的低迷期。

可惜奥巴马开出的处方不足以配上他的诊断。奥巴马拟订的经济计划并不像他谈论经济威胁的言辞那般强势。事实上，该计划远不能满足实际需要。

我们需要提醒自己美国的经济规模有多大。如果有足够的需求，美国会在今后两年生产出价值超过30万亿美元的产品与服务。但随着消费者支出和商业投资双双下滑，美国经济的产能同它能够卖出的规模之间正在出现巨大的缺口。

而奥巴马计划完全不足以填补这一"产出缺口"。

本周早些时候，国会预算办公室发布了对政府预算和经济前景的最新分析，该机构称，如果没有刺激计划，失业率可能在2010年早期升至9%以上，并在之后若干年维持高位。

补充两句，这一预测虽然残酷，相比其他某些独立预测其实还算乐观。奥巴马先生自己也曾说，若没有刺激计划，失业率可能达到两

---

* 2009年1月8日。

位数。

但即使国会预算办公室也说，“今后两年的经济产出平均而言将比潜在水平低6.8%”。也就是说相当于2.1万亿美元的产出损失。奥巴马在本周四则宣称，“我们的经济产出可能比充分潜能要少1万亿美元”。嗯，他实际上是低估了。

要弥补超过2万亿美元的缺口——假如预算办公室的估计被事实证明过分乐观的话，或许还要多得多——奥巴马先生提出的7 750亿美元的计划明显不够。

当然，财政刺激有时能产生“乘数”效应：除了直接效应（例如对有需要的基础设施的投资），还可能带来更多间接效应（如通过增加收入带来更多的消费支出）。通行的估计认为，1美元的公共支出会使GDP增长约1.5美元。

可是奥巴马计划中仅有约60%是公共支出，其余部分是减税，而许多经济学家对于这些减税（特别是给企业的减税）会给支出带来多大促进心存怀疑。若干民主党参议员显然也有类似的疑问。无党派的美国税收政策中心的霍华德·格莱克曼（Howard Gleckman）用近期发表的一则博客标题对此做了总结：“很多的钱，但并不惊艳”。

所以结论是，奥巴马的计划似乎不足以填补即将出现的产出缺口的一半，最后很可能仅能完成预想任务的不到1/3。

为什么奥巴马先生不尝试多做一些呢？

是因为害怕负债限制了计划规模吗？大规模政府借款确实存在某些危险，本周的国会预算办公室报告预计，今年的财政赤字将达到1.2万亿美元。然而若不能挽救美国经济，情况将更加危险。当选总统在本周四有力而准确地谈到了无所作为的后果：我们真的面临陷入漫长的日本式通缩陷阱的危险。可是有作为但力度不够的结果也强不了太多。

是因为缺乏支出用途限制了计划规模吗？万事俱备类型的公共投资项目确实数量有限，也就是说那些能够快速启动，能在近期给经济带来促进的投资。但还有其他类型的公共支出可以在将来有需要的时候给经济提供帮助，尤其是医疗方面的支出。

还是说，是因为政治上的谨慎而限制了计划规模？上月的媒体报道表明，奥巴马方面非常在意把计划的最终报价压低到政治上很敏感的万亿美元水平之下。还有某些迹象显示，该计划之所以把大规模企业税减免纳入其中（增加了计划的成本却对经济刺激作用不大），是为了赢得国会中的共和党人的支持。

无论做何种解释，奥巴马计划对美国经济的需要来说都是不够的。虽然说1/3的面包聊胜于无，但眼下我们似乎正面临两个重大经济缺口：美国经济潜力与可能产出之间的缺口，以及奥巴马对经济形势的严峻判断与令人略感失望的刺激计划之间的缺口。

刺激悲剧

自奥巴马总统把《美国复苏与再投资法案》这一刺激计划签署生效以来，5 年已经过去。随着时间流逝，该法案所起的巨大作用已被充分证明。它帮助美国经济止住了下滑，创造和挽救了数以百万计的工作岗位，并留下了重要的公共和私人投资遗产。

但它同时又是一场政治灾难。这一政治灾难的后果——给人们带来了刺激政策失败的感受——始终笼罩着之后的经济政策。

刺激的缘由在于，我们当时面临总支出的严重不足，金融危机和房地产泡沫破灭给经济造成的冲击极其剧烈，以至于通常情况下能通过下调短期利率抑制衰退的美联储已无法独力应对。所以刺激的理念是提供暂时的经济拉动，一方面增加政府的直接支出，另一方面通过减税和公共补贴来促进居民收入，进而推动私人支出的增加。

反对刺激计划的人激烈地辩称，赤字支出将导致利率飙升，“挤出”私人投资。而支持者回应说，挤出在经济运行接近充分就业时才真正是问题，而在产能与储蓄大量过剩的严重衰退经济中则不会发生。刺激计划的支持者说对了，利率非但没有飙升，反而跌至历史级的低水平。

关于刺激计划的作用有哪些积极证明？这个问题较为棘手，因为我们不容易区分复苏法案的影响同当时其他因素的影响。尽管如此，一些非常细致的研究仍发现了它对就业和产出带来强劲促进作用的证据。

---

* 2014 年 2 月 20 日。

我要指出，更重要的是欧洲的巨型天然实验能让我们看到政府支出剧烈变化的效应。如你所知，不是所有欧元区国家都必须执行严厉的财政紧缩，即刺激的反向操作。如果刺激计划的反对者对世界经济运行的看法正确，那么紧缩计划就不会造成严重的负面经济影响，因为政府支出减少会因为私人支出增加而被抵消。但事实上，紧缩计划导致产出和就业出现了糟糕乃至灾难性的下降。在采取严厉紧缩政策的国家，私人支出不升反降，放大了政府支出收缩的直接效应。

因此所有证据都表明，奥巴马刺激计划产生了巨大的短期积极效应，同时也有确实的长期收益：各种类型的大规模投资，从绿色能源到电子医疗记录，等等。

那么为什么每个人——或者更准确地说，除认真研究过该议题的人之外的每个人——都以为该刺激计划是场失败呢？因为在刺激计划生效以后，美国经济的表现依旧不佳，尽管不是灾难，但仍然乏力。

原因并不神秘：美国仍在消化大规模房地产泡沫的残余影响。即使到现在，住房仍只有部分复苏，而消费者依然被泡沫年代积攒的庞大债务所拖累。奥巴马刺激计划规模太小，实施时间太短，不足以克服如此严重的后果。

需要指出，这并非是在事后找借口。许多读者知道，我在 2009 年之初就对此颇为抓狂，警告说复苏法案的规模太小，而且由于成事不足，该法案最终会败坏刺激政策的理念。结果不幸言中。

关于奥巴马政府是否本可以推出规模更大的刺激，有过很长时间的争论。让事情雪上加霜的一点是，奥巴马政府基于金融体系恢复信心后美国经济可望迅速反弹的错误假设对形势过分乐观的估计。

当然这一切都已随风而逝。关键之处在于，2010 年之后的美国财政政策完全走错了方向。由于刺激计划的挫败感，就业创造的议题几乎从华盛顿的内部圈子里消失，代之以对预算赤字的过分关注。曾因为复苏法案以及食品券和失业金等社会保障计划而暂时扩大的政府支出，随即开始下降，其中对公共投资的削减最为严重。这种反刺激措施毁掉了数以百万计的工作机会。

换句话说，对刺激计划的整体叙事是一场悲剧。一项好的政策措施，因为还不够好而最终被当作失败，并为极具破坏性的错误转向铺平了道路。

6

经济学的危机

糟糕理念的代价

关于经济学家对任何议题都缺乏共识，有很多笑话。这些玩笑大多数有失公正，要我说，因为人云亦云而接受某些观念的跟风行为，通常是比达不成统一意见更严重的问题。当然，专门研究衰退、复苏、通胀与其他总量经济问题的宏观经济学，确实是个分歧巨大的学科领域。

上一章开篇收录的一篇文章中提到，宏观经济学的一类派别——从凯恩斯在20世纪30年代的著述延续下来——在全球金融危机后的若干年里表现得很不错。但还有另外一类宏观经济学派别，秉持截然不同的理念。在雷曼兄弟公司倒闭后的几个月里，不同思想学派之间的分歧变得非常严重，甚至在我看来造成了破坏。

在学术圈内，这两个学派经常被称作“咸水派”和“淡水派”，因为或多或少倾向凯恩斯主义的经济学家集中于沿海的美国大学，而反对凯恩斯主义的人汇聚于内陆。我的《经济学家怎么会错得这样离谱?》一文将较为详细地历数不同学派的分歧，这里只是简单讲两句。

故事要从大萧条说起，那场经济浩劫让众多知识分子把资本主义判定为失败的体制。但以凯恩斯为首的某些经济学家提出，失败的原因比马克思主义者坚信的看法要简单得多，而且非常浅显，只需要技术层面的方案即可加以解决。凯恩斯坚称“我们只是遇到一个磁电机故障”，而不是整个引擎都坏掉了。

凯恩斯还宣称，他的研究带有“温和的保守主义”色彩。经济下滑可以用适当的政府政策予以调控：用低利率应对较轻微的衰退，用财政赤字应对更严重的下滑。在这些政策之外，经济生活的其余大部分仍可以留给市场处理。事实上，这一立场不妨称之为自由市场凯恩斯主义，它后来基本成为美国经济学家的主流观点，尤其是在保罗·萨缪尔森的奠基性教科书于 1948 年出版后。

然而，保守派人士对这套理论并不满意。他们将凯恩斯主义经济学看作楔子的尖角：一旦容许政府在抗击衰退中发挥作用，你或许就会接受政府角色在一般事务上的扩张。他们在 20 世纪四五十年代负隅顽抗，试图阻止在大学讲授凯恩斯主义经济学。

但最终，他们找到了一位更老练的卫士。米尔顿·弗里德曼接受了大萧条是需求不足问题的凯恩斯主义观点，但他提出，这可以用比凯恩斯的建议更有限、更技术性的政策来防止：只需要控制国家货币供给的美联储做出承诺，把货币供给保持在缓慢而稳定的增速上，严重的经济下挫就不会发生。

弗里德曼还认为，尽管政策措施可以防止短期内出现极高失业率，却不能持续把失业率维持在低水平，因为这会导致通胀加速。20 世纪 70 年代的滞胀现象被广泛视为对此观点的佐证。

不过以上说法仍不能令自由市场经济学家满足。他们认为，如果人们是完全理性的，则弗里德曼经济学也不会发挥作用：货币供给变化即使在短期也不会促进就业，特别是降低通胀的措施并不（像弗里德曼认为的那样）一定带来失业率的暂时提高，这些从逻辑上讲确实是成立的。

可尴尬的是，事实拒绝承认上述分析。我在《80 年代的表演》一文中指出，20 世纪 80 年代早期的重大反通胀措施实际上带来了极为严重的衰退，程度为 30 年代以来之最，只有 2008 年危机可以比拟。

接下来发生了有趣的事情。有一半的宏观经济学家，即咸水派认为，这证明凯恩斯主义虽然需要更新，但仍包含大量真知灼见。而另一半人则说，假如事实与他们的理论不符，则他们需要重新解释事实，只要捍卫自由市场的信仰，就不惜做任何认识上的扭曲。

这样的理论分歧有意义吗？淡水派宏观经济学对政策的直接影响微乎其微。如我在《糟糕的信仰、感染力与共和党经济学》中所述，政治上的保守派喜欢从纯粹的写手而非任何派别的真正学者那里寻找建议。可是淡水派的学者确实又把水搅浑了。当决策者需要弄清楚应该采取何种措施时，他们听到的是一片噪声。

最后，还有一篇文章是关于现代货币理论的。这是个古怪的学说，基本上只是前一章介绍过的 IS – LM 理论的一个特例，加上几个新的混乱说法。但其拥趸对此并不清楚，他们以为自己得到了深刻的全新创见。有少数进步派政客已对其半信半疑，我在争取让他们抛弃之。

被神话的 70 年代

马特·奥布莱恩（Matt O'Brien）或许说对了，他认为，迈克尔·金斯利（Micheal Kinsley）以及其他若干对政策有现实影响的人的问题在于他们仍旧生活在 20 世纪 70 年代。但我很厌恶关于 60 岁老人的那些事情……

然而实际情况甚至比马特讲的还糟糕。因为那些人作为警世寓言铭记的 70 年代，同真实发生过的 70 年代大相径庭。

在精英的神话中，70 年代的危机起源（与我们当前危机的所谓起源一样）在于各种过度之举：过多的债务，庞大的福利国家对慵懒的无产者的过分溺爱。因此 1979—1982 年的痛苦是必须要还的债。

这些全都与真相相去甚远。

当时并不存在赤字财政问题：70 年代，政府债务水平较低，同 GDP 的比值保持稳定或下降。福利计划参与者的人数增加或许构成了严重的政治问题，但并不存在广泛的福利制度失控。要知道，如今的右翼人士在抱怨“索取者国度”时还往往拿 70 年代的低抚养率作为比较基准。

我们当时遇到的其实是工资—价格螺旋：劳动者要求大幅加薪（在那些日子里工人们真正有实力提出这种要求），因为预期会有较高通胀；企业则会提高产品售价，因为成本在上涨；严重的石油冲击使这个过程变本加厉。它主要是自我实现的预期的作用，要解决的问题则是如何打

* 《纽约时报》博客，2013 年 5 月 19 日。

破螺旋。

那为什么当时还需要发生一场可怕的经济衰退呢？并非是为过去赎罪，而只是作为给经济活动降温的一种办法。曾有人——我确信是马丁·贝利（Martin Baily）——这样描述通胀问题：好比足球比赛里所有人都站起来，想把现场看得更真切，结果却让每个人都不舒服，又没有人能获得更好的视野。衰退实际上相当于把足球比赛暂停下来，直到所有人重新就座。

当然区别在于，这一暂停毁掉了数百万的工作岗位，浪费了数万亿美元产出。

是否有更好的办法呢？在理想情况下，我们应该设法把所有相关方都请进一间屋子，然后说：看吧，必须使通胀停下来；工人们得下调工资要求；企业得取消涨价；至于我们，我们同意不再印刷钞票，给一切画上句号。靠这办法，你可以在不引起衰退的情况下实现价格稳定。在某些有压制力的小国，一定程度上确实发生过这种事情。比如以色列在1985 年的稳定化行动。

但美国不像那样，而是决定采用艰难且残酷的方式。那绝不是一场政策胜利！从某种意义上说，那是绝望的忏悔。

该行动在抑制通胀方面奏效了，但其中的某些神话内容与 70 年代的其他神话一样虚假。美国并没有就此恢复充满活力的生产率增长，那要等到 90 年代中期才出现。60 岁的老人应该还记得，沃尔克反通胀行动后的那个 10 年，我们仍深陷于全国性的恐惧中，还记得“冷战结束，日本获胜”的老笑话吗？

如果以 70 年代的教训作为今天政策的基础，那已经够糟了。而如果以从来不存在的被神话的 70 年代作为今天政策的基础，将使我们雪上加霜。

80 年代的表演

我在牛津大学参与了多次谈话与炉边讨论，其中经常提及的一件事是 20 世纪 80 年代在经济思想发展中的关键作用。

那不是你经常听到的说法。一般说 70 年代才具有神话般的地位，并时常被通胀忧虑者们提及。而 80 年代如果会被提到，则是作为供给学派经济学掌握了真理的证据。可是 80 年代早期真正发生的事情却决定性地驳斥了卢卡斯主义宏观经济学，尽管许多地方对此持否认态度。

对我说的内容感到好奇的人需要知道：70 年代，以芝加哥大学的罗伯特·卢卡斯为首的理性预期学派宏观经济学家提出了一个极有影响力的理论，反对任何积极干预政策。该理论的核心观点是基于卢卡斯模型的一个论断，即只有出乎意料的货币政策变化才能产生实际效果。而只要人们弄清楚了情况，例如他们知道了中央银行的目标是降低通胀率，则价格和工资就会主动做出调整，不需要持续造成高失业。

然而 80 年代真正发生的事情是，中央银行——其中最知名的是美联储，也包括支持撒切尔夫人的英格兰银行和其他国家的央行——大幅收紧货币政策，以压低通胀。但在此过程中出现了严重衰退，失业率飙升，持续时间远远超过出乎意料的货币冲击理论可能给出的任何解释。

这是对凯恩斯主义派经济观的强有力证明，因而 80 年代事实上是以新凯恩斯主义的回归作为标志事件。不过许多经济学家已经把自己埋得太深，长期贬斥凯恩斯主义经济学毫无意义，甚至宣告其早已死亡。

---

* 《纽约时报》博客，2014 年 5 月 19 日。

由于无法回头，他们只能越陷越深，尽管所有迹象都显示货币政策没有任何实际效果，他们仍坚称那全是技术性冲击。

如果不去管那一半宏观经济学家，对我们其他人而言，在决定政策态度方面，80 年代与 70 年代同样重要。可以说，70 年代暴露了政策的局限性，而 80 年代表明这些局限性也不能过于强调。所以，货币政策（以及某些条件下的财政政策）依然是稳定经济的强有力工具。这一认识迄今经受住了时间的考验。

经济学家怎么会错得这样离谱？

一、误以美为真

如今的人们很难相信，就在不久之前，经济学家还在为自己研究领域的成就洋洋得意。他们自以为取得的这些成就涉及理论与实践两个方面，给经济学家的职业开辟了一个黄金时代。在理论方面，他们认为内部的纷争已经解决，于是在2008年发表的《宏观经济学的状况》（所谈话题是研究衰退等大问题的宏观经济学）一文中，当时在麻省理工学院任教、如今担任国际货币基金组织首席经济学家的奥利维尔·布兰查德（Olivier Blanchard）宣称，“宏观经济学的状况良好”。他指出，过去的争论已经结束，出现了“广泛的观点融合”。在现实世界中，经济学家则相信事情已尽在掌握：芝加哥大学的罗伯特·卢卡斯在2003年美国经济学会的主席演讲中宣称，“防止经济衰退的核心课题已经攻克”。2004年，当时在普林斯顿大学任教、如今担任美联储主席的伯南克提出，过去20年间经济波动的“大缓和”值得庆贺，他本人也从改进经济政策制定的角度为此做出了贡献。

然而到了2008年，这一切都烟消云散了。

只有极少数经济学家预见到了这场危机的降临，不过预测的失败对这个研究领域而言却是最次要的问题，更深刻的缺陷在于这个行当里的人们对于市场经济发生灾难的可能性全都视而不见。在过去的黄金时代

* 《纽约时报杂志》，2009年9月2日。

中，金融学家越来越相信市场具有内在的稳定性，也就是说，股票和其他资产的定价总是正确的。在流行的研究模型中，根本没有2008年发生的那种经济崩溃出现的可能性。与此同时，宏观经济学家内部的看法虽然还不统一，但主要分歧仅存在于如下两派之间：一派坚持认为自由市场经济从来不会偏离正道，而另一派尽管相信经济有可能不时会出现偏差，却也以为在全能的美联储的干预下，任何与繁荣之路的重大偏离都能够并且将会很快得到纠正。这两派都不准备接受一个在美联储的最理想干预下仍然可能误入歧途的经济体。

危机爆发之后，经济学家的路线之争变得空前激烈。卢卡斯说，奥巴马政府的经济刺激计划是“次品经济学”（schlock economics）的产物，他在芝加哥大学的同事约翰·科克伦（John Cochrane）也说，这些计划的理论基础都是些虚幻的“童话”。而伯克利加州大学的布拉德·德龙做出的回应则指出了芝加哥学派在学术上的崩溃。我本人也曾在文章里提出，芝加哥大学经济学家的评论乃是宏观经济学的“黑暗时代”的产物，在那个时代，许多来之不易的古老真知灼见被人们遗忘了。

经济学家这个行当里到底发生了怎样的事情？未来又将走向何方？

在我看来，经济学家这个行当之所以误入歧途，原因在于经济学家总体来说错误地用漂亮的数学模型装饰的美代替了对真的追求。在20世纪的大萧条到来之前，绝大多数经济学家都把资本主义视为完美或接近完美的经济体制，这样的观念在大规模失业面前难以为继。可是随着大萧条的记忆逐渐淡去，经济学家又重新坠入古老的理想化经济观的情网，在那种理想化的经济体中，理性的个人在完美的市场中相互作用，只不过这次多了些神奇的方程式作粉饰。可以确信，与理想化的市场经济再续前缘，部分原因来自政治风向的调整，部分原因来自经济利益的刺激。当然，尽管胡佛研究所资助的学术假期和华尔街提供的工作机会都不可小觑，但经济学研究遭遇失败的核心原因还是在于，这个职业领域过于强调无所不包、追求精美的方法，过于希望给学者提供炫耀自己数学天赋的机会。

不幸的是，这种高度浪漫和纯化的经济观导致绝大多数经济学家忽视了所有可能出现偏差的问题。对于经常带来泡沫和崩溃的人类理性的局限，对于制度失控的弱点，对于可能给经济运行系统带来不可预测的突然冲击的市场（特别是金融市场）缺陷，对于监管者自己对监管缺乏信心时会产生的危险，他们全都闭上了双眼。

要判断经济学家这个行当将走向何方，则是个远为困难的课题。但几乎可以确定的是，经济学家必须努力适应混乱不堪的局面，也就是说，他们将不得不承认经常属于不可预测的非理性行为的重要性，不得不直面市场中经常出现的特定缺陷，不得不接受精巧的“大一统”经济学理论还远在天边的现实。在处理实际问题的时候，这将意味着对经济政策的建议需要更加谨慎，并且克制出于市场自身会解决一切问题的信念而取消各种安全机制的欲望。

二、从亚当·斯密到凯恩斯，再回潮

经济学作为一门学科的创立通常要归功于亚当·斯密1776年出版的《国富论》。在接下来的160年间，经济学理论体系得以蓬勃发展，其核心思想是：相信市场。经济学家固然也承认存在市场失灵的情形，其中最重要的例子莫过于“外部性”，其含义是指某些人的行为给其他人造成了负担，却并不需要为此付出代价，例如交通阻塞或者环境污染等现象。然而，“新古典经济学”（这个术语来自19世纪后期那些把“古典”经济学家的思想提升为精炼理论的学者）的基本假设还是说，我们应该对市场体制充满信心。

不过，这样的信心却被大萧条粉碎了。当然，即便面对全盘崩溃的局势，仍然有某些经济学家坚持认为市场经济中发生的一切都是绝对正确的，例如，约瑟夫·熊彼特在1934年（那是什么年代！）还宣称“萧条不能被简单地当成坏事……而是某些必须要做的事情的表现形式”。但是，当时的许多（最后是大多数）经济学家却接受了凯恩斯的看法，寻求对当时场景的原因解释和未来衰退的应对办法。

可能与你听说的不同，凯恩斯并不希望由政府来负责经济的运营。对自己在1936年问世的杰作《就业、利息和货币通论》（简称《通论》）中所做的分析，他认为“带有温和的保守主义指导意义”。凯恩斯是希望修补资本主义制度，而非取代之。不过他的确挑战了自由市场经济可以在没有看护人的情况下正常运转的观念，尤其是对金融市场表达了蔑视，他认为这个市场被短线投机所操控，很少顾及基本面。于是他呼吁用积极的政府干预，即印制更多的钞票，以及在必要情况下大量投资公共工程，以应对衰退期的失业问题。

很重要的一点是，我们应该认识到凯恩斯的贡献绝不限于提出大胆的主张，他所著的《通论》带有深刻的见解，其中的分析折服了当时那些最杰出的年轻经济学家。然而过去半个世纪以来的经济学发展，很大程度上却是一个从凯恩斯主义的立场撤退、回归新古典经济学的故事。新古典传统的复苏最初源于芝加哥大学的米尔顿·弗里德曼，早在1953年，他就断言新古典经济学对实际经济运行状况的描述“既能结出极其丰硕的成果，又值得完全信任”。只是如何解释经济萧条的问题呢？

弗里德曼对凯恩斯的反击始自所谓的货币学派理论。货币学派在原则上并不否认市场经济需要有意识的调节，例如弗里德曼就曾说过，“我们如今都是凯恩斯主义者了”（当然他后来声明这句话不能断章取义地理解）。不过这个学派却强调，要防止经济衰退的发生，采取些非常有限的政府干预形式就已足够，具体来说，就是通过中央银行的操作使一个国家的货币供给量（流通中的现金和银行存款）保持稳定增长。弗里德曼及其合作者安娜·施瓦茨提出了一个很著名的论点，假如美联储的工作做得足够好，大萧条本来就不可能发生。弗里德曼后来还引人注目地反对政府将失业率压缩到“自然水平”（在目前的美国被认为是4.8%左右）之下的任何有意而为的努力。他预测说，过度的经济扩张政策将导致通胀与高失业率同时降临，这一预测被20世纪70年代的滞胀所证实，从而极大地提升了反凯恩斯主义运动的声望。

但最后，反凯恩斯主义运动却远远超越了弗里德曼本人的立场。与其继承人的言论相比，弗里德曼的观点甚至会显得相对很温和。在金融学家那里，凯恩斯将金融市场视为“赌场”的轻蔑被“有效市场”理论取代，这一理论声称，金融市场对资产的定价总是能真实地反映既有的信息。同时，许多宏观经济学家在分析经济衰退的时候也完全抛弃了凯恩斯的框架。有人回到熊彼特及其他大萧条辩护者的立场，把萧条理解为好事，是经济体为了适应变化所做调整的一部分。即使那些不愿意走得过于极端的人也认为，对抗经济衰退的任何尝试所起的作用都会弊大于利。

并非所有的宏观经济学家都愿意走上这条道路：许多人成了自诩的新凯恩斯主义者，他们仍然相信政府应该发挥积极作用，不过他们也大多接受了投资者和消费者具有理性、市场通常能正常运转的看法。

当然，潮流中还是有另类出现：部分经济学家挑战了理性行为的假设，对金融市场值得信任的观念提出了质疑，并指出金融危机有着漫长的造成严重危害后果的不良记录。只是这些人是在逆潮流而动，已无法扭转当时泛滥成灾、如今看来却十分愚蠢的自满情绪。

三、过分骄傲的金融学

在20世纪30年代，出于显然的原因，金融市场的名声并不好。凯恩斯将其类比为“在报纸举办的竞赛中，参赛者需要从100张照片中挑选出6张最漂亮的脸孔，优胜奖将授予和参赛者总体上的平均偏好最接近的选手；于是，每位参赛者应该选择的就不再是他本人以为最漂亮的脸孔，而是他猜想其他参赛者最有可能喜欢的脸孔”。

凯恩斯认为，投机者在金融市场中把时间花在追逐其他人的时髦选择上，因此让这样的市场决定重要的商业决策是很糟糕的想法：“当某个国家的资本投资成为赌博活动的副产品之后，这样的工作肯定做不好。”

可是到20世纪70年代前后，对金融市场的有关研究似乎被伏尔泰笔下的潘格罗斯博士支配了，这位博士坚持认为，我们生活的世界是所有可能的选择中最好的一个。有关投资人的非理性、泡沫、破坏性投机的讨论在学术界完全消失，这个学科由“有效市场假说”主导，其含义是金融市场上的资产价格完全是公众可获得的所有信息反映出来的内在价值，其“布道”者是芝加哥大学的尤金·法玛。例如，给定某公司的盈利水平、商业前景等各方面的信息，股票价格总能准确反映该公司的价值。到20世纪80年代，以哈佛商学院的迈克尔·詹森为代表的金融学家又提出，由于金融市场总是能正确地定价，因此，公司领导所能做的最好的事情（不仅是为了他们自己也是为了整个经济）就应该是让自己公司的股票价值最大化。换句话说，金融学家相信，我们应该将一个国家的资本运转交给凯恩斯所比喻的“赌场”。

很难说经济学研究出现的这一趋势变化是由某些重大历史事件造成的。的确，对于1929年的记忆在逐渐消退，但牛市依然不断出现，过度投机的传说盛行，然后又是熊市的到来。例如在1973—1974年，股票价格曾下跌了48%。而在1987年的股灾中，道琼斯指数又因为不明所以的原因在一天之内下挫了近23%，这些事件本来应该使人们对市场的理性产生某些疑虑。

但事实上，这些在凯恩斯眼里或许能证明市场不可靠的重大事件，却丝毫没有弱化一个优美的理论观念产生的巨大力量。金融学家在每个投资者都会理性地平衡风险与回报的假设基础上建立起一个理论模型，也就是所谓的资本资产定价模型（CAPM）。它非常精美，而且假如你接受其假定，这个模型的用途也会极其广泛。资本资产定价模型不但能告诉你该如何选择投资组合，而且从金融业的角度看，更重要的一点是它能告诉你该如何对衍生产品（对收益权的收益权）定价。这个新理论的优美特征和显著实用性给其创立者带来了一系列诺贝尔奖，另外该理论的许多专家还获得了众多较为世俗的奖励：借助新的模型和强大的数学技巧（资本资产定价模型的更高级应用需要物理学家层级的运算能力），温文尔雅的商学院教授得以跻身华尔街的高级技术人才之列，也拿到了华尔街层级的薪酬。

客观地说，金融学家并不仅仅是由于其优美、实用和回报丰厚而接受有效市场假说，他们也提供了大量的统计分析证据。这些证据初看上去很有说服力，实际上很有局限性。金融学家很少会问那些看上去非常浅显其实却难以回答的问题，例如，某项资产的价格相对于盈利水平等真实经济的基本面数据是否有参考意义。相反，他们只会考虑，相对于其他资产的价格，某项资产的价格是否具有参考意义。如今已成为奥巴马政府主要经济顾问的劳伦斯·萨默斯曾经用“调味番茄酱”的寓言来揶揄金融学家，说他们“证明了两夸脱装的调味番茄酱的销售价格恰好是一夸脱装的调味番茄酱的两倍”，并由此得出结论说，调味番茄酱的市场具有完美的效率。

不过，无论是这样的嘲讽还是耶鲁大学罗伯特·希勒等经济学家所做的更有礼貌的批评，都未能产生足够的影响。金融学家继续坚信自己的理论在本质上是正确的，许多做实际经济决策的人同样如此，这其中就包括当时担任美联储主席的格林斯潘，他很长时期以来一直是放松金融监管的支持者，他之所以拒绝限制次级贷款和控制不断膨胀的房地产泡沫，很大程度上正是出自现代金融学对市场的一切尽在掌握的迷信。2005 年发生过一件很能说明问题的事情，在庆贺格林斯潘在美联储任职的研讨会上，某位勇敢的、名叫拉古拉迈·拉詹（令人惊讶的是他也来自芝加哥大学）的来宾提交了一篇带有警告性的论文，提示说金融体系在当时的风险水平已接近危险程度，却遭到了几乎所有在场人士的嘲笑。顺便说一下，其中包括萨默斯，他也把拉詹的警告当作“误导”。

然而到 2008 年 10 月，格林斯潘却承认他陷入了“难以置信的”震惊之中，因为原有的“整座理论大厦”都已“坍塌”。由于这一理论大厦的坍塌同时伴随着真实市场的崩溃，结果自然是严重的经济衰退。从许多指标看，我们目前遇到的都是大萧条以来最严重的一场衰退。政策制定者该如何行动呢？不幸的是，本来应该为应对经济滑坡提供明确指导的宏观经济学自身也陷入了迷惘。

四、宏观经济学的麻烦

“我们自己陷入了巨大的混乱之中，在控制一台原理尚未弄清的机器时犯下了大错。其结果是，我们走向繁荣的机会可能要因此耽误一段时间，或许是很长的一段时间。”这是凯恩斯在《1930年大滑坡》（The Great Slump of 1930）的文章中的论述，他当时试图解释席卷世界的经济灾难。而世界经济走向繁荣的机会确实也被耽误了很长时间，直到第二次世界大战才彻底结束了大萧条。

为什么凯恩斯对大萧条的“巨大混乱”的诊断在当初那么具有说服力？又是为什么从大约1975年开始，经济学家就凯恩斯主义的指导价值划分成了不同阵营？

我打算借用一个真实同时又有寓言性质的故事来解释凯恩斯主义经济学的核心思想，一个小规模的紊乱却可以影响到整个经济。这就是国会山保姆合作社的例子。

这个合作社遇到的问题是1977年发表在《货币、信贷和银行季刊》上的一篇文章介绍的。合作社是一个包含大约150对年轻夫妇的组织，加入该组织的夫妇都同意，在有人需要晚上外出的时候帮助对方照顾小孩。而为了确保每对夫妇都能公平地分享保姆服务，该合作社引进了一套凭证系统：用硬纸板制作了某种票证，每张票可以让持有人享受半小时的保姆服务。会员在最初加入的时候会收到20张票证，在退出该组织的时候要返还相同数量的票证。

不幸的是，结果表明该合作社的会员平均来说希望持有超过20张的票证，这或许是因为他们需要预防连续多个晚上外出的情况。结果导致，只有比较少的人愿意外出并支付票证，而很多人却希望给别人提供保姆服务，然后可以增加自己的票证储蓄。可是，只有当有人晚上外出的时候，才会出现保姆服务的机会，因此保姆的工作就较为难找，这将进一步导致合作社的会员更加不愿意外出，保姆的工作机会也更加稀缺……

简而言之，该合作社陷入了衰退。

那么，你该怎样理解这个故事呢？不要将其当成愚蠢或不足挂齿的小事，因为自从亚当·斯密从制针厂的案例观察经济进步以来，经济学家就一直借用小事来思考宏大问题，而且这样做是对的。问题在于，以上那个特殊案例的衰退源自需求不足，即没有足够多的对保姆的需求给所有愿意提供保姆服务的人带来工作机会，这是否反映了现实的经济衰退的本质？

40 年前，大多数经济学家都会同意这个解释，但自那之后，宏观经济学便分流成两大派系：一派是咸水派经济学家，主要来自美国沿海地区的大学，他们或多或少支持凯恩斯有关经济衰退的解释；另一派是淡水派经济学家，主要来自内陆的大学，他们认为凯恩斯的观点没有价值。

淡水派经济学家本质上是纯粹的新古典主义者，他们认为所有有价值的经济分析都源自人是理性的以及市场能发挥作用的前提，而这个前提在保姆合作社的案例中却被破坏了。在他们看来，普遍出现需求不足是不可能发生的，因为价格的变动总会使供需达到均衡。假如人们需要更多的保姆票证，这些票证的价格就会上涨，例如从每张代表半小时提高到每张代表 40 分钟，或者说，提供一个小时的保姆服务所需的票证数量会从两张减少到 1.5 张。这样一来，问题就能自然得到解决：流通中的票证的购买力将会提高，人们将会感到没必要储存更多票证，因此也不会有衰退。

只是在经济衰退期间，人们看到的现象不就是没有足够的需求使所有愿意工作的人得到就业机会吗？淡水派经济学家会说，表面上看到的现象可能具有欺骗性。在他们眼中，精巧的经济学已证明需求的全面萎缩不可能发生，这也就意味着实际上并没有发生。芝加哥大学的科克伦就说，凯恩斯主义经济学已经“被证明是错误的”。

然而经济衰退的确发生了，那又是为什么呢？在 20 世纪 70 年代，淡水派宏观经济学家的领头人、诺贝尔经济学奖得主罗伯特·卢卡斯提出，衰退是由于短期认识上的混乱所致：因为工人和企业都难以分辨自己面临整体价格的膨胀或萎缩，以及他们所处的特定产业领域的价格变化。卢卡斯还警告说，任何试图抵消经济周期的努力都将适得其反，他认为积极主义的干预政策只会加剧人们的混乱感觉。

不过到80年代，许多淡水派经济学家甚至把这种非常有限的承认衰退是坏事的观点也给抛弃了。该运动的新领袖，尤其是当时还在明尼苏达大学的爱德华·普雷斯科特（你可以从这些大学的位置猜到淡水派这个称号的由来）提出，价格波动和需求变化其实与商业周期无关，商业周期反映的是技术进步速度的波动，它由于工人的理性反应而被放大，当环境较为有利的时候，工人们会自愿增加工作量，当环境不利的时候则相反。因此，失业是工人们在支配自己时间的时候所做的有意识的决策。

坦率地说，这个理论初看上去实在很愚蠢，难道大萧条真的是大休假？而且我还要实话实说地承认，这个理论的确很愚蠢。可是，普雷斯科特的"真实商业周期"理论的基本前提却嵌入了那些精心构筑的数学模型中，利用复杂的统计技术模拟真实数据，并且统治了许多大学的宏观经济学课堂。2004年，鉴于这一理论的广泛影响，普雷斯科特与卡内基-梅隆大学的芬恩·基德兰德分享了诺贝尔经济学奖。

在此期间，咸水派经济学家却止步不前。淡水派经济学家属于纯理论派，而咸水派的人则是实用主义者。哈佛大学的格里高利·曼昆、麻省理工学院的奥利维尔·布兰查德以及伯克利加州大学的戴维·罗默（David Romer）等人一方面承认，难以将凯恩斯从需求角度提出的对经济衰退的解释同新古典理论调和，另一方面却发现，因需求导致的经济衰退在实际证据方面无法排除，于是他们便打算通过偏离完美市场或完美理性的假设，加入足够多的市场缺陷来或多或少容纳凯恩斯对衰退的观点。于是在咸水派学者看来，利用积极的政策干预应对衰退依然是必要的。

只不过自称新凯恩斯主义的经济学家对于理性个人与完美市场的魅力也缺乏抗拒能力，他们试图将自己对新古典正统的偏离控制在尽可能小的范围内。这意味着在流行的模型中，不能给泡沫和系统性的银行危机等事情留下分析空间。现实世界中这些仍在持续发生的灾难，如1997—1998年亚洲广大地区爆发了严重的金融和宏观经济危机，2002年阿根廷爆发了萧条级别的经济滑坡，在新凯恩主义的主流思考中都没有反映。

即便如此，你或许还是会认为淡水派和咸水派经济学家在世界观上的差异将令他们经常在经济政策上争执不休。但有些令人惊讶的是，在1985—2007年间，淡水派和咸水派经济学家的争论主要是针对理论，而非实践领域。我相信这其中的原因在于，与原先的凯恩斯主义不同，新凯恩斯主义者并不相信政府的财政政策（政府支出或税收的变化）是应对衰退的必要手段。他们认为，由美联储的技术官员掌控的货币政策已足以提供经济调节所需的一切药方。在庆祝米尔顿·弗里德曼90岁生日的时候，当时身为美联储理事的伯南克是这样评论大萧条的："您是对的，那场萧条是我们造成的，我们对此非常抱歉。但多亏您的帮助，这样的灾难再也不会重演了。"他传递了明确无误的信息，只需要一个更明智的美联储，经济衰退即可避免。

只要把宏观经济政策统统交给格林斯潘这样的大师，而不需要凯恩斯主义的财政刺激计划，淡水派经济学家就没有太多可抱怨的。他们虽然不相信货币政策有什么好的影响，但同时也不相信货币政策会造成什么破坏。

需要一场深刻的危机，我们才会看到这两个派别的理论共同点其实是多么少，以及新凯恩斯主义经济学曾变得多么盲目乐观。

五、没有人能够预测……

在近来的悔恨交加的经济学讨论中，出现了一个万能的妙语："没有人能够预测……"可这场灾难本来是能够预测也应该预测到的，而且也有几位经济学家确实预测到了，但他们当初的努力遭遇的都是嘲笑。

例如，就房价的急剧涨跌而言，的确有经济学家，特别是罗伯特·

希勒指出了泡沫的存在，并警告过泡沫破灭可能导致的痛苦后果。然而，关键的政策制定者却没有看到明显的事实。格林斯潘在2004年曾这样打消有关房地产泡沫的讨论，他宣称“全国范围内严重的价格扭曲是很难发生的”。而伯南克也在2005年说“住房价格的上涨很大程度上反映了强劲的经济基本面”。

他们为什么没有看到泡沫？公正地说，当时的利率水平过低了，这可以部分解释房价上涨。但或许还因为格林斯潘和伯南克希望表彰美联储将美国经济从2001年的衰退中拉出来的功劳，要是承认这一功劳很大程度上源自巨大的资产泡沫，可能会给庆贺活动扫兴。

另外还有其他影响因素：人们当时普遍相信根本没有泡沫发生。当我们重新阅读格林斯潘起初的论述时，会吃惊地发现它们并不是建筑在证据的基础上，而是源自根本不可能存在房地产泡沫这一命题的自我演绎。金融学家在此问题上则表现得更为顽固，在2007年的采访中，有效市场理论之父尤金·法玛就宣称“‘泡沫’这个词让我发疯”，然后继续解释说，我们完全可以相信房地产市场的理性，“房地产市场的流动性较差，不过人们在购买房产时都非常谨慎，这通常是他们要做的最大的投资项目，因此会认真调查，比对价格。讨价还价的过程也非常细致”。

实际上，购买房屋的人通常的确会仔细比对价格，也即比对潜在购买对象和其他房屋的价格。但这样的比对并不表明整体房价是否合理。这又是一个调味番茄酱经济学的例子：鉴于两夸脱装番茄酱的价格正好是一夸脱装番茄酱的两倍，金融学家便宣布说，番茄酱的价格肯定是合理的。

简单地说，对于有效金融市场的迷信让众多经济学家对历史上最大的金融泡沫熟视无睹。有效市场理论还在最初吹起泡沫的过程中发挥了显著的推波助澜作用。

如今这场未被有效预诊的泡沫已经破灭，以前认为是安全的资产的真实风险水平也被揭示出来，金融市场的脆弱性终于暴露无遗。美国有13万亿美元的家庭财富蒸发，失去了600多万个工作机会，失业率看起来要上升至1940年以来的最高水平。那么，现代经济学对于我们当前的困境能有哪些指导呢？我们是否还应该相信它？

六、关于财政刺激的争论

在1985—2007年间，宏观经济学领域出现了一段虚假的和平。在咸水派和淡水派之间并没有任何真正的观点融合，但那段时间是宏观经济大缓和的年代，在相当长的时期内，通胀率较低，经济衰退的规模较为平缓。咸水派经济学家相信美联储已经掌控了一切，而淡水派经济学家虽然不认为美联储的行动有什么实际的益处，但也愿意任其自然。

危机终结了这场虚假的和平。突然之间，两派能够接受的狭窄的政策操作空间不够用了，需要采取更广泛的政策措施，古老的争端由此公开化，激烈程度前所未有。

为什么原先那些有限的政策操作空间不够用了？答案用一个字来说，就是“零”。

面对通常的经济衰退，美联储的应对办法是从银行那里购入美国国库券，即短期政府债券。这样的操作将使政府债券的收益率降低，让追求更高回报的投资者转向其他资产，从而导致其他资产的利率也相应下降。通常来说，利率降低最终将促使经济反弹。例如，美联储在应对1990年的衰退时曾将短期利率从9%压低到3%，在应对2001年的衰退时将利率从6.5%压低到1%，在处理当前的危机时则将利率从5.25%降至零。

可是结果表明，零利率依然不足以结束此次危机，而美联储却不能将利率继续压低到零以下，因为在零利率附近的时候，投资者会把现金储蓄起来，而不是将其贷出去。于是到了2008年后期，随着利率达到宏观经济学家所说的“零利率下限”的水平，衰退仍在加深，传统的货币政策失去了作用。

那接下来该怎么办？这是美国历史上第二次达到零利率下限，上一次就是大萧条时期。正是由于对当时的零利率下限的观察，让凯恩斯提出了增加政府支出的主张：在货币政策失去作用而私人部门又不愿意增加支出的时候，公共部门就必须发挥支持经济复苏的作用。财政刺激政策就是凯恩斯对我们目前所处的这类萧条给出的答案。

凯恩斯的思路正是奥巴马政府经济政策的基础，于是淡水派经济学家对此非常愤怒。在之前25年左右的时间里，他们容忍了美联储干预经济的努力，但凯恩斯主义的全面复活则是完全不同的事情。卢卡斯在1980年的时候曾写到，凯恩斯主义经济学是如此滑稽，“人们在研讨会上已不再严肃地对待凯恩斯的理论，听众开始相互谈笑和耳语”。要承认凯恩斯在很大程度上的正确性，对他们毕竟是个耻辱的失败。

于是，芝加哥的科克伦对于通过政府支出缓解最大规模衰退的说法大为恼火，他宣称，“自20世纪60年代以来就再也没有人给研究生上过这种内容的课，凯恩斯主义的观点已经被证明是虚构的童话。在艰难时刻重温我们在孩童时代听过的童话确有安抚效果，但它们依然是虚构的”。科克伦的这段话也反映出咸水派同淡水派的分歧实际上有多大，他自以为“再也没有人”给研究生上过的课程内容，实际上在普林斯顿大学、哈佛大学和麻省理工学院的教室里一直在传授。

同时，曾经安慰自己说宏观经济学的分歧正在缩小的咸水派经济学家，却吃惊地发现淡水派经济学家根本不了解自己的主张。那些猛烈抨击财政刺激计划的淡水派经济学家好像不是仔细读过凯恩斯主义的观点，然后才指出其不妥，而是显得对凯恩斯经济学的内容完全没有概念，他们实际上是在重述1930年之前的谬误，还以为自己在谈什么新鲜而深刻的东西。

而且，被遗忘的还不只是凯恩斯的思想。就像德龙对芝加哥学派在“学术上的崩溃”所致的哀悼中指出的那样，这个学派目前的立场也完全抛弃了弗里德曼自己的思想。弗里德曼相信，可以利用美联储的货币政策而非政府支出的变化来稳定经济，但他从来不曾断言，在任何情况下政府支出的增加都不能促进就业。事实上，重新读一下弗里德曼在1970年对其思想的总结《货币分析理论框架》，你就会惊讶地发现其内容非常接近凯恩斯主义。

此外，弗里德曼肯定从未有过“大规模失业代表着工作努力的自愿减少”，或者“衰退对经济实际上是好事”之类的想法。可是当前的一代淡水派经济学家却秉持这两种论调。因此，芝加哥大学的凯西·马利根（Casey Mulligan）才会提出，失业率如此高的原因在于许多工人选择不参加工作：“员工们面临促使他们不参加工作的经济激励……就业减少更多地可以通过劳动供给（人们的工作意愿）的减少而非劳动需求（雇主需要雇用的员工人数）的减少来解释。”具体来说就是，马利根认为工人选择不就业的原因在于这能增加他们获得按揭贷款救助款的机会。而科克伦则宣称，失业率太高实际上是件好事：“我们应该来一次衰退，那些在内华达州敲钉子的人需要另外找些事情做。”

我个人认为，这样的论述实在太疯狂。即使想让木匠们迁出内华达州，难道需要全国范围的大规模失业？有什么人能够严肃地证明，我们失去了670万个工作机会，只是因为有更多的美国人不想出来工作？当然，淡水派经济学家不可避免地将发现自己走入了死胡同：如果你一开始就假定人是完全理性的、市场是完全有效的，那就必然会得出失业都属于自愿而衰退有益的结论。

危机在将淡水派经济学家推向荒谬的同时，也让众多咸水派经济学家开启了找回灵魂的旅程。与芝加哥学派的体系不同，他们的理论框架既有非自愿失业存在的空间，也将其视为社会的弊端。可是，当前统治着教学和研究的新凯恩斯主义模型却假定人们是完全理性的、金融市场是完全有效的，因此为了将当前的经济衰退纳入分析模型，新凯恩斯主义者目前被迫引入某些类型的修正因素（fudge factor），以反映由于未确定的原因导致私人支出的暂时缩减（我自己的研究也做了类似的尝试）。但假如对我们所处现状的分析依赖于这些修正因素，那么在预测未来走向时，我们又能对那样的模型抱有多大的信心呢？

用一句话来概括，宏观经济学的现状并不好。接下来这个学科将去向何方？

七、缺陷和摩擦

经济学这门学科遭遇困境是因为经济学家受惑于一个无摩擦的完美市场体系的美好前景。这个行当要想改过自新，就必须要求自己接受一个不那么有吸引力的图景：我们的市场经济体系有许多优点，但也充满了缺陷和摩擦。好消息是，我们并不需要从零开始，即便在完全市场经济学理论的全盛时期，也有很多研究针对实际经济运行与理想的理论模式的偏离。如今可能要发生的事情（事实上已经在发生了）就是将带有缺陷和摩擦的经济学分析从边缘位置转移到中心。

对于我设想的这种经济学，其实已经有了一个发展得不错的案例，即行为金融学的学派。该理论的实践者强调了两样事情；首先，现实世界中的许多投资者与有效市场理论的冷静计算者非常不同：他们很容易陷入羊群效应、非理性冲动和无理由的恐慌。其次，即便是那些试图通过冷静计算做决策的人也会经常发现难以如此操作，信用、可靠度以及担保额度有限等问题会迫使他们随波逐流。

关于第一点，即使在有效市场假说最盛行的时代，很明显现实世界的许多投资人也并非如流行的模型设想的那么理性。萨默斯曾经在一篇关于金融的文章中提到，“傻瓜总是有的，看看你的身边”。然而，我们要讨论的是何种类型的傻瓜呢（学术论文中常用的术语则是噪声交易者）？通过对更宽泛的行为经济学思潮的借鉴，行为金融学试图回答这一问题，他们把投资人的典型非理性特征同人们的认知偏差联系起来，例如，更关心小额损失而非小额收益的倾向，或者利用小样本进行外推归纳的倾向（一个例子是，由于过去几年的房价在上涨，便假定房价会继续上涨）。

直到危机爆发之前，像法玛等有效市场理论的支持者都不愿接受行为金融学得到的研究证据，仅仅视之为缺乏重要意义的满足好奇心的项目。但随着巨大泡沫的破灭及世界经济的大幅滑落，他们的立场将更加难以维持，而罗伯特·希勒等行为经济学家则通过与过去的非理性繁荣的类比，成功地诊断出了这次泡沫。

关于第二点：假定确实存在某些傻瓜，那么他们会对市场产生多大的作用？弗里德曼在1953年的一篇颇有影响的论文中说：不会很大，因为聪明的投资人会在傻瓜们卖出的时候买入，在傻瓜们买入的时候卖出，给自己挣钱，同时稳定市场行情。但行为金融学的第二点发现表明弗里德曼错了，金融市场有时是高度不稳定的，而这个看法在今天似乎尤其难以反驳。

在此话题上，最具影响力的应该是哈佛大学的安德烈·施莱弗（Andrei Shleifer）同芝加哥大学的罗伯特·维什尼（Robert Vishny）于1997年合作完成的一篇文章，其内容是对一句老话的理论总结："市场可能长期处于非理性，超出你不得不破产的限度"。正如他们所言，那些被认为会低买高卖的套利者需要通过融资进行操作，如果遭遇资产价格的严重下跌，虽然不会对经济基本面造成影响，却可能导致某些人的资本被耗尽。其结果是，聪明人的钱被淘汰出市场，资产价格可能继续陷入下降螺旋。

当前金融危机的扩散似乎就是金融市场不稳定的实际证明。我们发现，金融不稳定理论模型背后的基本思路与经济政策密切相关：在雷曼兄弟公司垮台后，对于金融机构资本充足率的关注成为重要的政策指导，而且看起来这些行动的确避免了更大规模的金融崩溃。

与此同时，宏观经济学又该何去何从？近来的事件已经明确无误地驳斥了经济衰退反映了技术进步速度波动的说法，或多或少的凯恩斯主义观点才是唯一可行的思路。只不过，标准的新凯恩斯主义模型没有给我们正在经历的此类危机留下分析的空间，因为它们通常都接受了金融学的有效市场理论。

但还是有某些例外。由伯南克和纽约大学的马克·盖特勒（Mark Gertler）倡导的研究思路强调，缺乏足够的担保可能限制企业获取融资及把握投资机会的能力。而主要由我在普林斯顿的同事清泷信宏（Nobuhiro Kiyotaki）及伦敦经济学院的约翰·摩尔（John Moore）开创的另外一个相关领域的研究则指出，房地产等资产的价格可能出现自我强化的下跌，这反过来或许会拖累整体经济的表现。但直到目前为止，金融市场紊乱造成的影响即使在凯恩斯主义经济学那里也未被列入核心议题。这显然需要加以改变。

八、重新拥抱凯恩斯主义经济学

以下是我认为经济学家需要努力的方面。首先，他们应该直面这个令人不快的现实，即金融市场远不是完美的，而是受制于特定的错觉及群体的疯狂。其次，他们必须承认，凯恩斯主义经济学依然是我们理解衰退和萧条的最好理论框架，对于那些在涉及凯恩斯主义的话题面前说笑耳语的人而言这可能非常艰难。再次，他们必须尽最大努力将金融业面临的现实问题纳入宏观经济学的研究模型之中。

许多经济学家会认为这些变革非常令人不快。要想让金融学和宏观经济学中更加面对现实的新研究方法得出与新古典研究框架同样清晰、完整且优美的分析结果，肯定需要相当长时间的奋斗。对有的经济学家来说，这成了他们继续坚持新古典主义的理由，哪怕它面对整整三代人以来遭遇的最大规模的经济危机完全无能为力。不过，目前看我们正好该回想下美国作家门肯（H. L. Mencken）的名言："人类面对的所有问题都能找到轻松的解决办法，那些貌似优美、合理却完全错误的办法。"

当面对完全属于人为的衰退和萧条的问题时，经济学家正是需要放弃以前那种貌似优美实则完全错误，建筑在每个人都是理性且市场运转完美的假设基础之上的解决办法。只有在这个领域的从业者重新认识到其理论基础可能不那么明确无误之后，新的图景才会出现。那样的图景肯定不会很简单很优美，但我们至少能够希望它可以做到部分正确。

糟糕的信仰、感染力与共和党经济学

随着2018年走进尾声，我们将看到许多讨论经济状况的文章。不过我喜欢做的事情是讨论一些别的话题，即经济学的状况，至少是与政治形势有关的部分。这一状况并不好，因为在各个层面统治保守派政治的糟糕信仰目前也正在感染右倾的经济学家。

这很可悲，同时很可怜。因为当一度受人敬仰的经济学家对特朗普主义卑躬屈膝的时候，共和党却更加明确地表示不需要他们服务，只招募些御用写手就足够了。

在谈论经济学和政治的时候，你需要知道现代美国存在三种类型的经济学家：进步派职业经济学家、保守派职业经济学家以及职业保守派经济学家。

所谓“进步派职业经济学家”，是指尽可能试图理解经济运行的研究者，同时作为拥有政治倾向的普通人站在美国政治谱系的左翼，当然通常只是中间偏左一些。“保守派职业经济学家”则是指站在中间偏右的对应群体。

至于“职业保守派经济学家”则完全不同。他们哪怕在中右翼职业经济学家眼里也被视为古怪的江湖骗子，以假装做经济研究（往往不能胜任）为生，但实际上只是煽动家。而且在政治谱系的另一侧并没有对应的人群，部分原因在于资助此类煽动的亿万富翁绝大多数来自右翼而非左翼。

---

* 2018年12月27日。

我还是把这批纯粹的雇佣文人姑且放在一边，先谈谈那些至少看上去在努力做真正的经济研究的人。

政治倾向会影响经济学家的研究吗？当然会对课题选择产生影响：进步派对于不平等恶化或气候变化经济学的兴趣往往比保守派更大。而且人的本性导致我们中的某些人有时会做有意向的推理，得出迎合自己政治观点的结论。

但我过去以为，这种过失只是特例而非规律，并且我认识的进步派经济学家都会极力避免落入此类陷阱，并会为此类错误道歉。

保守派经济学家会同样如此吗？答案越来越趋向否定，至少对那些在公共议题中扮演重要角色的人是如此。

即使在奥巴马执政期间，在经济政策方面追随党派路线的共和党倾向的知名经济学家数量之多，已令人震惊，哪怕他们追随的党派路线同无关政治的经济学者的专业共识存在明显冲突。

于是当民主党人执掌白宫时，共和党政客竭力反对可以缓和 2008 年金融危机及其后续影响的一切行动，许多经济学家也随声附和。最著名的案例是，共和党经济学名流在 2010 年谴责美联储为抗击失业采取的措施，警告说“有导致货币贬值和通胀的风险”。

这些学者的议论是出于善意吗？即便在当时，也有充分理由让人们怀疑并非如此。例如，这些所谓可怕的不负责任的美联储行动完全符合米尔顿·弗里德曼给经济萧条开出的药方。还有，其中某些批评者鼓吹起特朗普式的阴谋论，指责美联储印钞不是为了促进经济，而是在“给财政政策纾困”，也就是说是为了扶持奥巴马。

同样能说明问题的是，对通胀加剧发出错误警告的这批经济学家，没有一个人在事后愿意承认自己的错误。

但真正的考验是在 2016 年之后。彻底的犬儒主义者或许能预见到，谴责民主党人财政赤字与宽松货币的经济学家，在共和党人当上总统后会突然之间完全颠覆了立场。

并且这些彻底的犬儒主义者或许完全看对了。在对债务之恶表现出多年的歇斯底里后，建制派共和党经济学家热情洋溢地为摧毁预算的减税建议背书。曾经在失业率高涨时期指责宽松货币政策的某些人，为特朗普在失业率不足4%时提出下调利率的要求说好话，其他一些人则保持着异样的沉默。

如何解释这种恶意的泛滥成灾呢？部分因素显然是某些保守派经济学家仍希望获得令人垂涎的职位，另外部分（我猜测）或许只是出于想留在权势人物圈子里。

但专业人士的这种自我贬低实在可怜，因为中右翼经济学家渴求的回报并没有到来，而且永远不会。

不只是因为特朗普组建了美国历史上“最糟糕最黯淡”的一届政府，而且真相在于，当代的共和党毫无兴趣听取严肃经济学家的意见，无论其政治立场如何。他们喜欢的是术士和骗子，跟自己一类的人。

因此，我们在过去两年得到的关于经济学的教训是，许多保守派经济学家事实上愿意为政治目的牺牲其职业操守，可惜他们从出卖正直中一无所获。

功能财政错在哪里？

（略带书卷气）

现代货币理论（MMT）背后的思想很睿智，但并不完全正确。

看起来，今后几年的政策讨论至少会受到现代货币理论学说的部分影响，它似乎让某些进步派人士相信，不需要再为其行动计划如何筹款感到担忧。即使不考虑现代货币理论的某些争议，这也是错误的认识。但首先我认为需要把该理论的正确与错误之处说清楚。

不幸的是，这是个相当有难度的论述。现代货币理论倡导者以救世般的狂热情怀号称证明了传统凯恩斯主义的错误，却往往对他们与传统观点的具体差异语焉不详，并对解释自己说法的任何尝试都习惯于弃之不顾。好消息是，现代货币理论似乎与阿巴·勒纳（Abba Lerner）在1943年创建的“功能财政”理论（functional finance）完全是一回事，而且勒纳的表述清晰明了，让我们很容易看出其论证的巨大优点与潜在问题。

因此本文希望阐述的是，为什么我并不完全接受勒纳的功能财政理论，我认为这一评论也适用于现代货币理论。尽管过去的有关讨论表明，很快会有人说我其实没搞懂，我是被寡头集团腐化的工具，等等。

先说说勒纳，他的主要观点是：（1）依赖自己控制的法定货币并且（2）没有其他货币借款的国家不会受到任何债务约束，因为它们总能够用印刷钞票来偿还债务。然而这些国家面临通胀约束，太多的财政刺激

---

* 2019年2月12日。

会导致经济过热。于是它们的财政政策应该完全聚焦于维持恰当的总需求水平，财政赤字的规模应该达到足以实现充分就业，但不至于导致过热的通胀。

这些是很明智的看法，在他写作的年代——由于 20 世纪 30 年代的影响，战争结束后经济将重新转入长期弱势是合理的预期——是比传统财政思维好得多的政策指导意见。对今天的世界同样具有启发，因为我们再次遇到了零利率也不起作用的长期需求不振，并且前景依然脆弱。相比 21 世纪 10 年代很多时候支配政策讨论的“天呐！我们正在变成希腊”式恐慌，上述看法的确高明太多。

那么缺陷又在哪里？第一，勒纳忽略了货币政策与财政政策之间的权衡取舍。第二，尽管看到债务越滚越大的潜在问题，勒纳的应对方案并未充分考虑增加税收或者削减支出在技术上和政治上的局限。把这些限制因素纳入，会使债务的潜在问题比他的说法更为严重。

从现代视角看，“功能财政”理论在货币政策的讨论上显得漫不经心。勒纳说利率水平的设定应该实现“最理想的投资水平”，财政政策的选择则应该在这一利率水平上实现充分就业。那么最优利率水平是多少呢？他没有讲，或许是因为利率在整个 20 世纪 30 年代接近零下限让此问题没有实际意义。

然而至少在大多数时候，实际发生的情况——关键是我们并不处于利率零下限的时候——与之基本相反：税收和支出是由政治上的妥协取舍决定的，而没有通胀的充分就业是依靠货币政策对利率的调节实现的。在此情形下，预算赤字确实会挤出私人投资，因为减少税收或增加支出会推高利率水平。这意味着不存在唯一恰当的赤字支出水平，相反赤字支出水平取决于你对政策取舍的判断所做的选择。

债务又如何决定？很大程度上取决于利率是高于还是低于经济的持续增长率。假如 $r<g$，这符合目前以及过去多数时候的情况，则债务水平其实不是大问题。但假如 $r>g$，则可能造成债务的剧增：在其他条件均相同时，债务与 GDP 的比率越高，该比率提高得就越快。债务不可能无限增长，不可能超过总财富，而且在现实中随着债务增加，人们对持有债务要求的回报率会不断提高。于是，到某个时点政府将被迫实现足够大的基本财政盈余（不含利息支出），以限制债务的扩大。

勒纳基本上是承认这一点的，但他以为，政府总是能够并确实会实现所需的财政盈余。他并不担心高税率对激励可能造成的任何效应。虽然有些“一本正经的人士”严重夸大了这种效应，却并非完全出于想象。另外，勒纳根本没有提及实现必要的财政盈余面临的政治困难，而在债务达到极高水平时，这种困难似乎会成为中心议题。

可以用一个量化的例子来解释，假设我们以某种方法把债务水平推高到 GDP 的 300%，另外，$r-g=0.015$，即利率比经济增长率高出 1.5 个百分点。此时要让债务与 GDP 的比率保持稳定，则必须使基本财政盈余达到 GDP 的 4.5%。

这并非不可能：在滑铁卢战役后的几十年里，英国一直维持着如此大规模的预算盈余。然而对现代国家而言那是很高的要求，我们打算削减医疗保险计划和社会保障计划吗？我们准备只为了还债（而非为新的计划筹资）而实施增值税？可能性固然是存在的，但你必须考虑采取某种形式的金融抑制（或者债务重组又或者通货膨胀）的诱惑会更大。此外，投资者也会担心，这会不会把 $r-g$ 推到更高水平。

最后的结论是，尽管功能财政理论有很多可取之处，但它不是勒纳以及（我推测）现代货币理论拥护者想象的那种不证自明的真理。财政赤字和债务会发挥重要作用，而且不仅仅是因为赤字支出对总需求的影响。

这意味着，我认为对进步派人士而言，在财政议题上近期面临的此类反对意见并不那么要紧。无须成为赤字厌恶者或债务担忧者，你也可以认识到真正宏大的进步主义社会计划需要新的大额税收来源以提供资金支持。

7
紧缩

一本正经的人士

“一本正经的人士”这一说法借用自邓肯·布莱克（Duncan Black）；其博客签名为阿特里奥斯（Atrios）。我推测，布莱克用这个词指代所有坚信入侵伊拉克是件大好事的头面人物，因为有影响力的人都在这么说，而且听上去的确是个很坚决、很正经的表态。当然，伊拉克事件绝非此类现象的唯一例证。

我开始频繁使用该说法，是在雷曼兄弟公司倒闭之后。在全球金融危机中的头一年，主要国家的经济政策基本朝着正确方向行进，尽管力度略显不足。然而到2009年后期，我带着惊讶和恐惧观察到，越来越多公众人物开始淡化大规模失业问题，转而沉溺于对财政赤字危险的担忧。

随着世界陷入经济危机，财政赤字确实在飙升。这很自然：财政收入因为经济滑坡锐减，像失业保险金之类的支出却在自动增加。然而，财政赤字增大其实是件好事。当全球几乎每个人都试图把支出压缩到收入之下时，必然导致恶性收缩，因为我的支出构成了你的收入，我的收入源自你的支出。要减轻这种破坏，就得找到愿意让支出超过收入的人，这个关键的角色正是由各国政府承担。

事实上，各国政府在经济中所占的份额远高于1930年的水平，因此在面临全球经济滑坡时，其赤字也大大增加，这或许是本轮大衰退没有完全重演当年大萧条的最重要原因。另外，财政赤字并未造成任何严重经济问题。利率依然维持在低水平，说明投资者对债务并不担忧，政府借款也没有“挤出”私人投资。

对财政赤字表示担忧，呼吁通过牺牲——当然是其他人做出的牺牲——削减赤字，听上去似乎很严肃很冷静。另外希腊在2009年底遭遇了真正的财政危机，让赤字恐惧贩卖者找到了一个典型，尽管希腊所处的情况同美国、英国及大多数其他发达经济体全然不同。

于是一本正经的人士共同判断，是时候从应对失业转向财政紧缩了，手段主要是压缩政府支出。政策朝紧缩转向造成了极为糟糕的后果：延缓了美国和英国的复苏，把欧洲大部分国家推回衰退，并因为压缩支出直接给大量民众带来苦难。进一步说，这些经济上的影响又给后来的政治灾难铺平了道路，包括英国脱欧与特朗普上台。

这整个过程中，经济学家又在哪里呢？很不幸，几乎总有某些经济学家出现在某些地方，甚至是曾经做出过扎实成果的某些经济学家，给那些一本正经的人士讲他们喜欢听的话。而这些经济学家所讲的内容被不成比例地放大，远超过事实证据和专业群体内部对其论断的支持程度。

这样的例子有，经济学家阿尔贝托·阿莱西纳（Alberto Alesina）与西尔维亚·阿尔达尼亚（Silvia Ardagna）的一篇论文声称，有证据表明削减政府支出会大幅提振私人部门的信心，使总支出得以增加。在《紧缩之谜》一文中，我将之嘲讽为对“信心小精灵”的迷信。事实上，如果我们仔细审视相关证据和现实紧缩经历，就会发现“扩张性紧缩”学说完全漏洞百出。然而该学说却受到了关键政策制定者的青睐。

与此同时，过去有过出色成果的卡门·莱因哈特（Carmen Reinhart）与肯尼斯·罗高夫（Kenneth Rogoff）拿出的一篇草率论文声称，当债务水平超过GDP 90%的神奇界限之后，经济就会遭遇可怕的事情。这项研究后来没有经受住检验，但之前已被用于为欧洲许多国家的破坏性政策做辩护。

最后是在2013年前后，一本正经的人士发现了值得担心的新东西。他们不是把持续的高失业率看作支出过少导致的问题，事实上，那正是他们一致赞成的紧缩政策造成的后果，反而认为美国人找不到工作的原因在于这些人缺乏必要的技能。于是有一段时间，任何人似乎都弄明白了，“技能缺口”意味着失业率将永远无法回到危机前的水平。

但奇怪的是，当我撰写本文的时候，美国的失业率已降至4%以下，技能缺口消失得无影无踪。

紧缩之谜

在年轻而天真的岁月，我相信重要人士接受职位是基于对选项的认真考虑。如今我知道的多了些。那些一本正经的人士的许多信念其实是出于偏见，而非分析思考，这类偏见则服从于流行时尚。

由此产生了我今天的专栏主题。在过去两三个月，我和其他人带着惊讶和恐惧看到，政策圈里出现了支持立即实施财政紧缩的共识。或者说，认为现在应该削减政府支出已经成为普遍观点，但事实上全球主要经济体还都处于深度衰退中。

这一普遍观点并非立足于事实证据或认真分析，而是来自（客气点说）纯粹的推测或者（不客气地说）政策精英的虚构想象。具体而言，来自对我所说的看不见的“债券治安团”与“信心小精灵”的迷信。

债券治安团是指某些投资人，他们会打击自感无力或不愿意偿还债务的政府。如今无疑有些国家可能遭受信心危机，例如希腊正面临债务问题，但紧缩政策的鼓吹者却宣称：（a）债务治安团将袭击美国；（b）继续实施经济刺激的任何行动都将引发他们的行动。

我们有什么理由相信上述的任何说法？的确，美国有长期的财政问题，但我们在未来两三年的刺激措施对应对这一长期问题的能力几乎没有影响。正如国会预算办公室主任道格拉斯·埃尔门多夫（Douglas Elmendorf）最近指出的，“在失业率较高、许多工厂和办公室被闲置的今

---

* 2010年7月1日。

天推出更多财政刺激，在产出和就业或许能接近潜在水平的几年后实施财政紧缩，二者之间没有内在的矛盾”。

然而，每过两个月就会有人宣称债券治安团已经来到，而我们必须现在（！）就实施紧缩，以讨好他们。三个月前，长期利率的轻微提升引发了近乎歇斯底里的反应：“债务恐惧推高利率”成为《华尔街日报》的大标题，格林斯潘也出来宣告说利率抬升是“矿井里的金丝雀”（意为提前预警），实际上并无这种恐惧的证据。

自那之后，长期利率又再度走低。投资者非但没有逃离美国政府债券，反而将其视为摇摇欲坠的经济环境里最安全的投注。不过紧缩政策的支持者仍向我们保证说，如果不立刻削减支出，债券治安团的攻击随时可能到来。

请不用担心：削减支出可能造成痛苦，但“信心小精灵”会抚平创伤。欧洲央行行长让－克洛德·特里谢在近期的访谈中宣称，“紧缩措施可能诱发经济停滞的观念是错误的”。为什么？“因为提振信心的政策将促进而非制约经济复苏”。

由于提振了信心，财政紧缩实际上具有扩张性，这种信念的证据何在？顺便插一句，这正是赫伯特·胡佛总统在1932年阐述的学说。好吧，历史上有过这样的案例，削减政府支出和加税之后出现了经济增长。但就我所知，对每一个这样的例子，经过深入考察都会发现，紧缩依然造成了负面效应，只不过被其他因素抵消了。然而那些因素在今天不太可能出现。例如，爱尔兰在20世纪80年代的紧缩加增长时代得益于从贸易逆差向贸易顺差的急剧转变，这不是每个人都能同时采用的策略。

而且目前的现实紧缩政策案例丝毫不令人鼓舞。爱尔兰在本轮危机中的表现是个很听话的士兵，冷酷地执行了严厉的支出削减政策，但回报却是萧条的加剧，金融市场也继续将它视为具有严重违约风险。其他听话的士兵，像拉脱维亚与爱沙尼亚，情况甚至更差。让你难以置信的是，这三个国家在产出和就业上的下滑程度都超过冰岛，而后者因为金融危机过于剧烈采纳了不那么正统的政策措施。

因此，当你下次听到语气严肃的人解释财政紧缩的必要性时，可以对他们的观点做些剖析。几乎可以肯定，你会发现他们那种看似冷静的现实主义其实是基于虚幻的基础，基于一种迷信：看不见的债券治安团会惩罚我们的恶行，信心小精灵则会奖励我们的善举。而真实世界的政策，即那些可能损害千百万工薪家庭的生计的政策，竟然建筑在这种基础之上。

电子表格萧条

在如今的信息时代，数学错误可能导致灾难。美国宇航局的火星探测器坠毁，是因为工程师忘记了做公制测量单位转换。摩根大通银行的“伦敦鲸”投资项目失败，部分原因在于建模师选择除数时误用了总数，而非平均数。那么，整个西方世界的经济会毁于一个Excel软件的编码错误吗？

故事的由来是这样的：2010年之初，哈佛大学的两位经济学家卡门·莱因哈特与肯尼斯·罗高夫传出来一篇论文《债务时代的增长》，试图找出政府债务水平的一个关键临界值，一个“引爆点”。他们认为，一旦债务超过GDP的90%，经济增长率就会急剧下挫。

莱因哈特女士与罗高夫先生因为早先出版了一本关于金融危机历史的著作而广受赞许，他们公开论文的时机可谓完美无瑕。文章出来时，希腊刚刚陷入危机，恰好与许多政府官员主张从刺激转向紧缩的愿望合拍。因此，这篇文章迅速走红，在当时和现在都属于近年来最具影响力的经济研究成果之一。

事实上，莱因哈特与罗高夫很快在自诩为财政责任捍卫者的人群中获得了近乎神圣的地位。他们的临界点主张被当作无可争议的现实，而非存在争议的假说。例如今年早些时候，《华盛顿邮报》的一位编辑就警告说在财政赤字上不要有任何放松，因为我们目前正“危险地逼近经济学家们视为将危及可持续增长的90%的关口”。请注意其用语是“经

* 2013年4月18日。

济学家们”，而非“部分经济学家”，更不是符合实际情况的“受到有同等声誉的其他经济学家激烈质疑的部分经济学家”。

真相在于，莱因哈特与罗高夫的观点从一开始就受到严厉批评，而且争议与日俱增。文章刚一发出，许多学者便指出债务与经济表现的负相关关系并不代表高债务会导致增长率下降，完全可能是一种反向的关系，是经济表现不佳导致高债务的结果。的确，这在日本的案例中体现得很清楚，经济增长率在 20 世纪 90 年代早期大跌之后，日本才背上沉重的债务。

随着时间的流逝，另一个问题浮现出来：其他研究者找到看似差不多的债务与增长率的数据，却不能得出同莱因哈特与罗高夫相近的分析结果。他们通常能找到高债务与低增长之间的某些相关关系，但并未发现类似 90% 乃至任何债务水平临界值的迹象。

最后，莱因哈特女士与罗高夫先生允许马萨诸塞大学的研究人员查阅了他们的原始电子表格，结果揭开了研究结论不能复制的秘密。首先，他们省略掉了某些数据；其次，他们采用了很值得商榷的罕见的统计测算程序；最后，他们竟然犯了一个 Excel 编码错误。把这些反常与错误矫正后，得到的结果与其他学者无异：高债务同低增长之间存在某些关联，但没有迹象表明谁是因谁是果，也完全没有所谓 90% 的临界值。

在回应中，莱因哈特女士与罗高夫先生承认了编码错误，但为他们的其他结论做了辩护，声称自己从未断言债务必然造成增长下降。这么说有些虚伪，因为他们即便没有直接表述，也曾反复暗示过这一观点。但无论如何，真正重要的不在于他们想说什么，而在于别人如何解读其研究：紧缩政策鼓吹者大肆宣扬，把所谓的 90% 临界值当作被证明的事实，以及哪怕在面临大规模失业时仍要削减政府支出的理由。

因此，我们需要将莱因哈特与罗高夫的这一败笔放在更广泛的紧缩政策狂热背景下来审视：整个西方世界的政策制定者、政客与舆论权威非常急切地想要抛弃失业者，把经济危机作为削减社会福利计划的借口。

这一事件显示，紧缩主张已经在何等程度上以虚假理由来兜售。三年以来，向紧缩转向已不再被视为选项，而是被说成必然。紧缩政策的支持者坚称，经济学研究表明一旦债务水平越过 GDP 的 90%，就会发生可怕的后果。其实“经济学研究”没有得出这样的结论；只有少数经济学家提出该观点，而其他许多人并不赞同。政策制定者之所以不顾失业人群而转向紧缩政策，是因为他们自己希望这么做，绝非不得已而为之。

那么，莱因哈特与罗高夫的结论从根基上倒塌，会带来任何改变吗？我倒是希望如此。但我估计，嫌疑惯犯只会另外找一套可疑的经济分析供奉起来，经济衰退则会持续。

工作、技能与僵尸

几个月前，摩根大通银行的首席执行官杰米·戴蒙与未来职业公司的首席执行官玛琳·塞尔茨在《政客》杂志发表了一篇文章《缩小技能缺口》。开篇便令人不安地宣称，“如今，有将近1 100万美国人失业，同时又有400万工作岗位空缺”，这仿佛证明“求职者目前拥有的技能同雇主需要的技能之间存在一道壕沟”。

事实上，不断变化的经济中总是存在某些空缺职位，同时又有部分劳动者处于失业状态，目前的空缺职位与失业人数之比远低于通常水平。另外，在多项严谨的研究中，并没有找到劳动者技能不足导致高失业率的证据。

然而，美国正遭受严重的“技能缺口”的信念，乃是所有重要人物都知道必须属实的几件事情之一，因为他们认识的所有人都说那是真的。这是僵尸学说的一个典型案例：本应该被实际证据给终结的说法，却拒绝消亡。

这造成了极大的破坏。但在讨论其后果之前，先讲讲我们对工作与技能的关系到底有哪些了解。

首先考虑下，假如真的存在技能短缺，那我们可能得到怎样的发现？我们应该看到有合适技能的劳动者工作干得不错，而缺乏技能的人表现较差。但实际情况并非如此。

的确，受过较多正规教育的劳动者相比其他人的失业率较低，但这

---

* 2014年3月30日。

种情况一直存在，无论经济的景气情况如何。关键在于，对各种教育层次的劳动者而言，目前的失业率都远高于金融危机前的水平。对不同职业也是如此，所有主要职业类型的劳动者的就业状况都不及 2007 年。

确实有某些雇主抱怨，他们难以找到有恰当技能的劳动者。但说说钱的事吧，假如雇主真正渴求某种技能，他们就该给出更高薪酬以吸引有此类技能的人。可是在现实中，我们很难发现哪个群体的劳动者获得大幅涨薪，而你能够找到的某些例子并不符合正常的逻辑。例如，会操作缝纫机的劳动者的工资有显著提高，但我非常怀疑，这属于那些高度关注所谓技能缺口的人心里所想的技能类型。

对技能缺口说法的反驳不只来自失业与工资方面的证据。针对雇主开展的详细调查，如近期由麻省理工学院与波士顿咨询集团的研究人员所做的项目同样显示："对技能缺口危机的担忧被夸大了"（援引波士顿咨询集团的话）。

作为技能缺口说法的支持证据，你可能会提到长期失业现象的迅速增加，表明许多劳动者缺乏雇主需要的技能。但这不对。我们对长期失业者非常了解，他们在技能上同能够迅速找到新工作的短期下岗者没有太多区别。他们遇到的麻烦是什么？是由于他们目前没有工作这一现实本身，让许多雇主根本不愿意考虑他们的资历。

那么，为什么关于技能缺口的传说不仅在延续，还成为"每个人都知道"的常识的一部分？2013 年秋天对这个说法的产生过程有过一次不错的描述，当时某些媒体报道说，92% 的高层经理人认为的确存在技能缺口。这个结论的根据何在？是通过电话访谈向高管们提问："你认为以下哪种说法是对美国劳动力技能缺口的最佳描述？"接下来是若干选项。在给定预设套路的提问之后，真正让人惊奇的是还有 8% 的受访者指出，并不存在所谓的缺口。

要点在于，若干有影响力的人转着圈子反复讲述技能缺口的故事，或者更进一步在《政客》之类的媒体上撰写这一话题，使这种行为成为一个严肃的标记，对群体身份的某种认定。于是僵尸学说继续蹒跚而行。

很不幸，与即将到来的债务危机的传说一样，技能缺口的传说对现实世界的政策产生了可怕的影响。让重要人物对美国劳动者的缺陷愁眉不展，而不关心灾难性的财政政策错误和力度不够的美联储措施对经济的制约，并要求采取行动。

还有，技能缺口的传说把劳动者的遭遇归咎于他们自身，无视就业和工资陷入停滞时利润和奖金依然高涨的现实，起到了转移注意力的作用。理所当然，这是大公司高管那么喜欢这个传说的又一个理由。

所以我们必须竭尽所能杀死这一僵尸，并制止为惩罚劳动者的经济环境寻找借口的做法。

结构性诈骗

好吧，这真令人沮丧。公共广播公司（PBS）的《新闻一小时》节目并不总是听到一流分析的好地方，却是给华盛顿的通行思维把脉的绝佳场所。正如迪恩·贝克尔指出的那样，通行思维已明显转向高失业率是“结构性”问题的观点，也就是说，不是简单的刺激需求能够解决的。

那么问题来了，这种说法是从哪个鬼地方冒出来的？

迪恩还说到，经济学专业人士的共识其实已大幅度转向另一方，相比几年前，研究相关数据的经济学家谈结构性因素的时候少多了，甚至也没有明显的党派差异，例如埃迪·拉泽尔（Eddie Lazear）等坚定的共和党人也做了如下陈述：

> 2007—2009 年经济衰退之后，高失业率的下降一直较为缓慢，由此让许多人认为，劳动力市场上已出现了结构性变化，经济不会再回到不久之前还盛行的那种低失业率状态。这是真的吗？此问题关系重大，因为中央银行可以设法降低周期性失业，但对结构性失业无能为力。对劳动力市场的数据分析表明，并没有结构性因素能解释失业率在近年来的变化。产业或人口的变化，乃至技能与空缺职位的错配均不足以解释失业率的提升。尽管错配在衰退期有所恶化，却在之后以相同速率减轻。我们观察到的模式符合失业由周期

* 《纽约时报》博客，2013 年 8 月 3 日。

性现象导致的说法，而且在本轮衰退中表现得比之前的衰退期更为突出。

的确如此，当前并非结构性问题的一个强烈指标是，随着经济的部分复苏，复苏最快的地区和职业正好是之前受创最严重的领域。高盛公司分析了之前房地产泡沫最严重的“沙地州”（sand states）的失业情况，发现失业率增幅远远高于其他州的水平，不过自2010年以后，那里的失业率下降速度也比其他地方快得多。

所以，受冲击最严重的各州的复苏速度比国内其他地方更快，这正是周期性问题的表现，而非结构性变化的表现。

我对不同职业的失业率做了大致的临时分析，考察失业率从2007年（商业周期顶峰）到2009—2010年（失业率达到峰值）的变化值，继而对比失业率在峰值出现以后的变化值（下降幅度）。结果如图1所示。

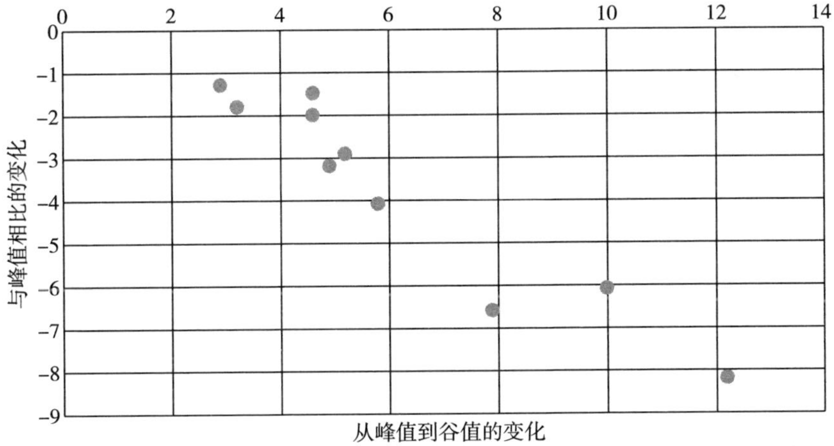

图1　不同职业的失业率

资料来源：U. S. Bureau of Labor Statistics。

结果与地理变化的特征相同：受冲击最严重的职业，其复苏也最为强劲。

简而言之，数据强有力地说明这是周期性变化而非结构性变化。而且经济学家至少在这次达成了广泛共识。不过很显然，华盛顿政策圈的集体思维不知道用什么方式得出了相反的结论，并强大到让经济学界对此议题的真正共识在《新闻一小时》节目中完全没有被提及。

如开篇所言，这真是令人沮丧。

8

欧元

遥远的桥

欧洲在第二次世界大战后的复兴是人类历史上最令人欢欣鼓舞的事件之一。西欧国家从真正的战争废墟上建立起来的不仅是繁荣与和平，还有人类历史上最体面的社会。不错，我是拿美国做比较。我爱自己的祖国，我还认为美国给个人提供的发展空间是其他任何国家无法比拟的。但是相比于从地中海北岸到过去的铁幕以西的几乎任何国家，美国在照顾那些需要帮助的人方面做得实在太差。

欧洲取得如此多辉煌成就的基础，是人们有时所说的“欧洲计划”。该计划背后的理念是把各国联合起来，以结束这个大陆被战争摧残的可怕历史，联合不是采取激烈的政治统一行动，而是通过日益紧密的经济联系和协调这些联系的共同机构。

首先在 1952 年成立了煤钢共同体，人们希望，以此把法国与德国的重工业整合起来，使未来几乎不再可能爆发战争。然后在 1959 年建立了欧洲共同市场，取消了成员国之间的所有关税，并要求它们对其他国家采取一致的贸易政策，因为你不能再让法国和德国对加拿大的小麦（举个例子）执行不同关税。接下来出现了监管规制的协作、人员的自由往来，以及对落后地区的联合开发援助等，并在此过程中正式更名为欧洲联盟。

这个过程并非完美无缺。与各国的大多数行政机构相比，设立于布鲁塞尔的负责管理欧洲整体事务的官僚机构距离普通人的生活更为遥远，在未来甚至会更加疏离。我过去常开玩笑说，同欧洲官员谈话时，即使他们的英语很流利，你也需要看看小标题才能理解他们真正在讲什么。例如关于“拓宽还是深化”的一段冗长而隐晦的谈话，实际上应该翻译为“我们根本就不该让希腊加入进来”。

国家之间的竞争也并未消失。1990 年前后有个搞笑备忘录流传出来，据说是来自欧洲委员会，内容是关于采用一种欧洲通用语言。该备忘录宣称，从现实角度看这只能是英语，但是需要做某些改进。例如，由于你从来搞不懂“c”到底应该发硬辅音还是软辅音，所以硬辅音的“c”应该用“k”代替，以确保正确的发音。另外为了增强“可理解性”，人们应该把所有动词都放到每句话的结尾。于是到最后，这本备忘录完全变成了用德语写就。

不过总体而言，欧洲计划依然是巨大的成功案例，不仅改善了数亿人的生活，还表明过去的恐怖历史如何能够被善良的人们克服。

接下来出现了欧元。

作为政治象征，欧洲单一货币似乎是欧洲计划中非常自然的下一步。欧洲已成为和平的乐土，边境开放，人员自由流动，从交通标志设计到消费者安全保护的各种事务都在推行共同标准。为什么不采用单一货币，让商业变得更加便利，并促进共同的身份感呢？

遗憾的是，货币经济学比政治象征意义更为复杂。与邻居使用同一种货币确实会带来某些巨大的好处，例如，我可不想在每次跨越哈得孙河时都得把纽约美元兑换成新泽西美元。但单一货币也有严重的劣势。

经济学家很早就知道，当一个国家同邻国锁定共同货币时，它会削弱自己应对非对称冲击（一个丑陋但有用的术语）的能力。假设你身在芬兰，那里的经济活动以两项主要出口产品为主：诺基亚手机，以及用于造纸的木浆。接下来遇到了技术革新，让诺基亚手机的市场份额大受打击，同时办公室用纸也在减少，你会怎么办呢？

你需要找到新的出口。为此，你必须给企业界某些激励去生产新的产品，通常是降低相对于竞争对手国家的工资和价格水平。如果你有自己的货币，这往往就比较容易：正常情况下，工资是以本国货币计算，因此让货币在世界市场上贬值就能立即提高自己的竞争力。事实上芬兰在 20 世纪 90 年代早期正是这么做的，当时苏联解体与本地银行危机带来的共同影响，使它的经济严重下挫。

然而到2008年之后，芬兰的事情就变得棘手起来，它不再拥有本国货币了。本章第一篇文章将讨论的西班牙同样如此。于是它们的唯一办法便是在高失业率的环境中让工资水平经历漫长而痛苦的下降。

共同货币带来的便利性好处与面临冲击时存在的缺陷是艰难的经济取舍，这一理念同样有个丑陋却有用的名称——“最优货币区”理论。当创建欧元的建议被首次提出时，许多美国经济学家想起了这个理论，并指出根据当时的情况，欧元不是个好主意。不过欧洲人对自己的梦想已过于迷恋（要我说就是过于浪漫），听不进去意见。

把欧洲推向欧元之路的条约于1992年签署，地点是在荷兰小城马斯特里赫特。我还记得曾经开玩笑说，他们在荷兰选错了地方，应该选阿纳姆（Arnhem），那是电影《遥远的桥》里讲述的著名战争灾难的所在地。很不幸，欧元的阵痛证实了这些担忧，另外一些新的问题也开始浮现，例如虽然有了统一货币，但缺乏共同的银行安全保护网等。

本书介绍的大多数政治和经济麻烦，是比较坏的人干出来的坏事。但欧元有些不同，它的确属于“用善良的愿望铺就的通向地狱之路”。无论出发点如何，糟糕的是通向地狱。

西班牙囚徒

如今关于爱尔兰人的最好消息是，他们的人口相当少。爱尔兰本身不会给欧洲的未来造成那么大的破坏，希腊和葡萄牙也类似，它们被广泛视为要相继倾倒的多米诺骨牌。

但后面还跟着西班牙。其他国家都是餐前小点，西班牙才是主菜。

从美国人的视角看，西班牙让人惊奇的地方在于它的经济历程与美国何其相似。同美国一样，西班牙也出现了严重的房地产泡沫，伴随着私人部门债务的大幅增长。同美国一样，西班牙在泡沫破灭后陷入经济衰退，失业现象激增。而且同美国一样，由于财政收入的剧减和衰退造成的支出增长，西班牙的财政赤字膨胀。

当然与美国不同的是，西班牙已处于债务危机的边缘。美国政府在应对赤字方面毫无困难，长期联邦债务的利率不足3%。而西班牙的借款成本在最近几周内快速提升，表明人们日益担心它未来发生违约的可能性。

西班牙为什么面临这样大的麻烦？一句话，因为欧元。

当欧元于1999年创立的时候，西班牙是最热心的支持者之一。事情的进展也一度非常顺利：欧洲的基金大量涌入西班牙，私人部门支出获得有力支持，西班牙经济出现快速增长。

另外在这些好年景里，西班牙政府也表现得像个有财政与金融责任的典范。跟希腊不同，西班牙有财政盈余；跟爱尔兰不同，西班牙在银

---

* 2010年11月28日。

行监管方面做得相当努力（虽然只取得了部分成功）。截至2007年底，西班牙的公共债务占其经济总量的比例仅有德国的一半左右。即使在今天，西班牙的银行状况也远不像爱尔兰那么糟糕。

但问题在这一表面之下蔓延。经济景气时期，西班牙的物价和工资上涨速度快于欧洲其他国家，共同造成了较大的贸易逆差。而当泡沫破灭后，西班牙的高成本使其产业对其他国家缺乏竞争力。

那该怎么办？如果西班牙跟美国（或者有类似经济特征的英国）一样拥有自己的货币，它可以让货币贬值，以恢复本国产业的竞争力。可是西班牙在欧元上却没有这一选项，它必须转而采取“内部贬值”的办法，即让国内的物价和工资水平下降，直至该国的成本回到与邻国差不多的状态。

内部贬值是件很困难的事情。一方面速度缓慢，通常需要数年的高失业率才能把工资压下来。另外工资下降意味着收入减少，而债务依然存在，因此内部贬值会使私人部门的债务问题恶化。

所有这些对西班牙意味着在未来数年面临黯淡的经济前景。美国的复苏进程令人失望，尤其是在就业方面，但至少我们看到了一定的增长，实际GDP已大致回到危机前的峰值，我们还能合理地预计未来的增长有助于让财政赤字可控。然而西班牙完全没有复苏，复苏的失败又转化为对其未来财政状况的担忧。

为摆脱这一陷阱，西班牙应该脱离欧元区，重建自己的货币吗？它有这样的意愿吗？对上述两个问题的回答或许都是否定的。如果西班牙从未采纳欧元，它现在的处境应该会更好。可是试图脱离欧元则会造成严重的银行危机，因为储户会竞相把资金转移出去。除非无论如何都会出现灾难性的银行危机——这在希腊极有可能，在爱尔兰也越来越具有现实性，而在西班牙虽有可能但概率不大——否则很难想象任何一届西班牙政府会愿意承担“去欧元化”的风险。

于是西班牙实际上成为欧元的囚徒，没有好的选项可用。

对美国的好消息是我们不存在此类陷阱，我们依然有自己的货币及其带来的各种灵活性。另外英国也同样，其财政赤字与债务水平同西班牙相当，但投资者并不认为存在违约风险。

对美国的坏消息则是，一个强大的政治派系正试图绑架美联储，而这会破坏我们相对于痛苦的西班牙人的一项主要优势。共和党人攻击美联储，要求它停止扶持经济复苏，转而维持强势美元并对抗他们想象出来的通胀风险，这等于要求我们心甘情愿把自己关进西班牙式的监狱里。

让我们祈祷美联储不会听他们的。美国的事情够糟了，但仍有可能恶化到严重得多的地步。假如强势货币派得逞，那就会噩梦成真。

大黄蜂的坠毁

欧洲央行行长马里奥·德拉吉于上周宣布，他的机构“准备为保卫欧元采取一切行动”，市场因之一片欢腾。特别是西班牙债券的利率显著下跌，各地的股票市场则普遍上扬。

但欧元真的会得救吗？对此仍有太多的疑虑。

首先，欧洲的单一货币有严重的设计缺陷。而值得表扬的是，德拉吉先生其实也承认这一点。他说：“欧元好比一只大黄蜂，这是自然界的奇迹，因为本来不该飞行的生物却在飞行。欧元就是一只在好些年里飞得很好的大黄蜂。”但如今大黄蜂没有继续飞行了，人们能做些什么呢？他设想的答案是：“演变为一只真正的蜜蜂。”

别在意他说的古怪生物学，我们听明白了。从长期来看，欧元要想有效运转，只能让欧盟变得更加类似于一个统一国家。

例如，我们可以拿西班牙同佛罗里达州做个对比。两个地方都发生了严重的房地产泡沫，然后迅速崩溃，但西班牙形势危急，佛罗里达则不然，原因何在？因为当经济滑坡后，佛罗里达能指望联邦政府继续为社会保障计划和医疗保险计划付费，给银行提供偿付能力担保，为失业人员提供紧急救助，等等。但西班牙没有这套安全网，因此从长期看，这个缺陷必须修补。

不过，欧罗巴合众国即使有可能创建，也非一朝一夕之事，而欧元危机却摆在眼前。为挽救这一货币，当前能做些什么呢？

---

* 2012 年 7 月 29 日。

请想想，大黄蜂为什么一度能飞起来？为什么欧元在最初的 8 年左右看起来运转得还不错？因为其结构上的缺陷被南欧的经济繁荣掩盖了。欧元的创立让投资者相信，对希腊和西班牙等过去认为风险较高的国家贷款是安全的，于是资金大量涌入这些地方。除希腊外，这些资金主要是面向私人（而非公共）借款。

因此，所有人一度皆大欢喜。在南欧，虽然制造业的竞争力日益下降，巨大的房地产泡沫却带来了建筑业的就业繁荣。与此同时，之前萎靡不振的德国经济因为对南方泡沫经济的出口快速增长而重新活跃。欧元似乎运转良好。

接下来泡沫破灭，建筑业的工作岗位消失了，南欧国家失业高涨，西班牙和希腊目前的失业率已远超 20%。同时政府收入剧减，在多数情况下，政府赤字都是危机的结果而非原因。不管怎样，投资者纷纷逃离，推高借款成本。为安抚金融市场，受冲击的各国实施了严厉的紧缩政策，使经济滑坡加剧。而欧元整体来看也变得岌岌可危。

怎样才能度过当前的危险局势？答案其实很清楚：政策制定者必须：（a）采取措施压低南欧国家的借款成本；（b）给欧洲的债务国提供类似于德国在好年景里得到的出口发展机遇，也就是在德国制造类似于南欧在 1999—2007 年的经济繁荣。不错，这意味着德国的通胀会暂时提升。麻烦在于，欧洲的决策者似乎对（a）略有抵触，对（b）则完全没有意愿。

德拉吉先生（我推测他应该理解上述全部逻辑）的讲话的基本含义是，打算让欧洲央行购买大量南欧国家债券，以降低其借款成本。但在之后两天，德国的官员似乎对此泼了冷水。原则上，德拉吉先生完全可以不顾德国方面的反对，但他真正愿意这样做吗？

购买债券还算轻松的事情。要想真正挽救欧元，德国必须愿意在今后几年接受明显提高的通胀。就目前看，我没发现德国官员对此议题有任何讨论的兴趣，遑论作为必要措施加以接受。相反他们仍坚持认为，尽管遭遇一场又一场的失败，还记得曾说爱尔兰将走上快速复苏之路吗？如果债务国坚持执行紧缩计划，一切都会安好。

那么欧元能够得救吗？是的，或许可以。欧元应该得救吗？是的，尽管今天看来其创建是个巨大的错误。因为欧元的失败不仅会造成经济混乱，还将沉重打击在苦难历史之后给整个大陆带来和平与民主的更广泛的欧洲计划。

欧元在现实中会得救吗？虽然德拉吉先生展示了决心，如我所言，对此仍有太多的疑虑。

无法企及的欧洲梦

欧洲来的消息暂时安静了下来，但整体局势一如既往的可怕。希腊正遭遇比大萧条更严重的经济下滑，而且看不到任何复苏希望。西班牙被人们欢呼为一个成功案例，因为经济最终开始增长，但失业率仍高达22%。另外在大陆的上端出现了一个弧形的发展停滞区域：芬兰的萧条程度堪比南欧国家，丹麦与荷兰的表现也相当糟糕。

事情怎会变得如此棘手？答案在于，当任性自负的政客忽略基本算术和历史教训时，总会出现这种状况。别误会，我不是在说希腊或者其他地方的左派，而是指柏林、巴黎和布鲁塞尔极端令人敬仰的各位绅士，他们花了四分之一世纪的时间试图以幻想经济学理论为基础来运营欧洲事务。

对那些不太了解经济学，或选择对尴尬问题视而不见的人来说，创建欧洲统一货币听上去是个伟大的理念。它会让跨越国界的商业活动变得更加轻松，并成为团结一致的强有力标志。谁能预见到欧元最终将导致的巨大问题呢？

事实上，很多人预见到了。2010 年 1 月，两位欧洲经济学家发表了一篇题为“不可能发生，糟糕的主意，不会再持续”的文章，以嘲弄曾警告欧元会带来大麻烦的美国经济学家。结果，这篇文章成了意外的经典：就在文章写作时，所有那些悲惨的警告都处于被证实的过程中。这篇文章打算立起的耻辱柱，即一份冗长的秉持所谓错误悲观主义的经济

---

* 2015 年 7 月 20 日。

学家名单，反而变成了光荣榜，说明哪些人做出了或多或少的正确预见。

欧元怀疑派的唯一重大失误是低估了单一货币可能制造的破坏程度。

关键在于，从一开始就不难看出，没有政治联盟的货币联盟是非常值得怀疑的计划。那为什么欧洲还会坚持做下去？

我认为，主要是由于欧元的理念听上去太好了。它极具前瞻性，抱有欧洲式的情怀，完全符合在达沃斯发表演讲的那类人的胃口。而这些人并不想让书呆子式的经济学家告诉自己，他们的辉煌愿景是个坏主意。

的确在欧洲精英群体内部，对单一货币计划提出反对意见很快就成了极其困难的事情。我还清楚地记得20世纪90年代早期的氛围：任何质疑欧元合理性的人都会被有效排斥出讨论圈。此外，假如你是位表达担忧的美国人，无一例外会有人指责你的秘密动机：对欧洲抱有敌意，或者企图维护美元的“嚣张特权”。

于是欧元诞生了。欧元引入之后的10年，巨大的金融泡沫掩盖了底层问题。但如我所言，怀疑派的所有担忧如今已一一应验。

而且事情并未到此止步。当已被预见和可以预见的欧元矛盾关系展现出来后，欧洲的政策反应是对债务国实施严厉的紧缩，并拒绝接受简单推理和历史证据，即这类政策会造成可怕的经济破坏，同时无法完成承诺的债务削减目标。

即使今天，我们依然惊讶地看到欧洲官员是何等轻松地忽略削减政府支出与增加税收会导致严重衰退的警告，何等固执地坚持财政纪律会提振信心（实际上并非如此）从而使一切变好的观点。真相在于，仅通过紧缩措施处理高债务问题，特别是同时追求强势货币政策，从来不曾成功。英国在一战后就没能做到（尽管付出了沉重代价），为什么有人觉得对希腊能够起作用呢？

那么欧洲现在应该做些什么呢？对此没有好的答案，原因在于欧元已经变成了一个蟑螂诱捕笼，一个难以逃脱的陷阱。假如希腊仍拥有自己的货币，那本可以有充分的理由通过货币贬值提高其国际竞争力，并结束通货紧缩。

希腊不再有自己的货币，而不得不从头开始创建一种货币的事实让要下的赌注大大增加。我的推测是，退出欧元将依然被证明是必要之举。另外无论如何，大笔减记希腊的债务都将是解决问题的关键所在。

可惜我们当前对这些选项并没有透彻的讨论，因为欧洲的进程依然被精英群体信以为真（其实不然）的观念主导。而欧洲将为这一荒谬的自负任性付出可怕代价。

欧洲怎么了？

如果问人道主义梦想，也即社会为其全体成员提供体面生活的场景在何时何地曾最接近于实现，那当然是西欧在第二次世界大战之后的60年间。那是历史上达成的一个奇迹：曾被独裁、战争和种族灭绝的这片大陆，变身为民主和广泛分享的繁荣的榜样。

确实在21世纪早期，欧洲在许多方面要优于美国。与我们不同，欧洲人有稳定的医疗服务保障，并由此带来了更长的预期寿命；他们的贫困率比美国低得多；他们在年富力强的时候比美国人更容易找到报酬不错的工作。

但今天的欧洲遇到了大麻烦，当然我们也同样。特别是，民主制度正在大西洋两侧遭受围攻。假如自由社会解体，可能首先会发生在美国。不过，姑且让我们暂时脱离特朗普梦魇，去看看欧洲的灾难，其中某些（虽非全部）问题跟我们颇为相似。

欧洲的许多麻烦来自一代人之前所做的灾难性决策：采用单一货币。欧元的创立带来了暂时的狂欢浪潮，大量资金涌入西班牙和希腊等国；接下来泡沫破灭。尽管冰岛等国保留了自己的货币，能够通过贬值快速恢复国际竞争力，欧元区各国却被迫进入长期衰退，失业率极高，为降低成本而反复挣扎。

这一衰退因为精英的错误共识而雪上加霜。他们不顾客观事实，坚持认为欧洲问题的根源不在于成本错位，而是财政挥霍，于是采用严厉

---

* 2018年5月21日。

紧缩作为对策，令经济形势更加恶化。

欧元危机的某些受害国（如西班牙）最终得以恢复竞争力，但其他一些国家尚未做到。希腊依然处于灾难状态。而意大利作为欧盟中现存的三大经济体之一目前已经度过了失去的20年——今天的人均GDP还没有超过2000年的水平。

因此当意大利于2018年3月举行选举时，反欧盟政党——民粹主义的五星联盟和极右翼的北方联盟——成为大赢家并不真正出人意料。实际上，这种情形没有更早发生才让人惊讶。

这些党派如今正在筹建政府。虽然新政府的政策还没完全明晰，但肯定涉及在许多方面同欧洲其他国家分手：扭转财政紧缩政策，由此可能最终导致脱离欧元区；以及对移民和难民加强打击等。

没有人知道这将如何收场，但欧洲其他国家的进程提供了恐怖的先例。匈牙利事实上已变成一党专政，被种族民族主义意识形态支配。波兰似乎也走上了同样的道路。

那么，以不断促进经济和政治一体化为基础，走向和平、民主和繁荣的漫长征程，即“欧洲计划”到底出了什么问题？前文提到，欧元的巨大错误有着重要影响。不过波兰从未加入欧元区，在本轮经济危机中也没有太受冲击，可那里的民主制度照样在崩塌。

所以我认为这里有更深层的故事。欧洲存在一种黑暗势力（美国同样），当柏林墙倒塌时，有位我认识的政治学家开玩笑说，“现在东欧摆脱了外来的共产主义意识形态，可以回归自己的正途法西斯主义了”。我们知道他意有所指。

制约那些黑暗势力的力量是奉行民主价值观的欧洲精英的威望。但这一威望因为举措失当被挥霍掉了，不愿意面对事实则让破坏变本加厉。匈牙利政府在欧洲拥护的一切事务上都走向对立面，却依然能从布鲁塞尔获得大量援助。

在我看来，这些正是我们在美国看到的类似趋势。

当然，我们并没有卷入欧元式的灾难，美国大陆虽然也有统一货币，却能依靠联邦的财政和银行制度维持货币的良好运转。然而我们的“中间派”精英群体的错误判断堪比欧洲同行。记得在 2010—2011 年，当美国人仍挣扎于大规模失业的苦痛时，华盛顿的大多数一本正经的人士却沉迷于福利改革。

同时我们的中间派人士加上大量新闻媒体，在多年来一直对共和党的激进化倾向无动于衷，追求近乎病态的虚假对等。致使今天的美国被一个无视民主规范和法治传统的政党所统治，跟匈牙利的青年民主主义者联盟大同小异。

从深层看，欧洲所犯的错误其实同样在美国发生。在大西洋两岸，救赎之路都将非常艰难。

9

财政谎言

赤字抨击者的轻信易骗

“电视明星有艾米奖，运动员有卓越表现奖，如今财政专家也有了属于他们自己的大奖，”负责任联邦预算中心（CRFB，Center for a Responsible Federal Budget）于2011年1月发表了一篇热情洋溢的文章，以此开头来描述给几位政治人物授予“费希奖”（Fiscy Awards）的仪式。

该中心是2010年前后在华盛顿表现高调的若干“财政责任制”倡导组织之一。这类组织的涌现部分是一种假象，因为其中许多是由同一批人资助，尤其是亿万富翁皮特·彼得森。但他们的影响力是真实的，负责任联邦预算中心把那场典礼描述为“星光熠熠”并没有错，至少从政治星级上看是如此。

不过关于那场活动还有些有趣的逸事。其一是典礼举办之时，美国的失业率依然高于9%——超过1 400万美国人没有工作，其中600多万人的失业时间已达6个月乃至更久。另外有充分理由表明政府赤字的下降速度过快，《美国复苏与再投资法案》（奥巴马刺激计划）的多数内容在2010年底截止，而刺激措施的快速削弱是失业率在整个2011年度依然高企的一个根源。

为什么会有这样一个典礼表彰那些据称试图减少财政赤字的人，而不是努力创造就业岗位的人？

即使把这些疑问都放在一边，三个费希奖之一归属了后来成为众议院议长的众议员保罗·瑞恩。即使你认可在2011年1月当一名财政赤字问题的鹰派人士是件好事，瑞恩也并非财政鹰派，他只是滥竽充数。他所谓的削减赤字计划是他获奖的理由，但这一计划是不加掩饰的欺骗。该计划根据各种条件假设联邦政府能够通过堵上各种漏洞多获得

1 万亿美元财政收入，但瑞恩拒绝具体说明到底是哪些漏洞。

不出意料，当瑞恩在 2017 年抓到机会时，他强力推行了减税计划，给美国增加了约 2 万亿美元国债，而没有堵上任何所谓的漏洞。

我本可以告知颁发奖项的人，瑞恩是个冒牌货。事实上我也这么做了，提前了几个月，通过本章收录的第一篇文章《胡说八道的家伙》。但瑞恩仍在继续推出各种计划，其胡言乱语变得日益喧嚣，而华盛顿的许多人继续以极大的敬意对待他。

导致瑞恩青云直上的轻信易骗本身附属于一个更广泛的现象。近期历史反复证明，在赤字问题上大惊小怪的人总是受到愚弄，而欺骗者其实完全不关心政府债务，他们的一切都属于右翼政治势力的操作，我确信自己是从谁那里借用了“赤字抨击者”（deficit scolds）这个词，但实在记不清到底是谁了。正如我在《被劫持的委员会》中所述，“原本为解决实际问题而安排的议程被某个意识形态纲领劫持”。这里有多少是因为天真幼稚，有多少是出于赤字抨击者的真实动机，则是个有趣的问题。

这一切说明了什么？2019 年，我们这个时代最具影响力（而相对远离政治）的经济学家之一奥利维尔·布兰查德在一篇极引人瞩目的文章里用大量证据指出，整个债务问题被过度夸大了。多年来我一直在说类似的观点，但布兰查德真正把问题讲透了。这件事已变得非常紧要，因为民主党在 2018 年中期选举中大获全胜，并开始思考，假如在 2020 年重夺白宫，应该如何（更关键之处在于是否要）为自己主张的行动计划筹集资金。

胡说八道的家伙

美国政治中令人沮丧的一个方面是，政界和新闻界的建制派太容易被江湖骗子糊弄。你或许以为，鉴于过去的教训，华盛顿的圈内人会对提出宏大计划的保守派保持警惕。结果不然：只要右翼的什么人声称有了新的建议，他就会被吹捧为“创新思想家”，而没有人审查其基本算术。

请让我推出当今时代的“创新思想家”：来自威斯康星州的众议员保罗·瑞恩。

由于提出“美国未来路线图”，也即对联邦支出和税收做大规模改革的计划，瑞恩先生已成为共和党的宠儿。媒体报道呈现压倒性的支持，《华盛顿邮报》在本周一的头版放上瑞恩先生的光辉侧影，把他描述为老大党的财政良心。经常会看到有人用“智识的无畏”之类的词汇来形容他。

其实那是“无知的无畏”。瑞恩先生不是在给思想补充新鲜材料，而是翻炒20世纪90年代的残羹冷炙，并浇上骗人的酱汁。

瑞恩先生的计划呼吁对政府支出和税收都做有力削减，他希望让你相信，这一组合的效应会使财政赤字大幅下降，而且根据《华盛顿邮报》的报道，他用“末日般的词汇”谈论财政赤字。该媒体还告诉我们，瑞恩的计划确实将迅速削减赤字水平：“国会预算办公室测算，众议员保罗·瑞恩的计划到2020年能把预算赤字减少一半。”

---

* 2010年8月5日。

可是国会预算办公室并没有做过这种事情。在瑞恩先生要求下，该机构测算了他的支出削减建议对财政的影响，就此结束。国会预算办公室没有考虑瑞恩的减税建议给政府收入造成的影响。

无党派的税收政策中心站出来补上了缺口。它的测算数据表明，瑞恩先生的计划将使美国政府的收入在未来 10 年减少约 4 万亿美元。如果把这些损失加到《华盛顿邮报》引用的数据中，你会得到一个大得多的财政赤字，接近 1.3 万亿美元。

而且，这个数字与国会预算办公室对奥巴马政府计划下的 2020 年赤字规模估算几乎相同。也就是说，瑞恩先生或许用过“末日般的词汇”谈论财政赤字，但即使你相信他的削减支出建议可行（其实不然），他的所谓路线图并不会真正削减赤字规模，其全部影响只是大幅削减富人的税负，降低中产阶级的福利。

请注意是大幅削减。税收政策中心发现，瑞恩的计划将使最富裕的 1% 人群的税负减半，这批人从中获得的收益约为该计划总体减税额的 117%。数字没错！顶层人群的税负被大幅削减的同时，瑞恩计划却会让 95% 的美国人的税负加重。

最后再说说削减政府支出的内容。在瑞恩计划的预想中，前 10 年的大部分节约将来自国内自由裁量支出的零增长，其中包括从能源政策到教育和法院系统的各种领域。如果考虑到通胀和人口增长因素，这相当于让支出水平下降 25%。如此大的降幅如何实现呢？哪些具体项目将被缩减砍掉？瑞恩先生没有说。

对于 2020 年之后，他所谓的节约将主要来自医疗保险计划支出的显著减少，办法是像我们知道的那样拆解这个福利项目，给老年人提供代金券，让他们自己购买保险。这听起来耳熟吗？应该是，它跟纽特·金里奇在 1995 年试图兜售的方案是一回事。

从医疗保险优势计划的经验中我们已经知道，这种代金券制度比现行医疗保险制度的成本更高，而非节省。瑞恩计划能够节约资金的唯一途径是缩减代金券的金额，使其难以做充分的风险覆盖。有钱的老年美国人可以自己补上代金券的缺口，继续享受所需的医疗服务，其他人就自生自灭吧。

在现实中这种场景或许不会发生，老年人会出离愤怒，然后参与投票。而这意味着瑞恩计划所谓的预算节约纯属骗局。

那为什么华盛顿尤其是新闻界有那么多人被这种胡说八道忽悠呢？不仅仅是因为算术做得不好（虽然也有部分因素），还因为自诩的中间派不愿意面对当代共和党的现实问题。哪怕在铁的事实证据面前，他们也假装以为共和党内部还有些讲道理的人。最后同样重要的还有对权势的顺从：共和党是活力复苏的政治力量，因此绝不能指出他们的智识英才没穿衣服。

可惜他们确实没穿。瑞恩计划纯属骗局，丝毫无助于有关美国财政未来的讨论。

被劫持的委员会

自奥巴马总统创立“全国财政责任与改革委员会”这个负责为美国的长期财政问题寻找解决方案的两党联合工作组以来，我是始终认为他犯了巨大错误的人之一。该委员会的组成人员一经宣布，“两党联合”就彰显出了在华盛顿的通常含义：中右翼同强硬右翼之间的妥协。

在对委员会联席主席的观点有更多了解后，我的疑虑与日俱增。我们很快看清楚，民主党方面的联席主席厄斯金·鲍尔斯有一个强烈共和党风格的小政府纲领。共和党方面的联席主席艾伦·辛普森则表现出了诚实经纪人的风格，他给美国老年妇女联合会的执行官发去羞辱性邮件，把社会保障计划描述为“好比有3.1亿个乳头的奶牛”。

因此很久以来我们已经清楚，这个委员会拿不出什么好成果。不过在本周三，当联席主席发布一份关于其建议的演示文件时，情况甚至比犬儒主义者预想的还要糟糕。

该文件首先宣布“我们的指导原则与价值观”，其中有“财政收入上限不得高于GDP的21%”。这是一项指导原则吗？为什么负责寻求一切手段实现预算平衡的委员会要给财政收入设置一个上限（而非下限）？

在读到有关税收改革的章节后，事情变得更加清晰。在鲍尔斯先生与辛普森先生看来，本次改革的目标反映在七个要点中，“降低税率”是第一点，“削减财政赤字”则是第七点。

---

* 2010年11月11日。

一个负责削减赤字的委员会把下调税率当成自己的首要任务，而把削减财政赤字不折不扣地置于末尾，这究竟是怎样发生的？

当然，联席主席的提议内容其实是减税与加税的混合，即对富人减税，对中产阶级加税。他们建议取消（不管你怎么看，但确实）对美国中产阶级关系重大的税收减免，即对医疗福利和抵押贷款利息的抵扣，由此增加的大量财政收入却不是用于削减赤字，而是用来支持显著下调顶层收入群体的边际税率和公司税率。

把具体数字说清楚需要一些时间，但该建议总体上显然代表着把大笔收入向上层群体转移，从中产阶级转移给极少数富有的美国人。这一切同削减政府赤字有什么必然联系呢？

接下来再说社会保障计划。之前有传闻称，委员会将建议提高退休年龄，结果鲍尔斯先生与辛普森先生的确是这么做的。他们希望把社会保障计划的领取年龄与平均预期寿命同步提高，这合理吗？

答案是否定的，出于多方面的原因。包括要求你持续工作到69岁，这对伏案工作的人来说好像是可行的，但对许多依然做体力活的美国人而言要难得多。

除此之外，该建议似乎忽略了一个关键点：尽管平均预期寿命确实在提高，但主要是高收入者，需要社会保障计划的人群的寿命提高幅度恰恰最小。在过去30年里，位居收入分配下半部分的人群的预期寿命几乎没有增长。因此鲍尔斯—辛普森建议基本上是在说，由于大公司的律师们如今都活到高寿，所以清洁工们必须干更多年限的工作。

尽管有那么多缺陷，但我们总不能否认鲍尔斯—辛普森的建议是为解决美国的长期财政问题而做的认真尝试吧？很遗憾，只能否认。

他们的演示文件确实包含一些好看的图表，显示赤字出现下降，债务水平维持稳定。但稍微花点时间看看真正的内容，你就会明白这些漂亮图表的主要支持来自如下假设：医疗费用的增长率将大幅下降。而这将如何实现呢？通过“设立经常性评估成本增长的流程”，以及采取“所需要的更多措施”。这些话到底是什么意思？我完全一头雾水。

赤字委员会发生了什么事情并不神秘。与华盛顿经常发生的一样，原本为解决实际问题而安排的议程被某个意识形态纲领劫持。以解决我们的财政问题作为伪装，鲍尔斯先生与辛普森先生故伎重演，试图夹带私货，即对富人减税，损害社会安全网。

在这场事故中还有什么可以挽救吗？我很怀疑。还是告诉赤字委员会收拾好行李回家算了。

瑞恩计划里都有些什么？

若干评论者曾要求对瑞恩计划的内容做个总结，因此这篇帖子会有些用。

你应该了解的第一件事情是，该计划有过几个版本，细节上存在出入，但基本的要点相同。在我看来，超越党派立场的最佳分析是国会预算办公室对第一个版本的报告。再说一下，细节有所变化，但基本观念是一致的。

那么，他的计划里包含哪些内容？你需要做个时间划分，逐渐淘汰医疗保险计划之前的第一个 10 年，以及之后的阶段。

第一个 10 年

第一个 10 年的大事包括：（1）把医疗救助计划改造为一次性拨款计划，其资金规模将远远低于根据现有法案所做的预计；（2）大幅削减最高所得税率与公司税率。

这是一个财政赤字削减计划吗？从表面上看并非如此，它主要是在缩减对穷人的救助与减轻富人的税负之间做平衡，具体建议产生的净效应则会使财政赤字增加，而非减少。然而瑞恩宣称能大幅削减赤字，办法是通过两个“奇迹般的星号注解”。首先他坚持认为，减税不会使政府的收入减少，因为他没有具体阐述的“税基扩大”会带来抵消作用。国会预算办公室则解释说：“瑞恩主席的职员介绍了财政收入占 GDP 百分比的变化，将从 2010 年的 15% 左右持续提升至 2028 年的 19%，并在

---

* 《纽约时报》博客，2012 年 8 月 16 日。

之后维持在该水平。对导致这一路径变化的财政收入的内容则没有具体说明。”

税收政策中心的霍华德·格莱克曼将这些缺乏说明的财政收入来源称为“神秘的肉”，并强烈暗示此类事情不太会真正发生。

其次，瑞恩计划中包含对自由裁量支出相对于现行政策的大幅削减。我们同样看看国会预算办公室的说法：“其他强制性支出和自由裁量支出之和在 GDP 中的占比，将从 2010 年的 12% 下降至 2021 年的约 6%，并从 2022 年起随 GDP 价格平减指数同步变化，使其在 GDP 中的占比继续下降。对于导致这一变化的政策建议没有做具体说明。”

因此每当你听到人们谈论瑞恩的赤字削减计划时，都请记住，在该计划的第一个 10 年，他说的所有赤字削减均来自其断言的收入和支出数字，而没有与“计划”中描述的任何具体政策挂钩。

第一个 10 年之后

在此之后，医疗保险计划将逐渐被替换为一个代金券计划，而代金券的价值远远落后于预计的医疗服务费用。即便如此，他所谓的赤字削减大部分也不是因为医疗保险计划的调整，而是来自自由裁量支出在 GDP 中的占比继续压缩，这个数字最终会下降到 3.5%。跟之前一样，对于这将如何实现没有做具体介绍。还请注意，该数字中包含国防支出，目前约为美国 GDP 的 4% 左右。

这能算个计划吗？

瑞恩大体上提出了三项重大建议：大幅削弱医疗救助计划，削减企业和高收入人群的税负，用大幅缩水的代金券体系取代医疗保险计划。这些具体建议结合起来的实际效果，将使第一个 10 年和之后的财政赤字扩大。

因此，显著压缩财政赤字的所有说法都依赖于“奇迹般的星号注解”。从这个意义上讲，它甚至不能算个计划，只是一堆声明而已。

融化的雪球与债务的严冬

你还记得债务的严冬吗？

在2010年底到2011年初，美国经济刚开始从2008年的金融危机中复苏。大约9%的劳动力仍没有工作，长期失业现象尤其严重，逾600万美国人的失业时间达到或超过6个月。你或许会以为，就业危机的持续应该成为大多数经济政策讨论的焦点话题。

然而，并非如此：华盛顿沉迷于债务问题。鲍尔斯—辛普森报告成了全城热点，保罗·瑞恩对联邦债务充满热情（当然也极尽虚伪）的讨伐让他收获了媒体的奉承与嘉奖。首都的债务痴迷，共和党重夺众议院，加上州政府向右转向，让美国进入了一个在高失业面前削减政府支出的前所未有的时代。

我们中的某些人曾激烈反对这一政策转向，指出大规模失业时期绝不适合推行财政紧缩。我们基本上说对了。为何只是"基本上"？因为人们越来越怀疑在任何时机或许都不适合推行财政紧缩。即使在充分就业时期，对债务的沉迷也似乎是件愚蠢的事情。

以上是我从布兰查德在美国经济学会的主席演讲中收获的信息。客观地说，作为极富影响力的国际货币基金组织前任首席经济学家、全球主要宏观经济学家之一，布兰查德的发言颇为谨慎，他当然没有完全倒向现代货币理论，也没说债务从来都不重要。但他的分析依旧让（目前仍流传的）"解决债务问题情结"比之前更显得乏力。

---

* 2019年1月9日。

布兰查德首先讲到我们普遍观察到的现象，政府债务的利率相当低，这本身就表明对债务问题的担忧被夸大了。他更具体地指出：债务的平均利率低于经济增长率（$r < g$）。此外，这不是短期偏离现象，利率低于增长率属于常态，只在 20 世纪 80 年代有过较短时期的例外。

这个常态现象为什么重要？因为低利率实际上有两个彼此独立却又相互联系的含义：第一，表明对债务失控螺旋式上升的担忧没有现实根据；第二，表明促进私人投资不应该作为首要任务。

关于第一点，对债务的长期抨击经常伴随着债务会像雪球一般越滚越大的不祥警告，意思是说高债务需要支付高额利息，由此推高赤字，带来更多债务，然后需要支付的利息再被推高，如此循环。

但对政府的偿付能力而言，关键之处不在于债务的绝对水平，而是同税基的相对水平，而后者基本上对应着经济规模。由于经济增长和通胀，以美元计算的 GDP 通常随时间扩大。在其他条件相同时，这会让雪球逐渐融化：即使以美元计算的债务仍在增长，但假如财政赤字不是太大，债务占 GDP 的比率仍会下降。

这方面的典型案例是美国债务在二战后的表现。我们是在什么时候、以什么方式还清那些债务的？答案是我们从来没有还清。正如图 1 所示，尽管以美元计算的债务在增加，但到 1970 年时，经济增长和通胀已使政府债务同 GDP 的比值下降到很容易处理的水平。

如果利率低于 GDP 增速，这通常意味着债务会自动融化。较高的债务水平需要支付较多的利息，但也代表着更大规模的融化，而且后一效应占据主导。自我强化的螺旋式债务上涨因此不会发生。

布兰查德讲的第二点较为微妙，但同样关键。通常来说，债务抨击者不仅担心政府偿付能力，也警告说债务会对经济增长造成威胁。其观点是，较高的公共债务是以牺牲对未来的投资为代价来维持当前的消费。当经济运行接近充分就业的时候，高债务确实可能造成这种影响，但在 2010—2011 年，扩大政府赤字支出其实会促进（而非削弱）私人投资。

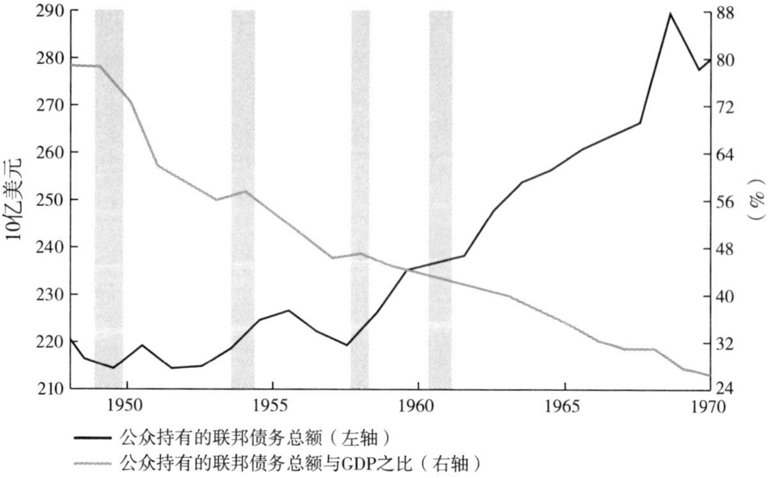

图1　公众持有的联邦债务情况

资料来源：U. S. Bureau of Economic Analysis，Council of Economic Advisers。

那么，我们应该为释放投资资源而压制消费吗？布兰查德指出，低利率表明私人部门认为投资回报较低，因此把更多资源转移到私人投资上不会给经济增长率带来太大变化。虽说投资回报率当然高于美国国债等安全资产的利率，但布兰查德证明其超出的幅度并不像许多人想象的那样大。

这是否意味着我们可以吃喝玩乐，完全不顾未来呢？自然不可以，然而私人投资不是问题所在，因为投资回报率并不太高。布兰查德没有讲到这一点，但我们应该担心的或许是对基础设施的公共投资，这个领域一直被忽视并存在明显的缺陷。

债务沉迷（debt obsession）会造成公共投资减少，而不是增加。图2显示了公共建设支出与GDP之比的变化，在奥巴马刺激措施阶段有过短暂提高（部分原因是GDP收缩），然后跌至历史新低并停留在那个水平。如果谈到对未来世代的关心，几乎可以肯定债务抨击者是在伤害（而非促进）将来的发展前景。

另外请注意，我甚至还没有提到与商业周期有关的应停止债务沉迷的理由。持续的低利率环境会引发人们对陷入长期停滞的担忧：经济容

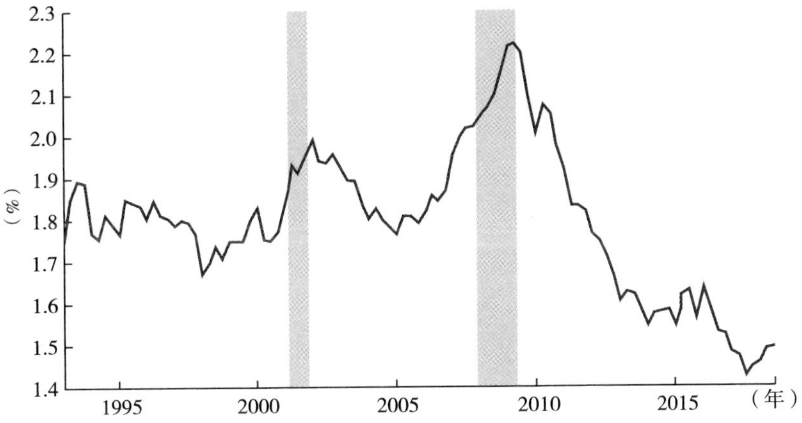

图 2　公共建设支出与 GDP 之比

资料来源：U. S. Bureau of Economic Analysis，U. S. Bureau of the Census。

易出现反复而顽固的低迷期，因为美联储缺乏足够的政策空间来应对。这种低迷还可能打击长期增长，自 2008 年以来的教训表明存在高度的迟滞现象，看似短期的下挫最终会损害长期经济增长潜力。

就算不考虑这些担忧，债务也是被过分夸大的问题。债务议题在 2010—2011 年的公共讨论中取代失业议题成为关注的焦点，这在如今看来更糟糕。

民主党、债务与双重标准

特朗普国情咨文报告中有许多篇幅用来描述美国面临的所谓威胁，主要是吓人的棕色人种的威胁，也有社会主义的威胁。关于他在这些话题上的讲话，媒体上已出现了大量的议论。

不过，对于国情咨文中最具启示性的一个方面，相关的报道却极少，那就是特朗普对历史上的政府债务重负如何威胁美国的阐述。

等一等，你可能会有异议：特朗普并没有讲任何关于债务的事情。他确实没有，一个字也没讲。但那正是发人深省的地方。

因为归根到底，整个奥巴马执政期间，共和党人都在不停地抨击债务的危害，提醒说若不大幅削减赤字，美国将即刻面临危机。如今他们掌权，财政赤字因为对公司和富人慷慨减税而飙升，赤字问题却完全被抛到脑后了。

据美国广播公司新闻报道，特朗普的代理幕僚长米克·马尔瓦尼向共和党国会议员如此解释国情咨文为何一句话都没有提到政府债务问题："没人关心。"

你知道吗，他兴许是对的。不仅是共和党突然对债务丧失了兴趣。多年来，赤字抨击者把持着华盛顿内部的话题，大量新闻媒体也把财政紧缩的紧迫性当作不争的事实，抛弃了通行的中立报道原则，直接投入拥护者行列。然而自从特朗普当选后，这些声音都诡异地沉默了。

因此我们刚刚确证的，正是某些人从一开始就试图告诉你的真相：

---

* 2019年2月11日。

所有关于债务的哀号都是虚伪造作。

共和党人从未真正关心过政府债务，他们只是装出赤字强硬派的样子，以此为手段破坏奥巴马总统的计划。许多中间派也露出了双重标准的本来面目，只是在民主党掌权时保留着对债务的热心关怀。

尽管如我所言，在债务议题上的大变脸非常发人深思，但仍有两个大问题需要回答：首先，我们按理说应该在多大程度上重视债务问题？其次，这种双重标准是否还将继续盛行？也就是说，当民主党重新执政时，已经沉默的赤字抨击者是否又会突然喧嚣起来？

针对第一个问题，债务沉迷症曾在2011年达到巅峰，但令人吃惊的是它在经济学分析上从未有过坚实的理论基础。相反，我们在财政政策上掌握的一切知识都表明，当失业高涨、利率较低时把重心放在削减赤字上是个错误。而赤字抨击者调门最高的时候，往往正属于此种情形。

由于失业率已走低，如今对债务表示担忧有了更强的理由。但利率依旧处于历史上的极低水平：经通胀调整后不足1%。利率低到我们完全不用担心利息会加剧赤字，令债务越滚越大的地步。同时，这还意味着我们正受到私人投资需求长期疲弱的折磨，补充一句，2017年的减税似乎完全没起到提振作用。

因此在过去几个月，若干知名经济学者，包括国际货币基金组织前首席经济学家与奥巴马政府曾任用的顶级经济学家，发表多项研究成果指出，即使在失业率如此低的现在，政府债务问题也没有之前想象的那般严重。

没有合理的缘由而积累债务当然不是好主意，例如像共和党做的那样，给企业提供税收优惠，而企业只是用这些多出来的钱回购股票。但用超低的利率借款为未来投资却非常有说服力，这里当然是指基础设施投资，另外也包括给年轻人，即未来的劳动者改善医疗和营养等。

由此我们需要谈谈双重标准的问题。

对于“绿色新政”（Green New Deal），你不需要赞同其中的所有提议，但你可以看出它是个实实在在的投资计划，而非免费派发式的噱头。因此，看到那么多关于这些提议的评论，要求民主党人对如何花钱立即提供详细解释，或者把整个计划贬斥为不切实际，是何其令人失望。对共和党人的减税计划有过同样的要求严格审核的反弹意见吗？完全没有。

我们看到这一切在不断重演，自 1980 年以来已有三个轮回。共和党人失去执政地位后对财政赤字吹毛求疵，一旦得势，能够推行自己的减税计划，就抛弃之前的所有担忧，把赤字推向新高。等民主党人下次执政时，他们得填上共和党留下的缺口，而不是实现自己的优先目标。简直受够了。

我不是说，民主党可以完全无视自己的行动对财政的影响。真正重大的支出计划，特别是不直接涉及投资的，如大幅增加联邦医疗支出，必须通过新的税收来筹集资金。但如果民主党人掌握了决策权，他们应该多一些雄心壮志，不要被赤字抨击者吓倒。

论一项进步主义计划的筹资

无论是谁获得民主党提名，她或他的竞选都将部分涉及增加政府支出的建议。你也清楚那意味着什么：会有人要求候选人解释这些资金来自何处。其中许多要求将源自恶意，源自那些对减税从来不提类似问题的人。不过对一项进步主义计划而言，确实存在财政方面的某些现实问题。

我对此做了某些思考，部分是受伊丽莎白·沃伦（Elizabeth Warren）关于税收和支出建议的启发。多说一句，我并不清楚沃伦是否应该或者会获得提名。但她是一位有见识的重要人物，并在推动其党派走向严肃的政策讨论，其过程也将深刻影响她本人的发展轨迹。

特别是，沃伦最近有关儿童医疗的建议，以及那些习惯于怀疑的人立刻发动的意见反弹让我想到，我们可以根据筹资方式对支出建议做粗略的类型划分。具体而言，我认为存在三大类别的进步主义支出项目：投资，福利改善，重大体制改革。它们需要从财政的视角做不同的思考。

首先来看投资，这通常是指基础设施或研究方面的支出，该类型的边缘部分也可以包括儿童成长等方面的投入。此类支出的特征是，有助于提高社会未来的生产力。那我们自己应该为此类支出项目掏钱吗？

答案是，我们不应该。请想想所有那些说政府应该像企业一样运营的人。实际上政府运营跟企业不同，但这两类机构在如下情况下具有共

---

* 2019 年 2 月 19 日。

性：如果能够筹集到便宜的资金并将其投入高回报项目，你就从外面借钱，将项目推进下去。目前联邦政府的借款成本非常低——经通胀调整后不到1%——而我们又迫切需要开展公共投资，也就是说项目的社会回报很高。那我们直接做就行了，不需要另外筹资。

"绿色新政"计划中的许多内容似乎属于这一类型。由于这是公共投资项目，要求该计划的倡导者阐述将如何筹资，与其说是要展示绿色新政本身的逻辑，不如说是在暴露批评方糟糕的经济学常识。

第二个类型即福利改善的定义略微困难些，我想说的是扩大现有公共福利项目，或利用补贴激励某些对社会有益的私人活动的措施。这其中的每项措施都需要一定的资金量，但不是特别大，约为GDP的零点几个百分点。

《平价医疗法案》即属于这个类别，它扩大了医疗救助计划，依靠监管和补贴的结合，让收入水平高于新的标准线的家庭更容易获得私人保险。沃伦的儿童医疗建议也符合定义，其支出规模据报道约为GDP的三分之一个百分点。"全民医疗保险计划"的建议同样如此，其内容是允许人们通过付费加入政府保险，而非提供免费保险。

相对于举债投资而言，用举债支持此类项目的理由不那么充分。的确，在利率走低、需求不振的情况下，维持财政赤字是有益的，但显然赤字份额容易被投资需求耗尽，因此你还需要某些形式的税收筹资。鉴于项目总经费足够小，这些资金可以通过相当小范围的税收来筹集，尤其是只针对美国高收入人群的税收。

事实上这正是奥巴马医改计划的筹资方式：其收入部分几乎完全来自对高收入群体的税收（例如有对日光浴室征税等小税种项目）。沃伦也提议对富人加税，她提出对5 000万美元以上的财产征税，由此可能产生的财政收入4倍于其儿童医疗计划的成本。

因此我认为，福利改善型计划可通过对高收入和大额财产征税筹资，不需要由中产阶级承担。

最后的第三个类别是重大体制改革，其典型代表是用税收支持的公共医疗计划取代以雇主为基础的私人医疗保险体制，即推行纯粹的全民医疗保险计划。社会保障计划真正的重大扩展也可以划归这一类型，小幅度的改进或许不算。

这类建议所需花费的成本要比福利改善型实实在在高出一个量级：私人医疗保险的金额目前约为 GDP 的 6%。因此要实施此类建议，我们需要安排多得多的财政收入，可能必须来自工薪税或增值税，并会影响到中产阶级。

你可以论证，大多数中产阶级家庭的生活最终会得到改善，福利增加足以弥补多缴的税收。或许的确如此。但这将是困难得多的政治壮举。对于重大体制改革是否应该立刻成为民主党政策纲领的一部分，许多进步派人士确实有此盼望，但新自由主义的拥趸仍表示怀疑。

当然我这里的核心观点是，当人们讥讽进步主义政策建议既愚蠢又没有财力可负担时，他们其实是在暴露自己的偏见与无知。投资类项目可以也应该用债务来筹资；福利改善类项目基本上可以通过对高收入人群征税来筹资。霍华德·舒尔茨不会喜欢这个主意，但那是他的问题。

10
减税

终极僵尸

罗纳德·里根于1981年8月签署了重大减税法案。当时美国经济刚步入衰退，即许多人所说的1979—1982年“双重衰退”的第二阶段，失业率飙升至大萧条以来的最高水平。不过到1982年后期，美国经济开始复苏，出现了两年极为强劲的增长，然后回到较为正常的轨道。

你或许意识到了，1981年距今已相当久远。IBM（国际商业机器公司）那时刚推出第一台个人电脑，所有操作指令必须用键盘输入，智能手机的出现则还要等待数十年。当时的社会主流态度以今天的标准来看几乎不可想象，例如，仅有1/3的美国白人认为跨种族婚姻是可以接受的。

然而到了今天，保守派却把那两年的快速增长当作对富人减税会产生魔力的坚实证据。

事实上，即使就1982—1984年的情况而言，他们也没说对。20世纪80年代早期的经济衰退或多或少是美联储蓄意而为，其目的是通过大幅提升利率来打压高通胀率。美联储在1982年走向温和，让利率急速下降，因此1982—1984年的经济繁荣主要源自这一货币宽松走向，而非里根的减税。

先不谈上述错误解读，我们要问为什么右翼人士会喋喋不休地援引那么久远的事件来论证自己主张的政策？为什么他们不讲讲更近期发生的成功案例？

因为没有任何一个这样的成功案例。

认为对富人减税是促进繁荣的秘诀的学说，自20世纪80年代以来反复受到检验。1993年有过一次，克林顿提高了税收，保守派预言将走向灾难，结果克林顿的整个任期保持了巨大的经济扩张。小布什任期内又做了检验，他恢复减税，支持者信誓旦旦地说会出现繁荣，实际结果是金融危机爆发后的黯淡增长。2013 年再度受到检验，奥巴马让小布什的部分减税措施到期失效，同时为其医改计划加征了某些税收，美国经济继续不受影响地向前推进。

最后一次检验来自特朗普，他在 2017 年推出重大减税举措，承诺带来又一轮经济奇迹。即使到了 2019 年初，这轮减税的效果依然像个失败。

各州的层面也有过检验。2011 年，加利福尼亚州和堪萨斯州出现了相反方向的变动。加州提高税收，右翼人士惊呼这是在走向“经济自杀”；堪萨斯州减税，保证将带来经济高涨。结果显示，加利福尼亚州表现良好，而堪萨斯州陷入财政危机，共和党议员通过投票撤销了许多减税措施。

简而言之，很少有经济学说像“减轻富人的税负会给所有人带来莫大好处”的观点那样，受到如此彻底的检验，遭到如此彻底的反驳。然而这一学说仍在顽强流传，事实上还收紧了对共和党的思想控制，以至于该党内部几乎没有人胆敢表达怀疑态度。

我最初看到“僵尸理念”（zombie ideas）这个词汇是在一篇讨论加拿大医疗体制的文章里，意指某些错误陈述，例如说许多加拿大人经常跨越国境，到美国寻求医疗服务。该文章指出，这种陈述被多次反驳，作为反对加拿大医疗体制的错误说法，早就应该被彻底消灭。然而它仍在蹒跚前行，吞噬人们的脑子。

那么，“对富人减税具有魔力”的信念就是终极僵尸。真相在于，我们不难看出为什么这个僵尸如此死而不僵，只需要想想究竟是哪些人因为“对富人减税是件大好事”的信念持续而受益。只需要几位亿万富翁愿意拿出很小份额的财产扶持愿意传播减税“病毒”的政客、智库和有党派倾向的媒体，就足以让这具僵尸歪歪倒倒地行进。

本章的部分文章依然是在努力瞄准这些僵尸的脑袋开枪，再次射击。毕竟总得有人不断尝试。

但有个现实是，公众从未接受减税的花招。民意调查表明，选民希望富人缴纳更多的税收而非更少。尤其是自 2018 年中期选举以来，某些民主党人有了更多底气，再次呼吁对高收入和富豪人群征税，以支持社会发展的优先项目。在本章的最后部分，我将谈谈其中的部分想法。

夹心蛋糕宣言

其实，奶油夹心蛋糕早在1930年就出现了。但在我们的记忆中，这一标志性的甜点将永远同20世纪50年代捆绑在一起，当时好斯提公司通过赞助儿童娱乐节目《好滴毒滴秀》（Howdy Doody Show）打响了小蛋糕品牌（Twinkie）。好斯提公司于近期破产则勾起了婴儿潮世代对似乎更纯真年代的怀旧热潮。

毋庸讳言，那个年代并不真的纯真。但20世纪50年代的甜心时代确实留下了与21世纪依然相关的经验教训。尤其是美国经济在战后的成功表明，与如今的保守派正统学说相反，你可以在不伤害劳动者和不骄纵富人的情况下实现经济繁荣。

以对富人征税的问题为例，当代的美国右翼人士以及很大部分自封的中间派，沉迷于减轻顶层人群的税负对经济增长至关重要的说法。我们还记得负责制定控制财政赤字计划的厄斯金·鲍尔斯与艾伦·辛普森，最后拿出的方案是把“降低税率”当作“指导原则”。

可是在20世纪50年代，顶层收入群体面临的边际税率达到了91%！没错，就是这么高。同时企业所得税收入在国民收入中的占比相当于近年来的两倍。最准确的估计认为，1960年左右，美国顶层0.01%人群支付的联邦实际税率超过70%，约为如今的两倍。

对富有的企业主来说，高税收不是当时的唯一负担，他们还面临着拥有今天难以想象的强大谈判实力的劳动力群体。1955年，大约1/3的

---

* 2012年11月18日。

美国劳动者是工会成员。在规模最大的那些公司，管理层与劳工平等谈判，以至于人们经常提到企业是为若干“利益相关方”服务，而非仅为股东服务。

受到高税收与强势劳动者的双边挤压，无论以之前还是之后世代的标准看，高管们都显得相对贫穷。1955年的《财富》杂志发表了一篇文章《顶层高管们怎么过日子》，文中强调他们的生活方式同过去相比已变得多么低调：在20世纪20年代常见的豪宅府邸、成群仆人和奢侈游艇不复存在。《财富》杂志声称，1955年时候的典型高管住在城郊的小房子里，靠临时工帮忙做家务，自己摆弄家里的小船。

数据可以印证《财富》杂志的描述。在20世纪20—50年代，美国最富裕人群的实际收入显著下降，不仅是同中产阶级的相对值，而且绝对值也在下降。经济学家托马斯·皮凯蒂与伊曼纽尔·赛斯估计，美国最顶层0.01%人群在1955年的实际收入不足20年代晚期的一半，他们在全部收入中的占比下跌了约3/4。

当然到今天，豪宅、用人与游艇都回来了，而且比以往任何时候更奢华。而提及可能抑制财阀作风的任何政策都会遭遇“社会主义”式的惊呼。的确，罗姆尼的整个竞选活动都是基于如下前提：奥巴马总统威胁会适度提高顶层收入的税收，以及他鲁莽地表示某些银行家表现糟糕，这些损害了经济发展。因此，对财阀的态度远没有那么友好的20世纪50年代必然是一场经济灾难，对吧？

事实上，当时有些人的确这样认为。保罗·瑞恩与其他许多现代保守派是安·兰德的信徒。在1957年出版的《阿特拉斯耸耸肩》一书中，兰德描述的那个乞丐遍地的崩溃国家其实就是艾森豪威尔治下的美国。

不过很奇怪的是，《财富》杂志在1955年讲述的受压制的高管们并没有变成兰德书中的高尔特并被剥夺才华。相反，如果《财富》的报道可信，他们的工作空前努力。事实上，二战之后有着高税收和强势工会的那几十年取得了强劲而广泛分享的经济增长，家庭中位数收入水平在1947—1973年翻番，是之前和之后任何时期都不能比肩的成就。

这让我们想到了怀旧情绪。

坦率地说，我们的政治生活中确实有些人怀念那种时光：少数族裔和女性清楚自己所处的位置，同性恋不敢公开身份，国会议员会问，“你现在是或者曾经是”？但其他人非常高兴那种日子已经过去。我们在道德层面是一个比过去好得多的国家，哦，食品也改善了许多。

但在此过程中，我们忘记了某些重要的事情，即经济正义与经济增长并非互不相容。20 世纪 50 年代的美国让富人付出了公平的份额，赋予劳动者争取体面工资福利的谈判权，而且与右翼人士在当时和今天的宣传相反，实现了经济繁荣。我们今天同样可以做到。

史上最大的税收骗局

特朗普喜欢宣称，他执政时期发生的一切好事，如就业增长，股价上涨等，都是史上最大、最佳、最宏伟。然后核查事实的人们加入进来，很快发现那些是虚假陈述。

可是，目前正在参议院发生的事情确实值得用特朗普式的最高级词汇予以描述。共和党领袖试图在本周强行通过的法案既没有举行听证，也没有时间对其经济影响做哪怕很基本的分析，是史上最大的税收骗局。骗局之严重，甚至让我们搞不清到底哪些人正受到蒙蔽，是中产阶级纳税人，是关心财政赤字的人，还是兼而有之？

不过有一件事是清楚无误的：该法案将以这种或那种方式损害大多数美国人的利益。唯一的赢家只有富人，尤其是收入主要来自资产，而无须为生计工作的人，加上搞纳税服务的律师和会计师，他们得到大显身手的机会，可以充分利用法案制造的各种漏洞。

该法案的核心是大规模的收入再分配，把财富从中低收入家庭转移给公司和企业主。公司税率大幅下调，普通家庭则会因为一系列税收调整而面临几分几角的纳税变化。每项调整本身都不是大事，但加起来则会使将近 1/3 中产阶级纳税人的税负显著上升。

与此同时，该法案将部分废止奥巴马医改计划，这会急剧减少对低收入家庭的资助，并提高许多中产阶级家庭的保险成本。

你或许会问，这样的法案怎么可能在参议院获得批准？而这正是骗

---

* 2017 年 11 月 27 日。

术发挥作用的地方。

该法案的基本设计会造成中产阶级税负提高，但又包含了若干临时税收优惠，可以在前期抵消税负提高的影响。其结果是，中产阶级在最初几年中会发现税负略有减轻。

这里起作用的关键词是“临时”。所有那些税收优惠将随时间逐渐减少，或者预定到某个时点终止。到 2027 年，如我之前所述，该法案就会变成提高中产阶级的税负，以弥补主要让富人受益的减税损失。

为什么会有人起草这样的法案，其中的各种条款将随时间失效？这背后没有正常的经济或政治逻辑，完全是为了左右逢源，给政治上的含糊其词留下余地。

它是这样运作的：假如你指出该法案主要为富人服务，牺牲了普通民众，共和党人会说请看接下来几年的情况，即该计划的阶级斗争本质仍被临时税收优惠遮蔽的时候；并且声称，不论法律语言是怎么说的，这些税收优惠都将被今后的国会调整为永久性优惠。

假如你指出该法案在财政上不负责任，他们会说这“仅仅”会使下个 10 年的赤字增加 1.5 万亿美元，而且此后赤字不会再增加，因为如你所见，那些税收优惠措施将在 2027 年到期，从而带来大量新增税收收入。顺便说两句，中产阶级的税负到时候会增加的说法对法案的通过很关键，因为只有在 10 年之后不会继续导致赤字增加的法案才能绕开“冗长辩论”的阻挠程序，被参议院以简单多数采纳。

这里的要点当然在于，上面的说法不可能同时成立。该法案要么会大大加重中产阶级的税负，要么导致巨额赤字，哪一个是真的？没有人真正知晓，甚至起草这一怪物法案的人也未必清楚。但肯定有人被大大地欺骗了。

另外，请忽略对公司减税会助推经济、自动补充税收损失的说法。芝加哥大学就共和党税收计划的影响对 42 位意识形态各异的经济学家做了调查，其中仅有 1 位认同这会带来强劲的经济增长，而全体受访者都认为该计划将导致美国的政府债务显著增加。

所以这是场旷世骗局。尽管欺骗的具体性质或许还不太清晰，但普通美国家庭无论如何最终都将成为受害者。

假设那些临时税收优惠最后真变成永久性的，长期预算赤字就会飙升，届时会有何后果？你能猜到答案：共和党人会突然大转身，夸耀自己是赤字强硬派，并要求推行“福利权益改革”，也就是削减普通家庭依赖的医疗保险计划、医疗救助计划与社会保障计划等。实际上他们已经在讨论此类削减行动了，甚至在受骗者上钩之前，他们就已开始偷换立场。

那么，他们能够顺利干成这场大骗局吗？他们之所以如此匆忙在参议院表决，没有举行一场听证会，没有经过国会自己的官方记录员的完整评估，是因为他们希望能够在人们搞清楚其意图之前就把法案通过。

于是问题变成了：是否还有足够多坚持原则的共和党参议员和相信政策不应该靠谎言兜售的人能站出来阻止这场仓促交易。

特朗普税收骗局第二期

当特朗普的减税计划即将被批准时，我称之为“史上最大的税收骗局”，并做出如下预测：赤字会飙升，然后共和党人会再次装出关心债务的样子，要求削减对医疗保险计划、医疗救助计划和社会保障计划的支出。

果不其然，财政赤字大增。参议院多数党领袖米奇·麦康奈尔于本周宣布赤字增长“严重令人不安”之后，不出意料地呼吁削减“医疗保险计划、医疗救助计划和社会保障计划”的支出。他还提议，共和党人如果在中期选举中获胜，或许可以废除《平价医疗法案》，夺走数千万人的医疗福利。

对此视而不见的任何政治评论家都应该另谋职业。归根到底，“让野兽挨饿”，即对富人减税，然后以由此造成的赤字为借口削弱社会安全网，已经是共和党奉行数十年的策略。

如果有任何人还在问为什么共和党人相信减税可以自动带来财政收入补偿，那他实在过于天真。无论共和党人说过什么，他们其实从来不相信减税不会影响赤字；他们之所以推动减税，是因为那是富有的资助人的要求，而且他们假扮的赤字强硬派形象总是具有欺骗性。他们并不真正相信经济学里的胡说八道，更准确地说是经济学里的胡说八道在追随他们。

因此，即便是我也对共和党财政预算中几件诱导欺诈的行动感到震

---

* 2018 年 10 月 18 日。

惊。其一是时机问题，我本来预计麦康奈尔会把话留到中期选举后再讲。其二是说谎，我知道特朗普及其盟友并不老实，但没有料到他们的谎言来得如此毫无掩饰。

他们讲了什么谎话呢？首先是关于赤字急剧增加的原因，他们将其归结为支出扩大而非财政收入减少所致。特朗普的白宫预算主任米克·马尔瓦尼甚至辩称，财政赤字增加是由于对飓风的救灾投入。

对于上述观点的脆弱支持论据是，以美元计算，2017 年的联邦财政收入比前一年仅略有增长，而支出增加了约 3%。

但这是个垃圾论证，而且每个人都心知肚明。由于通胀、人口增长与其他因素的影响，财政收入与支出在正常情况下每年都会增长。例如奥巴马第二个任期内的财政收入每年增长 7% 以上。要找出赤字飙升的根源，就应该测算同正常增速的偏离状况，而答案是赤字完全源自减税。

不过，在财政赤字的根源问题上不够诚实基本上属于共和党的标准策略。新花招是共和党在预算议题（甚至公平地说，是在所有重大政策议题）立场上盛行的含糊其词的做法。

含糊其词是指什么？请看看，尽管麦康奈尔指责“福利”（医疗保险计划和社会保障计划等）是赤字的根源，并错误地宣称医疗保险计划尤其“不可持续”，保罗·瑞恩的超级政治行动委员会却在推送广告，责怪民主党人想削弱医疗保险计划。这种现代犬儒主义行径简直令人惊叹。

然而，这还比不上迪恩·海勒、乔西·霍利（Josh Hawley）乃至泰德·克鲁兹等共和党人的作为，他们曾投票要求废除给有既往病史的美国人提供保障的《平价医疗法案》，或支持用司法诉讼把这种保障从该法案中剥离，如今在竞选中却宣称自己希望……保护那些有既往病史的人。

要点在于，在我们今天的政治竞选中，其中一方在所有重要政策议题上宣扬的立场都与其真实立场相反。共和党人已经认识到自己不可能在这些议题的论争中赢得胜利，但他们不是调整其政策主张，而是喷射出墨汁，希望选民搞不清自己的真实意图。

为什么他们认为自己能借此脱身呢？主要原因显然是对己方支持者的轻视，其中许多人的新闻来源是福克斯电视台以及卑躬屈膝追随共和党路线的其他信息渠道。即使在争取依靠其他信息来源的支持者的时候，共和党人也相信自己能通过歪曲立场，淡化严重不受欢迎的实际政策的形象，并利用种族主义与恐惧心理赢得选举。

让我们把形势看清楚：共和党人的现代犬儒主义还包括对主流新闻媒体的极大蔑视。在历史上，媒体机构非常不愿意直接揭发谎言。但是，强调“甲说—乙说”这种看似稳妥的报道方式其实对共和党非常有利，因为目前的现实是共和党说谎的时候比民主党多出太多，以至于媒体在报道完全赤裸裸的谎话时，也总是加上“民主党人认为那是谎言”的标题，而不是直接揭发“那就是谎言”。

总之到今天这个时候，共和党人正在宣称战争就是和平，自由就是奴役，无知就是力量，而他们那个始终在追杀医疗保险计划的政党其实是该计划的最伟大的捍卫者。

如此虚伪成性的竞选能获得胜利吗？三周之内我们将看到结果。

为什么说特朗普的减税是一场失败？

上周的蓝色浪潮意味着，特朗普只能带着唯一一项重大立法成就走向 2020 年大选：对公司和富人的大规模减税。不过，减税据称是做成了大事。共和党人以为这将给他们的选举产生强势拉抬作用，并预测会带来巨大经济收益。然而他们得到的却是一场大失败。

政治上的回报当然从来不曾实现，而经济结果也令人失望。不错，我们有过两个季度相当高速的经济增长，但这种增长喷涌其实颇为常见，例如 2014 年就有过一次明显更大的喷涌，却很少有人留意。这次的增长主要来自消费者支出和（令人惊讶的）政府支出的推动，并不属于减税法案倡导者承诺的情形。

与此同时，减税法案的拥趸保证的巨大投资繁荣毫无迹象可寻。企业把减税带来的收益主要用于回购自身的股票，而不是扩大产能、增加就业岗位。

但为什么减税的影响如此微不足道？先不提充满错漏的个人税调整（那将让会计师忙活好多年），就说减税法案的核心部分，即大幅下调公司税。为什么这一措施没能更多地促进投资增加？

我认为答案在于，与保守派的说法相比，企业决策对财务激励（包括减税）的敏感程度要弱得多。承认这一现实不仅会削弱特朗普的减税理由，而且将动摇共和党的整个经济理论。

在企业决策方面，货币研究中发现的一个小秘密是，利率变化主要

---

* 2018 年 11 月 15 日。

通过对住房市场和美元国际价值（以及相应的美国产品在世界市场上的竞争力）的效应来发挥作用。利率对企业投资的直接影响非常小，以至于很难在数据中反映出来。而真正驱动企业投资的力量是对市场需求的判断。

为什么会这样？原因之一是企业投资的运行寿命较短。如果你要考虑是否申请一笔抵押贷款购买住房，还款期可能长达数十年，则利率的关系很大。但是如果你考虑用一笔贷款购买工作用的电脑，几年时间就会用坏或者过时，则利率对购买决策来说就是比较次要的影响因素。

同样的逻辑也适用于税率：并没有很多潜在的企业投资机遇在现行21%的所得税率下是值得去做的，而在特朗普减税前35%的税率下就不值得做。

另外，企业利润中有很大部分实际上属于对垄断权的回报，而非投资回报，因此对垄断利润减税纯属免费赠送，不会产生增加投资或就业的动力。

减税政策的支持者，包括特朗普自己的经济学家，如今拿全球资本市场的情况大做文章，那里的资金总是流向税后回报最高的地方。他们指出，像爱尔兰这样公司税率较低的国家似乎吸引了大量外国投资。

但此处的关键词是“似乎”。企业有着做假账的强大激励——抱歉，我应该说有着安排好内部定价的激励——使它们在低税收司法管辖地报告的税收激增，然后在账面上表现为较大的海外投资。

实际发生的投资比我们看到的数字要少得多。例如，各家公司号称投入爱尔兰的大笔资金产生的就业岗位极少，给爱尔兰人带来的收入也极为有限，因为对该国的庞大投资大部分只是会计上的编造而已。

现在你可以理解，为什么美国公司报告的在减税后转移回国的资金并没有带来就业、工资和投资的增长，因为并不存在实际的转移。海外分支机构把部分资产转移回了母公司，这只是会计操作，对现实生产的影响微乎其微。

因此，下调公司税的主要结果就是企业缴纳的税减少了，仅此而已。我由此联想到保守派经济学说的一个问题。

该学说的整个意思是，应该给已经受到优待的人群提供激励，以便他们为其他人做好事。右翼人士声称，我们必须减轻富人的税负，以诱使他们努力工作；减轻公司的税负，以诱使它们在美国投资。

但这一学说在实践中不断受挫。小布什总统的减税并未带来繁荣；奥巴马总统的增税也没有导致衰退。堪萨斯州的减税未能启动那里的经济发展，加利福尼亚州的增税没有让增长下降。

在特朗普的减税行动中，该学说再度失灵。不幸之处在于，我们很难让政客理解某些道理，因为他们的竞选募捐取决于不要理解。

特朗普减税法案：比你听到的还要糟糕

2017年减税法案的舆论反响不佳，这很合理。支持者夸下海口，说投资和工资会高涨，并向每个人承诺减税不会导致财政收入损失，结果一件也没有实现。

然而，新闻报道其实还不够负面。你读到的故事往往是这样的：减税促使美国公司把部分资金转移回国，但它们用这些钱来回购股票，而没有提高工资，对经济的提振效果一般。报道听上去不那么伟大，但依然美化了现实：事实上没有资金被转移回国，减税甚至可能造成了国民收入降低。现实情况是，由于这次减税，至少90%的美国人最后会变得更穷。

下面请让我逐一加以解释。

首先，当人们说美国公司“把资金转移回国”的时候，他们是指海外的分支机构向母公司支付了红利。此类资金确实在2018年有过短暂增加，因为税法的规定使得把部分资产从海外机构账目上转移回母公司有利可图；这些交易同时也表现为母公司在海外机构中的实测股份减少，也就是说出现了负直接投资（见图1）。

可这些交易只是公司账目出于税收目的的重新调整而已，并不必然对应于任何实际生产活动。假设有家“美国巨型跨国公司”决定让爱尔兰子公司把部分资产转移回母公司，如图1所示，这会在红利与直接投资上带来同时而方向相反的变动。然而公司的总资产负债表（始终包含爱尔兰子公司在内）却没有任何变化。并没有真实的经济资源发生转

---

* 2019年1月1日。

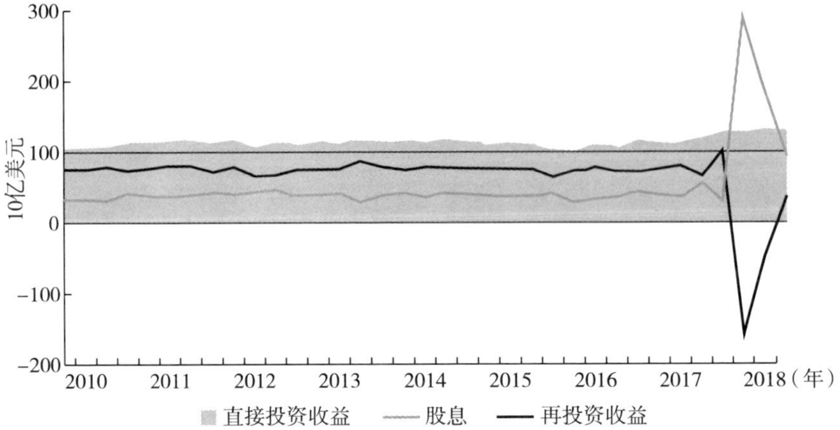

图 1　直接投资的收益与构成

资料来源：U. S. Bureau of Economic Analysis。

移，美国母公司既没有获得也没有损失在美国投资的能力。

如果想知道是否真有可用于投资的资金转移回美国，你需要看资本账户的总体收支情况或与之应该相等但测算得更准确的经常账户收支情况。从图 2 可以看到，经常账户余额同 GDP 的比例基本上没有什么特殊变化。

图 2　经常账户余额同 GDP 之比

资料来源：U. S. Bureau of Economic Analysis。

可见，减税诱发了某些会计操作，但对促进资本流向美国毫无贡献。

但减税确实产生了一个重要的国际效应：我们如今付给外国人的钱更多了。

请记住，减税造成的一个清楚的决定性后果是给予了公司巨大优惠：联邦政府的企业所得税收入大幅下降（图3）。

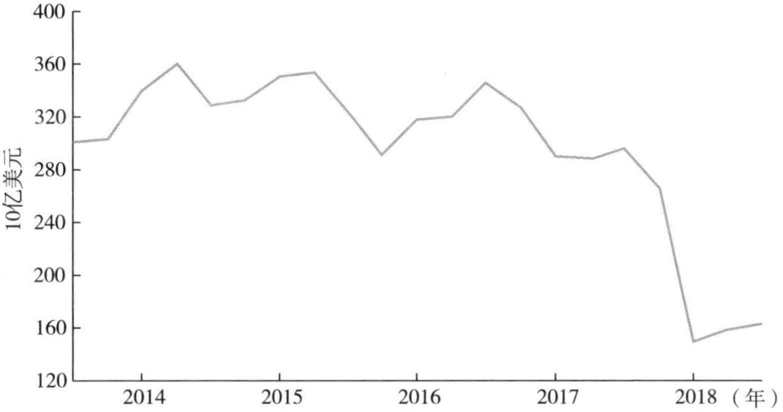

图3　公司所得税收入

资料来源：U. S. Bureau of Economic Analysis。

我们要看到的关键是，在如今的全球化公司体制中，任何国家的公司部门（当然也包括美国）都有很大部分实际上是由外国人拥有的，一方面是因为本地的某些公司是外国公司的分支机构，另一方面是因为外国人拥有美国公司的股票。事实上美国公司的利润中大约有1/3分配给了外国人，意味着减掉的税收中也有1/3流到外国，而不是留在美国。这或许超出了减税对促进GDP增长能产生的任何积极效应。因此减税或许会让美国变得更穷，而非更富。

而且，大多数美国人肯定因减税受到了损失。尽管减掉的公司税收有大约2/3归属美国居民，但最富有的10%人口却占有84%的企业股份。所有其他人都将难以看到任何好处。

与此同时，由于减税没有自动赚回其成本（未能避免财政收入下降），最终必须以其他某种方式付出相应代价：要么提高其他税收，要么削减人们珍视的社会福利计划的开支。与减税好处集中在顶层 10% 人群相比，这些加税和减支成本的分摊面要广得多。所以几乎可以肯定的是，由于特朗普的唯一一项重大立法成就，绝大多数美国人的日子要更为艰难。

如前所述，以负面为主的报道仍远不足以描述整个事情最后会变得何其糟糕。

敲诈富人的经济学

我不知道亚历山大里亚·奥卡西奥－科尔特斯作为国会议员会表现得怎样，但她的当选已经在服务于一个宝贵目标。请看吧，仅仅是想到有位年轻、口才好、适合上镜的非白人女性入职，就已经让许多右翼人士抓狂。而在这些疯狂中，他们正无意识地暴露自己的真实面目。

其中某些暴露是文化方面的，对科尔特斯在大学里跳舞的一段视频表现得歇息底里就很说明问题，不是关于她本人，而是歇斯底里的症状。但从某种角度看更重要的暴露是在知识方面：右翼人士谴责科尔特斯的政策主张“精神错乱”，其实很好地提醒了我们谁才是真正的精神错乱。

目前的争议焦点是，科尔特斯主张把极高收入的税率提高至70% ~ 80%，这显然是疯了，对吧？我是说，谁会认为这是言之有理呢？只有那些无知民众，例如……彼得·戴蒙德——诺贝尔经济学奖得主和全球知名的公共财政专家。当然共和党人曾阻止他被提名加入美联储理事会，理由是他还不够格，这是真事。另外，这种极高税率的政策从没有人实施过，除非是……美国在二战后的35年里，包括我们历史上最成功的经济增长阶段。

说详细点，戴蒙德与伊曼纽尔·赛斯（全球最顶尖的不平等问题专家之一）合作，估算出对顶层收入人群的最优税率约为73%。还有人

---

* 2019年1月5日。

得出的数字更高，曾任奥巴马总统经济顾问委员会负责人的宏观经济学大师克里斯蒂娜·罗默测算的结果超过80%。

这些数字从何而来？戴蒙德—赛斯的研究是基于两个命题：边际效用递减与竞争性市场。

边际效用递减是个常识性概念，意味着同样增加1美元，给极高收入者带来的满足要比给低收入者带来的少得多。给年收入2万美元的家庭增加1 000美元，会明显改善他们的生活。如果是交给一个挣100万美元的家伙，他根本不会在意。

这对经济政策的启示在于，我们不应该过分关心某项政策会如何影响豪富人群的收入。让富人稍微变穷一点的政策只会触及极少数人，对他们的生活满足感几乎没有影响，因为他们依然有能力购买任何想要的东西。

那为什么不按100%的税率对他们征税呢？答案是这会完全消灭他们不管做任何事情来挣钱的激励，从而损害经济活动。或者说，对富人的税收政策与富人的利益本身应该无关，但需要考虑到激励效应会如何影响他们的行为，以及对其他人群的影响。

这里就要加入竞争性市场的作用。在完全竞争经济中，不存在垄断权或其他形式的扭曲，也就是保守派希望我们误以为真的状态，此时每个人获得的报酬都等于其边际产出。也就是说，如果你拿到的薪酬是每小时1 000美元，那是因为你每多工作1小时，就会创造1 000美元的经济产出。

在这种情形下，我们为什么要关心富人的工作积极性呢？假如有某个富人多工作1小时，会使经济总量增加1 000美元，自己也得到同样多的报酬，但其他人的收入总和并没有变化，对吗？不对，有变化，因为这个人要为多挣的1 000美元纳税。因此，让高收入者更努力工作带来的社会收益便是其加大努力所创造的税收，反过来他们工作懈怠造成的损失就是税收减少的部分。

或者更简单点说，在对富人征税时，我们只关心能增加多少财政收入。对极高收入者实施的最优税率，就是在哪个税率上能带来最多的财政收入。

根据富人群体的税前收入会对税率做出何种实际反应，我们可以把这一税率估算出来。像前文提到的，戴蒙德与赛斯测算的最优税率为73%，罗默的测算结果超过80%，同科尔特斯的说法完全一致。

补充一句：如果我们考虑到市场并非完全竞争，有大量垄断力量存在，结果又会如何？答案是，这几乎肯定会导致更高的最优税率，因为垄断租金通常大部分归属高收入者。

因此，科尔特斯绝不是在做疯狂表演，而是完全按严谨的经济研究结论办事，我听说她曾经跟某些极为出色的经济学家对话。另一方面，真正抱有疯狂政策理念的其实是抨击她的人，而疯狂的核心就是税收政策。

你知道，共和党人几乎众口一词地主张对富人实施低税率，理由是对顶层人群减税会给经济带来巨大收益。这种观点是基于……好吧，不知道谁的研究。没有任何严肃的研究成果支持共和党人主张的税收理念，因为现实证据压倒性地站在其对立面。

我们可以看看最高边际所得税率（左轴）与人均实际 GDP 增长率（右轴，为消除短期波动采用了 10 年平均值）在历史上的表现。

从图中可以发现，美国曾经对富人实施极高的税率——甚至高于科尔特斯建议的水平，结果经济表现相当好。此后税率一路下调，经济表现也不如从前。

为什么共和党人要死守一个没有中立经济学家支持并被所有已知数据驳斥的税收理论？问问是哪些人从富人的低税率中获益吧，结论显而易见。

由于共和党的资金募捐要求他们坚持不合逻辑的经济理论，他们喜欢的“经济学家”多是公然的骗子，甚至连伪造数据都做不好。

再回来讲讲科尔特斯，以及不断把她描述成古怪无知的抹黑行动。其实在税收问题上她只是重复了优秀经济学家所说的话，她显然比共和

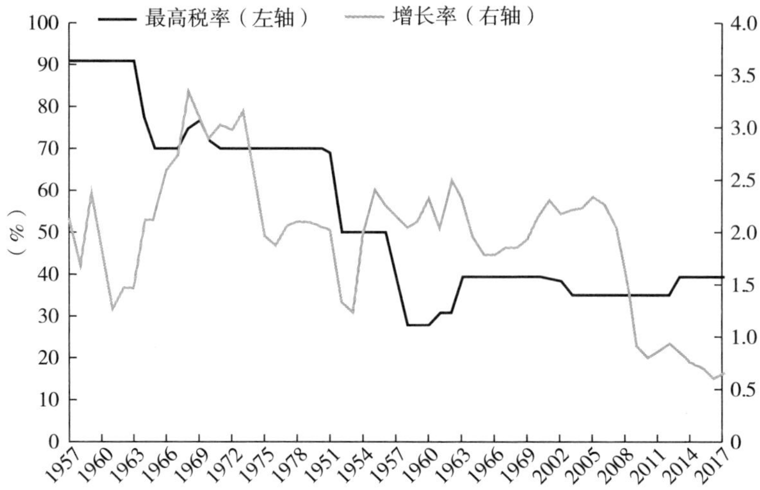

图 1　最高税率与增长率的关系

资料来源：Urban-Brookings Tax Policy Center，U. S. Bureau of Economic Analysis。

党议员团中的几乎所有人都更懂经济学，尤其是因为她“不懂”那些并不成立的学说。

伊丽莎白·沃伦出演西奥多·罗斯福

美国发明了累进税。曾有一段时期，美国政治领袖自豪地宣称他们希望对富人征税，不只是为增加财政收入，还可以限制经济权力的过分集中。

西奥多·罗斯福于1906年指出："努力克服与大量财富集中有关的问题，这非常重要……（其中某些财富）膨胀到了超出任何健康的限度。"

如今我们再度生活在一个超额财富集中在极少数人手里的时代，美国最富有的0.1%人群掌握的净财富几乎与下层90%的人群之和相当。而且这种财富集中度仍在加剧，正如托马斯·皮凯蒂在其名著《21世纪资本论》中所言，我们似乎正走向一个由通常来自继承的庞大财富支配的社会。

那么，如今的政客能奋起迎击挑战吗？这不，伊丽莎白·沃伦刚发表了一份对巨额财富征税的建议。无论她能否成为民主党总统候选人，这对其党派都是个很好的迹象，表明如此明智而大胆的内容已进入讨论议题。

沃伦建议，对单个家庭净财富超过5 000万美元的部分每年征收2%的税收，对超出10亿美元的部分再加征1%。该建议与一份研究成果共同发表，出自伯克利加州大学的伊曼纽尔·赛斯与加布里埃尔·祖克曼，不平等研究领域的两位世界领先专家。

赛斯与祖克曼发现，这一税收只会影响到极少数非常富裕的人群，

---

* 2019年1月28日。

即大约7.5万个美国家庭。但由于这些人极为富有，由此可以产生大量的财政收入，在下个10年总计约为2.75万亿美元。

别搞错，这是相当激进的计划。

我问过赛斯，这会让经济精英缴纳的税收占其收入（而非财富）的比例提高多少？他测算的结果是，会让顶层0.1%人群的平均税率从36%提高至48%，让顶层0.01%人群的平均税率提高至57%。这属于相当高的水平，但与20世纪50年代的平均税率也基本相当。

这样的计划可行吗？富人们会不会找到规避的办法？赛斯与祖克曼认为，基于丹麦和瑞典（都一直执行较高的财富税）的实际数据，如果该税种是对所有类型的资产适用并充分执行，不会导致大规模的逃税。

这样的计划会挫伤激励吗？或许不太严重。可以设想一下：假如企业家的伟大梦想能获得成功，但需要为自己挣的第二个5 000万美元多缴些税，这至于让他们止步不前吗？

的确，沃伦计划可能束缚已经拥有庞大财富的人继续使之膨胀并将其传递给继承人的能力。但延缓或者扭转我们滑向由寡头家族统治的社会，正是该计划的精髓所在，而非缺陷。

另外，莉莉·巴切尔德（Lily Batchelder）与戴维·卡明（David Kamin）等税收问题专家的反应也让我印象深刻。尽管他们并不完全赞同沃伦计划，但显然认为这是个严肃的议题，值得认真考虑。卡明提到，该计划“面向现实问题……具备应有的宏大气魄”。《纽约时报》说，沃伦“很是做了些钻研”。的确，她的计划给书呆子留下了深刻印象。

然而，如此勇敢的理念有机会在21世纪的美国政坛获得成功吗？那些习惯于怀疑的人当然总是把沃伦比作尼古拉斯·马杜罗甚至斯大林，尽管她的表现其实更像西奥多·罗斯福或者（在此问题上的）德怀特·艾森豪威尔。更关键的是，我感觉主流的通行政治思维依然以为，向富人大幅加税的建议对美国选民来说过分左倾。

不过民意调查显示，对富人加税获得了压倒性的支持。近期的一项调查发现在自称共和党人的群体中，有45%支持亚历山大里亚·奥卡西奥－科尔特斯提出的70%的最高税率。

顺便说几句，民意调查还显示，公众压倒性地支持增加（而非削减）对医疗保险计划与社会保障计划的支出。但很奇特的是，我们极少听到要求实施“福利权益改革”的政客被当作过分右倾，然后对其主张不予认真考虑。

不仅民意调查显示对经济不平等采取大胆行动在政治上或许可行，研究亿万富翁的行为的政治学家也发现，虽然其中许多人在推动低税收政策，但他们或多或少是在秘密开展行动，也许是因为他们已意识到自己的立场在现实中有多么不受欢迎。这种“偷偷摸摸的政治”是富豪可能看起来比真实情况更具进步色彩的原因之一，他们中只有极少数真正的进步派人士出来公开表态。

最后的结论是，相比大多数政治权威人士的设想，大胆的进步主义计划的实际操作空间或许要广阔得多。伊丽莎白·沃伦刚在这种计划上迈出了关键一步，推动民主党追求伟大梦想。让我们希望她在党内的竞争对手们（其中某些人同样表现出色）也行动起来。

11

贸易战

全球化胡话及其反对势力

我的职业生涯从研究国际贸易起步。这一领域及与之相关的经济地理课题，即贸易和生产的空间布局（包括各国内部和相互之间）的成果是我在谷歌学术网站上被引用最多的部分，也让我获得了诺贝尔经济学奖。

因此我有资格告诉你一个肮脏的小秘密：国际贸易和国际贸易政策并不像人们想象的那么重要。

我不是说它们不重要。对许多国家来说，它们举足轻重，例如孟加拉国一旦丧失在世界市场上出售劳动密集型产品（主要是服装）的能力，很可能会遭受严重饥荒。但对于美国这样的大国而言，我们在贸易方面做得无论对错，相比在医疗服务上造成的混乱不堪而言，影响其实要小得多。

当然国际贸易在经济和政治讨论中依旧占有特殊地位，这是出自几方面的原因。

经济学家喜欢详细介绍国际贸易的好处，因为这是经济学能让你看到大多数人忽略的真知灼见的少数领域之一。

例如很多人眼里的常识是：如果一个国家在对外贸易中拥有顺差（卖出的货值超过买入），那就是赢家；如果一个国家的生产率不及贸易伙伴国，就完全不能参与竞争；如果一个国家依靠低工资而非高效率卖出产品，则必然会拖累其他国家的生活水平。

经济学家喜欢解释，为什么以上说法都不正确。贸易通常能让交易双方都获得好处，无论你是得到顺差还是逆差，当然未必能让各个国家中的每个人都获得好处。生产率较低的国家通过专注于从事劣势较小的生产活动，也可以从国际贸易中获益（孟加拉国的案例就属于这种情况）。生产率较低的国家给工人的工资必然较低，但这不会伤害更富裕的国家，因为有了这些低工资，富裕国家才能够购买较为便宜的劳动密集型产品，而从事其他物品的生产。

因此，经济学家谈了太多关于贸易的事情，或许超出了这个课题应有的重视程度，这是因为他们在该领域能获得智力上的成就感。

关注国际关系的人同样喜欢谈论贸易，因为今天的世界贸易体制是国际外交的伟大成果之一。二战之前，各国通过关税（对进口产品征税）和配额在任何需要的时候限制进口，通常号称出于国家利益，但实际上往往是为国内的特殊利益群体服务。而在战后，世界上越来越多的地方加入了遵守规则的体制，各国彼此开展关税谈判，并最终建立了准司法性质的程序，当一个国家指责另一个国家违反规则时，可以通过程序解决纠纷。

创立这一体制的信念是，它可以让全球变得更加富裕。但不仅如此，还有助于促进和平。因为参与创建现代世界贸易体制的美国政治家，尤其是长期担任小罗斯福总统国务卿的科德尔·赫尔（Cordell Hull）相信，贸易活动能帮助确保和平与繁荣。所以说，世界贸易体制是战后整套国际体系（包括北约组织和联合国等）的组成部分之一，并确实帮助世界避免了重大战争。

与此同时，这个贸易体制逐渐创造了一个并非完全自由贸易的世界，对大多数制造品征收低关税。

最后，关于国际贸易乃至几乎所有带“国际”的话题的讨论成为对“全球化胡话”（globaloney）感兴趣的人的磁石，那是描绘远大梦想的宏伟蓝图。

很自然，令经济学家、国际关系专家和全球化畅想者兴奋的任何东西，同时也会激发反弹力量。在若干年里，这种反弹主要来自左翼：如某些劳工群体（有一定根据地）声称，贸易增长给蓝领工人的工资造成了下行压力；又如更激进的群体认为，世界贸易是狂野资本主义的强大升级版本。

但还有另外一股全然不同的反贸易势力与人们对社会正义的关切毫无联系。它来自某些类型的群体，他们不喜欢被教训说自己关于贸易的直觉常识都是错误的，反而加倍坚持自己的观点，不仅拒绝贸易带来好处的说法，还将其妖魔化宣传。或许还有人记得罗斯·佩罗吧，他曾警告说同墨西哥开展自由贸易将使美国的产业南迁，造成巨大的就业流失。

到2016年，同样带着这种反智倾向，即坚信“我的直觉比所谓专家更强”的某个人成了美国总统。有时候我们看到，人们试图论证特朗普比他看上去更加老到，他并不真正认为“我们每次出现贸易赤字都意味着有人在偷走美国的宝贵体液”。但是，当前所有证据均表明，这正是他信奉的理念。

然而问题在于：美国不仅是全球经济中的关键玩家，而且国内的贸易法律也是为约束国会中的特殊利益角力而设计的，为此把巨大的裁量权授予了总统。于是特朗普位居一个可以给世界贸易体制造成巨大浩劫的特殊位置。本章收录的专栏将介绍其中的部分破坏。

好一场特朗普贸易战

经济学家与商界领袖几乎已达成普遍共识，特朗普对钢铁和铝制品加征关税是个糟糕的主意，由此可能诱发的广泛贸易战将极具破坏性。但阻止这一政策灾难的可能性很小，因为这是特朗普之所以成为特朗普的典型案例。

实际上，关税应该算特朗普目前干的最具特朗普色彩的事情。

毕竟与种族主义一样，在关税问题上特朗普多年来的态度是一贯的。他用了几十年时间责骂其他国家利用我们相对开放的市场，给美国造成伤害。如果他的观点是基于对问题的一无所知，乃至对根本事实的漠视，那可以说特朗普主义就完全是愚昧的好勇斗狠。

请等一下，还没完。我们达成国际贸易协定是有原因的，但并非为了保护我们免受其他国家的不平等对待，协定的真正目的是保护我们不被自己人伤害：制约特殊利益集团在过去通过政治活动和直接腐败操控贸易政策。

然而特朗普一伙并不把腐败和特殊利益操控当作问题。你可以认为，世界贸易体制的设计很大程度上就是为防止他这样的人产生过大影响。因此他当然打算破坏这个体制。

让我讲点背景知识：与某些人的信念相反，经济学教科书并没有说自由贸易对所有人都是共赢的。贸易政策涉及非常现实的利益冲突，但这些冲突基本上是发生在每个国家内部的不同集团之间，而非各个国家

* 2018 年 3 月 8 日。

之间。例如，美国与欧盟之间爆发贸易战，即使欧盟不进行报复（但实际上会），美国整体上也会受损。不过贸易战能让面临欧盟激烈竞争的美国某些产业获益。

问题就在这里：相比受伤害的规模大得多的团体，从保护主义中获益的少数集团往往拥有更强的政治影响力。所以国会在过去经常通过破坏性的贸易法案，尤其以 1930 年声名狼藉的《斯穆特 – 霍利关税法案》为最：只要用某种方式收买足够多的国会议员，就能制定出几乎所有人都知道对国家整体上不利的法案。

于是在 1934 年，富兰克林 · 罗斯福在贸易政策中引入了一种新的做法：同其他国家达成互惠协定，以美国降低对他国出口产品的关税为条件，换取他国降低对美国出口产品的关税。这种做法扶持了一个新的特殊利益团体：出口商。他们可以对寻求保护的特殊利益集团形成反制力量。

罗斯福的互惠贸易协定导致斯穆特 – 霍利保护体系迅速解体，并在二战后演化为一系列全球贸易协定，创立了如今由世界贸易组织负责监督运转的全球贸易体制。事实上，正是美国根据自己的形象重塑了世界贸易政策，并使其有效运行：从互惠关税安排发展起来的全球贸易协定极大地降低了世界各地的关税，同时建立起各项规则，以防止各国不再履行承诺。

世界贸易体制演化带来的总体效应是非常有益的。过去在美国和其他国家均属于最肮脏、最腐败类型的关税政策变得颇为干净（虽然说不上完美）。

还需要补充一点，全球贸易协定是有效开展国际合作的最令人惊奇和鼓舞的成功范例。在这个意义上，它们对民主治理与世界和平做出了尽管难以测算但实实在在的贡献。

然后特朗普上台了。

根据在内容上同我们达成的国际贸易协定保持一致的美国贸易法律，总统可以在某些有严格规定的条件下加征关税。但是，以明显编造的国家安全理由开征的钢铁和铝制品关税，显然不符合上述规定。

因此，特朗普事实上既违反了美国自身的法律，又破坏了世界贸易体制。如果这升级为全面贸易战，我们将被打回过去的坏时光。关税政策将再度被以权谋私和行贿受贿左右，无人关心国家利益。

这种可怕前景不会妨碍特朗普。说到底，我们如今的环境保护署在为排污者的利益服务，内政部被打算掠夺联邦土地的人把持，教育部受追求利润的学校产业指挥，等等。贸易政策凭什么会不同呢?

的确，有许多自认为能控制住特朗普的大企业和自由市场理论家被他在贸易方面的行动吓坏了。但他们本来在期待什么呢？从来就没有充足的理由表明，贸易政策能躲过特朗普的掠夺破坏。

贸易战启蒙读物

当前，特朗普式的贸易战似乎正在延续。读者向我提了一些问题，关于这何以成为可能。因为国会并没有投票退出我们的贸易协定，而且人们推测，即使特朗普提出此类议案，国会也不会同意。从各种迹象看，对几乎铁板钉钉的特朗普同外国敌对势力勾结以及正在实施的司法阻挠行动，大量共和党人安之若素，然而可能让大量公司资产闲置和贬值的政策行动则完全是另一回事。

那么特朗普为何有权发动贸易战？对世界将造成怎样的后果？在我看来，现在或许是个好时机，写篇简短的非学术启蒙读物，介绍下国际贸易体制及其中的美国贸易政策是如何运转的。

你需要弄清楚的有关贸易政策的关键点是，经济学原理中关于自由贸易的说法在现实政策特别是贸易谈判中不起什么作用。这不是因为政策制定者反对或者不理解那些观点，有人确实不懂，也有人懂，但不会带来多大区别。客观地说，有些学术文献认为基本经济学原理比我现在的说法更重要，我很敬重这些研究，但感觉不够有说服力。

事实上在过去 80 年里，美国一直在推动国际贸易走向更加自由，这部分反映了经济学理论非常间接的影响，部分是出于加深经济融合有助于促进和平、巩固自由世界联盟的信念。然而，追求贸易自由化的进程完全是立足于政治现实主义而非抽象的理想。

贸易领域的政治现实主义意味着，生产商的利益比消费者的利益重

* 2018 年 6 月 3 日。

要得多，因为生产商的组织程度远为紧密，并且非常清楚任何贸易政策的利害关系。食糖贸易就是个经典案例，在许多年里，美国通过进口配额使其价格维持在比世界市场高出好几倍的水平。该政策的好处被几千个糖作物种植主占有，每一家每年由此获利数万或数十万美元。成本则被薄薄地摊到数千万消费者头上，其中绝大多数全然不知道还有进口配额这回事。

鉴于这种利益代表的非对称性，你或许认为与进口产品竞争的产业实际上主宰着我们能在国内生产的所有东西，会造成很高程度的保护主义。这正是20世纪30年代之前的美国贸易政策经常发挥的作用。

但富兰克林·罗斯福在当时推出了《互惠贸易协定法案》，其内容最初是一个双边贸易谈判体制，规定美国可以削减外国产品的关税，但条件是外国政府也要削减美国产品的关税。这带来了政治算计上的变化，把出口产业的利益加入了版图。同进口产品竞争的美国企业会继续大声要求保护，但它们会遇到美国出口商的制衡，后者要求达成贸易协定，给自己争取更大的外国市场份额。

你可能以为，《互惠贸易协定法案》是基于糟糕的经济学理论，它代表着重商主义学说，认为出口是好事，进口是坏事。但它是重商主义的一种开明模式，创造了一个能带来普遍有利的经济结果的工作流程。

要让这一流程发挥作用，就得让国会从贸易政策制定的细枝末节中退出来，让国家的行政部门负责贸易协定的谈判，之后再由国会投票决定是否批准。结果表明，甚至在二战之前就出现了关税税率的显著下降。

于是在1947年，美国及其伙伴国共同创立了《关税和贸易总协定》（简称关贸总协定），这大体上是同一个体制的多边版本。我把关贸总协定看作一个“杠杆+棘轮”的系统。杠杆是指让贸易逐渐走向自由化的机制，包括精心安排的讨价还价谈判（回合），以降低关税水平。棘轮是指防止倒退的机制，包括阻止各国撤回先前承诺（除非在特定条件下）的各种规则等。

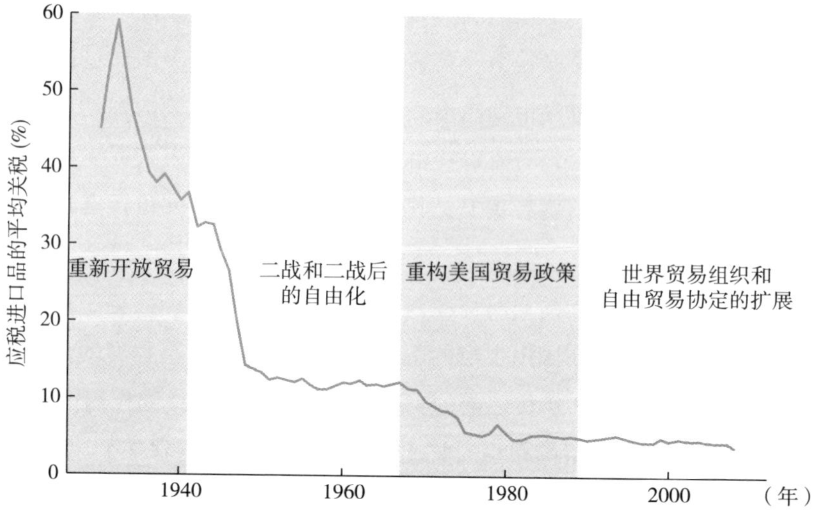

图 1　1930—2008 年美国应税进口品的贸易加权关税和历史阶段

资料来源：USITC staff compilation from U. S. Department of Commerce statistic。

为什么存在例外规定？又是出于政治现实主义的考虑。贸易体制的创立者意识到需要保留某些灵活性，因为过分僵化的规则体系最终会变得脆弱，并在大事件的冲击下破碎。所以，它授予各国在满足如下条件时征收新关税的权利（贸易领域的专业律师会知道我的阐述过于简化，但基本意思是对的）：

- 扰乱市场：进口以过快速度突然增加，使国内厂商难以调整，在此情况下可以给它们一定的缓冲空间；
- 国家安全：确保某国在关键产品上不依赖于潜在的敌对国；
- 不公平操作：例如，用关税回击受外国补贴的出口产品；
- 倾销：外国企业为获得市场支配地位，用低于成本的价格销售产品。

在美国，谁决定以上各种理由在什么时候适用？不是国会，如果交给国会决定，则会把罗斯福在 1934 年封装起来的各种麻烦重新释放出来。美国是让行政部门执行准司法性质的工作流程：由调查机构判断是否满足上述某种条件，然后由总统决定是否采取行动。

但如果美国采取行动，而我们的贸易伙伴国不认可其合理性呢？或者反过来，如果美国不认可其他国家对我们采取的行动呢？对此可以要求国际仲裁，仲裁程序在1993年创立世界贸易组织之前相当烦琐，但如今通常已变得很迅速。

接下来呢？假如世界贸易组织发现某个国家行为不当，它有什么权力强制执行吗？直接的权力不存在，日内瓦并没有黑色直升机编队随时抓捕贸易领域的恶棍。但世界贸易组织有权宣布相关国家的行为非法，允许提出申诉的贸易伙伴国采取它们认为合适的报复行动。

从历史上看，这种威胁确实有效果：在世界贸易组织争端中败诉的国家通常会软化和撤回其政策。为什么能起作用？因为每个人都清楚，如果情况失控，我们可能重新卷入以牙还牙的贸易战，让70年的进步成果付诸东流。

因此，我们要面对特朗普的问题。

世界贸易体制绝对是座了不起的大厦，这个制度架构一直在产生高水平的全球合作机制。在极为严重的冲击面前，世界贸易体制的表现仍非常稳定，尤其是在2008年金融危机后，全球并未重新出现太严重的保护主义浪潮。但这个体制的设计从来没有防备一个重要国家的领导人会蔑视法治之类的事物。

过去历任美国总统也曾动用权力加征关税，也并不总是基于很正当的理由。即使奥巴马也对中国生产的轮胎以“扰乱市场”为由实施过临时关税。但他们始终小心谨慎：关税行动是有限的，采取行动的经济理由至少大致说得过去。

然而特朗普横冲直撞，在毫无意义的情况下以国家安全为由加征关税。为什么从加拿大进口的铝制品会构成对美国国家安全的威胁，这完全没有合理解释；如果他对汽车做同样的操作，其合理性就更差。事实上，特朗普政府甚至都懒得假装他们是真正出于对国家安全的担忧。他做这些事情，只是因为他有这个权力。

更糟糕的是，我们显然看不到游戏的终点。除欧洲人和加拿大人之外，中国人又能提供什么条件让特朗普满意呢？消除美国的贸易赤字？这根本不是贸易政策能够或者应该达成的目标。

当然，世界上其他所有人都对美国强烈不满。这关系重大，因为贸易政策本质上是政治活动。即使出于经济方面的考虑，其他国家最后对特朗普做出了重大让步（实际上还远不清楚），我们的民主国家盟友或者说前盟友在未来也不会有心情与美国并肩前行。

现在你应该明白了，为什么特朗普有权做他现在做的事情，以及为什么这是一笔极其糟糕的大交易。

让关税再度腐败起来

在正常时期，特朗普宣布对价值2 000亿美元的中国产品加征关税，让我们更接近一场全面贸易战，会连续多日占据新闻头条。可结果却成了一桩排不上醒目位置的事件，被淹没在各式各样的其他现行丑闻里。

但特朗普的关税确实是关系深远的糟糕交易，虽说直接经济影响还不太大（当然也不可忽略），然而数字并不是故事的全部内容。特朗普式的贸易政策以近乎随意的方式扯碎了美国自己在80多年前创立的规则，即希望确保关税反映国家优先目标而非特殊利益团体的影响。

你可以认为，特朗普正在让关税再度腐败起来，而且破坏将长期延续。

在20世纪30年代之前，美国的贸易政策显得既肮脏又紊乱，不仅导致总体的关税水平很高，而且谁能从关税保护中获得多大利益是由特殊利益集团之间自由放任的讨价还价决定的。

这种放任自流的代价远超出经济领域，不只败坏了美国的影响力，还对全球造成了损害。最显著的案例是，在一战之后的数年中，美国要求欧洲国家偿还其战争借款，迫使相关国家通过出口换取美元，与此同时美国却实施高关税阻碍这些必要的出口。

但博弈在1934年有了变化，富兰克林·罗斯福推出了《互惠贸易协定法案》。自此之后，关税将通过谈判与外国政府达成协定来制定，

---

* 2018年9月20日。

从而把出口产业的利益同开放市场捆绑起来。有关的贸易协定依然要提交国会投票表决，但削弱了利益集团为自己收买优惠待遇的能力。

这一美国式创新后来成为全球贸易体制的模板，随着世界贸易组织的创立达到顶峰。关税政策也相应地从出了名的肮脏交易变得颇为清廉。

这个贸易体制的创造者知道，需要一定的灵活性才能维持其政治生命力。因此各国政府被授权在若干特定条件下加征关税：给予国内产业必要时间来应对进口的急剧增加；对不公平的外国行动做出反应；维护国家安全等。在美国，实施这种特例关税的权力被赋予行政部门，并且认识到这种权力的行使应该较为珍惜和审慎。

然后特朗普来了。

到今天为止，特朗普对价值大约 3 000 亿美元的进口产品加征了关税，税率被提升至高达 25%。尽管他和下属官员反复声称这是外国人缴的税，实际上却让美国人的税负增加了。由于大多数关税是针对原材料和企业的其他投入品，该政策或许还会对投资与创新带来寒蝉效应。

另外，纯粹的经济影响还只是故事的一个方面，另外一面是对程序的扭曲。对于总统何时可以加征关税是有规则可循的，但特朗普只是在名义上遵守这些规则，实质上是嘲弄规则的精神。以国家安全为由阻止从加拿大进口的产品？这是真的吗？

即使对中国采取的重大措施，号称是应对中国的不公平贸易行动，也基本上是蒙骗捏造。中国在国际经济领域确实经常表现欠佳，但这种报复性关税理应是对具体政策的回应，并向对方国家的政府提出满足美方要求的明确解决办法。而特朗普的所作所为则是基于含糊不清的委屈抱怨而大发雷霆，看不到收拾残局的手段。

或者说，在关税以及其他许多问题上一样，特朗普基本上废除了法治，以个人的心血来潮取而代之。这将导致两个极为糟糕的后果。

首先，它开启了旧式的腐败之门。前文已经提到，大多数关税是针对企业的投入品，但某些企业获得了特殊待遇。例如目前对进口钢铁征收较高的关税，但部分钢铁用户，包括一家受制裁的俄罗斯公司在美国的下属企业，却得到了进口免税钢铁的特权。在相关信息曝光之后，这家俄罗斯人的下属企业的豁免权被取消，有官员对此解释说是因为“记录错误”。

那么授予这些豁免权的标准是什么？没有人知道，但有充分理由相信存在严重的政治偏袒。

此外，美国还抛弃了自己的谈判声誉。在过去，各国与美国签署贸易协定的时候都相信交易是算数的。但如今他们发现，美国无论签署什么保证其市场开放的文件，其总统仍可以在他高兴的时候以任何似是而非的理由随意阻碍他们的出口。

简单地说，虽然特朗普的关税或许还没有那么大的直接影响，但已经把美国变成了一个不可靠的伙伴国，一个由政治裙带主义掌控贸易政策的国家，一个极有可能随时背弃自己承诺的国家。无论怎样，我可不认为这是让美国再次强大。

12

不平等

美国的倾斜

我成长于一个中产阶级社会。以任何标准看，那并不符合平等主义：大公司高管的平均收入约为普通劳动者的20倍。不过人们当时普遍认为，除极少数人之外，其他人都生活在相同的物质世界里。

今天这已不复如此。高管获得的薪酬达到员工平均水平的300倍以上，其他高收入群体也获得大笔进账，而普通劳动者的工资（经通胀调整后）在过去40年里仅略有甚至完全没有增长。

美国的倾斜，即越来越多的收入份额归属极少数精英人群在20世纪80年代后期便已非常显眼。包括我在内的许多人认为这不是好事。它不但意味着普通家庭未能分享经济进步的成果，而且让我们失去了生活在同一个社会的感觉。因此人们或许期待会展开一场严肃的讨论，关于不平等恶化背后的驱动力，以及能否采取何种行动来扭转这种势头。

的确，关于不平等的原因和后果出现了大量严肃的学术研究成果。我在纽约市立大学斯通社会经济不平等研究中心（Stone Center for the Study of Socioeconomic Inequality）的同事目前也在开展这方面的工作，我本人这些日子供职于此。

不出意料，这里也发现了僵尸学说的入侵，毕竟承认不平等严重恶化可能会带来要求变革的呼声。因此，几乎从一开始就存在某种“不平等否认产业”宣称不平等实际上并未扩大，或者这个问题没有那么严重，跟“气候变化否认产业”颇为相似。本章收录的第一篇文章讨论了以上说法，该文最初发表于1992年的《美国展望》。如果你听到我在那么多年前驳斥过的类似观点到今天仍在流传，请不要惊奇。

在多年来的不平等议题的讨论中，更让人棘手的麻烦是三个广泛传播的误解。第一个误解是，不平等扩大主要源于受教育程度较高的人比其他人的表现更好，但其实是把受过良好教育的人中的一小部分单独拿出来做解释。我在《毕业生还是寡头》一文中对此误解做了分析。

第二个误解是一个经久不息的说法，有时但不总是出于善意，它认为蓝领工人的财富减少是若干社会问题恶化的反映，例如家庭价值观的败坏等。我在《金钱与道德》一文中指出，这里的因果关系应该恰恰相反：我们看到美国工薪阶层在社会领域的衰落表现，乃是经济机遇缺失的结果而非原因。

第三个误解说这完全是由技术导致的，因为知识产业的勃兴要求高素质劳动者，或者机器人正在广泛替代劳动者，等等。理论上这或许正确。但正如我在《别把低工资归罪于机器人》一文中所言，现实证据表明技术对不平等扩大的影响比许多人想象的要小得多，真正关系重大的是权力的对比。

最后，不平等恶化的时代同时也是地区差异扩大的时代，曾经向富裕地区趋近的美国贫困地区的经济再度开始下滑。这些地区正好是高度支持特朗普的区域。本章的最后一篇文章将探讨地区分化的成因与后果。

富人，右翼与事实

解构收入分配争论

20世纪80年代中期，经济学家开始意识到美国的收入分配正出现某些非同寻常的变化。在收入分配维持相对稳定约30年之后，工资和收入快速走向更加不平等。学术研究界很快就不平等扩大的原因展开了激烈争论：到底是因为全球竞争、政府政策、技术变革，还是其他因素？但无论政治立场如何，没有人质疑收入分配已发生巨大变化这一事实。

1992年，这场绅士般的学术争议让位于公共讨论，在《纽约时报》《华尔街日报》及各类流行杂志中登场。公共讨论凸显了两方面的特点：其一是保守派在阐述己方理由和攻击对方观点时表现得非常凶猛；其二，保守派选择了一个终将难以坚持的奇怪立场。面对关注收入分配不平等扩大的呼吁，他们本可以合理地提出挑战，如指出对此没有什么好的解决办法，或者本来就不应该加以干预。但除少数人以外，他们却选择从事实上找论据，否认不平等已经严重扩大的现实。由于事实并不符合他们的描述，他们被迫做出一系列罕见的扭曲统计数据的操作。

整个事件给我们带来两个教训：一方面，它成了一本展示利用和滥用统计数据的教科书。本文将总结这方面的教训，追踪保守派如何试图扭曲数据及其犯下错误的原因。另一方面，《华尔街日报》、美国财政部及若干所谓经济专家共同表现出来的虚伪与无能还揭示了其他东西：美

---

* 《美国展望》，1992年秋季刊。

国保守主义在道德与智识上的衰落程度。

我首先回顾基础数据，然后，就保守派对不平等扩大这一简单事实的如下三类攻击做出回应：（1）试图通过混乱的统计论据组合否认不平等扩大的事实；（2）宣称里根执政时期的经济增长成绩压倒或否定了不平等显著扩大的任何影响；（3）宣称收入流动性的概念使得在某个时点做收入分配比较失去现实意义。本文的最后一节将对整个议题的讨论过程做一些分析。

一些基本事实

部分非官方信息来源给我们提供了美国收入不平等扩大的证据。例如《财富》杂志每年开展的企业高管薪酬调查；另外格雷夫·克里斯特尔（Graef Crystal）在他的《追求过多》（*In Search of Excess*）一书中很有意思地讨论过，自 20 世纪 70 年代中期以来顶层高管们的薪酬增速比平均或普通工资水平快得多的现象。密歇根大学开展的调查同样提供了有关收入分配的宝贵信息，特别是收入随时间的变动状况。此外还有报道传闻类的证据，例如，远在学者开始认真关注财富集中度提高之前，汤姆·沃尔夫（Tom Wolfe）就注意到对曼哈顿“优质建筑”公寓的需求大涨，他的小说《虚荣的篝火》（*Bonfire of the Vanities*）也能信服地告诉你想知道的关于这个话题的一切内容。

人口普查显示的信息

对美国收入分配的大多数学术研究是基于人口普查数据。这些数据根据当期人口调查的结果汇编而成，有某些局限性，稍后再做解释。但作为出发点，人口普查数据有一个巨大的优势：不存在争议。在收入分配讨论的所有蛮不讲理之中，还没有人指责这些数据存在偏差或者扭曲（尽管以后可能出现）。

对关心美国经济自 20 世纪 70 年代以来的趋势变化的任何人而言，表 1 包含的信息都应该引起重视。该表展示的是，收入分配阶梯上的不同分位人群在不同时期的收入增长率。

表 1　1947—1989 年不同人群的收入增长状况

百分位	年份	年增长率（%，精确到小数点后一位）
20	1947—1973	2.6
	1973—1979	0.4
	1979—1989	-0.3
40	1947—1973	2.7
	1973—1979	0.4
	1979—1989	0.3
60	1947—1973	2.8
	1973—1979	0.7
	1979—1989	0.6
80	1947—1973	2.7
	1973—1979	0.6
	1979—1989	1.1
95	1947—1973	2.5
	1973—1979	1.1
	1979—1989	1.6

资料来源：U. S. Census Bureau。

收入分配阶梯是以百分位测算的，例如，第一格显示的是位居第 20 百分位（最底层的五分之一人群中最顶端的部分）家庭的收入增长率。表中选择的百分位从 20 到 95，意味着排除了处于极端位置的人。由于排除了极端人群，尤其是最顶层人群，某些非常重要的变化信息就会缺失。不过这个表仍可以给我们提供有用的基本参考。

表中选择的三个时期分别为：1947—1973 年，1973—1979 年，1979—1989 年。第一个时期代表爱丽丝·里夫林* 所说的“好年景”，即二战后的伟大繁荣时代。其余两个时期则分别代表：70 年代，从

* Alice Rivlin（1931—2019），美国经济学家，曾任国会预算办公室主任和美联储副主席。——译者注

1973 年的商业周期顶峰到 1979 年的商业周期顶峰；20 世纪 80 年代，从 1979 年的顶峰到 1989 年的顶峰。

我们从表中能看到什么？首先，1947—1973 年的数据展示了基础广泛的真正的经济繁荣是什么样的。在那个时期，所有群体的收入以大体相同的速率增长，年增速超过 2.5%。而在 1973—1979 年，随着美国经济受到生产率走低和石油冲击的影响，收入增长变得更慢，也更为不均。最后是 1979 年之后出现了新的模式：收入增长普遍较慢，但增长率的分布出现强烈倾斜，顶层收入群体的收入增长比中层群体快得多，而底层群体的收入甚至下降。

在下文要介绍的某些保守派的评论中，有辩护者声称，20 世纪 80 年代才属于正常的进程，不平等的扩大没有任何奇怪与令人烦恼之处。随着讨论的深入，读者有必要记住表 1 展示的基本图景："好" 增长看起来像是典型的美式住房的整齐栅栏；20 世纪 80 年代的增长则像是一道阶梯，富裕人群处在顶层位置。

国会预算办公室的数据

表 1 展示的人口普查数据讲述了一个很明确的故事。但显而易见，这个故事并不完整，因为没有充分反映极高收入家庭获得的收益。

人口普查数据对研究高收入家庭作用不大，这有两个原因，一个很关键，一个较为次要。主要原因来自难以处理的技术问题："顶层群体编码"（top-coding）。意思是说当期人口普查所用的问卷不是询问具体的收入水平，而是要求受调查家庭把自己的收入水平归入相应的类别，其中最高一类是"高于 × × 美元"（目前的数字为 25 万美元）。这自然会导致，对收入高于顶层标准（25 万美元）的家庭而言，人口普查数据并不包含他们的财富变化信息。次要原因是，人口普查数据没有计算高收入家庭的另一项关键的收入来源，即资本收益。

正是因为人口普查数据未能充分反映极高收入群体的信息，人们在利用这个数据时通常选择不高于 95 百分位的部分，也就是说，最顶层

5% 人群的底部。在 1947—1973 年，当所有人的收入都以大致相同的速度增长时，人口普查数据对顶层人群信息收集不足的弱点还影响不大。然而到 20 世纪 80 年代，当豪富人群的收入增长速度比第 95 百分位还要快得多时，这一弱点就更加突出了。

我们很容易从表 1 看出这一点：由于现有数据显示你在收入分配上所处的位置越高，收入的增长速度就越快，那就可以合理地推测，这对没有掌握数据的人群同样成立。我们还可以推测，最顶层 5% 人群内部的不平等也在扩大，第 99 百分位的人的收入增幅高于第 95 百分位的人。

从不太正式的证据里，我们同样可以推测顶层群体的收入增长尤其快。例如格雷夫·克里斯特尔的高管薪酬数据表明，CEO 与普通员工的薪酬之比扩大到原来的 3 倍。而且几乎所有社会观察家都注意到顶层人群明显的财富爆发现象。我们缺少的只是过硬的统计证据。

美国国会预算办公室的工作填补了这一缺口。该办公室受众议院筹款委员会的委托，测算联邦税负的变化，为筹款委员会的宏大年度出版物《绿皮书》提供作为根据的附录说明。为此，国会预算办公室设计了一个把人口普查数据与美国国税局数据混合起来的模型，这一模型能让该办公室绕过顶层群体编码难题，同时还能把应税资本收益纳入统计。

表 2 展示了国会预算办公室测算的结果：不同收入群体在 1977—1989 年的收入变动情况。更理想的期间是 1979—1989 年，但很遗憾，由于需要完成最初委托的税负测算，该委员会没有估测 1979 年的情况。表 2 的数字展示方式与表 1 略有不同。例如，我们看到的是最底层 20% 家庭的平均收入变化，而非该阶层最顶部的那些家庭；另外，表 2 的数字显示的是整个时期的收入变化幅度，而非每年的变化比率。但整体图景仍是然清晰的：最顶层群体的收入有巨大增长。尤其是最顶层 1% 家庭的收入在 12 年里翻了一番多，这相当于每年 6% 的增长率，这说明对豪富人群来说 20 世纪 80 年代是非常好的 10 年，收入增速不仅远远高于收入分配更下层的其他人群，也好于二战后的繁荣年代。

表 2　1977—1989 年不同人群的收入增幅

百分位	增幅（%）
0—20	-9
20—40	-2
60—80	8
80—90	13
90—95	18
95—99	24
100	103

资料来源：U. S. Census Bureau。

国会预算办公室的数据还能给我们一个重要启发：富人的日子过得究竟有多好。保守派仍在经常讲的故事是，所谓的“富人”并不真的那么富。他们往往指出，根据人口普查数据，1989 年只需要年收入达到 59 550 美元就能跻身顶层 10% 的家庭，达到 98 963 美元就能进入顶层 5%。其含义是，我们本质上仍然处于中产阶级社会，只有微乎其微的极少数人能富裕到引发任何对来路不正的收入的担心。

然而国会预算办公室的数据描绘了另外一番景象，因为我们能看到更高阶梯的情况。根据该办公室的数据，四口之家要进入顶层 1% 群体，其税前收入至少应达到 33 万美元（1993 年价值），而顶层 1% 群体的四口之家的平均年收入则高达约 80 万美元。这显然不属于我们谈论的中产阶级了。

“克鲁格曼算法”

美国收入分配顶层人群的收入水平飞涨，这是显著的事实。但这是不是关系重大的问题呢？直到最近，大多数经济学家还不以为然。贫困扩大或许是个严重的社会议题，但某些人非常富有这一事实只不过会引发社会的好奇而已。

我本人对此议题的贡献在于，我指出顶层收入的增长确实是重大的经济问题，这言之有据，并且我还找到了一个简易办法来传递该理念，即如今恶名远扬的“克鲁格曼算法”，它的意思是平均家庭收入的增幅中有70%归属顶层1%家庭。

我们先回忆下，20世纪80年代，普通家庭的收入增长非常缓慢。例如，即使采用修订后的消费者价格指数作为（比标准指数更低的）通胀率，我们仍然看到中位数家庭在1989年的收入，即处于收入分配阶梯中间位置的家庭的收入，仅比1979年高出4.2%，或者说，中位数家庭的年收入增长率在此期间仅为0.4%。而且用许多指标测算的典型劳动者的实际工资在20世纪80年代呈现下降状态。

我们应该可以预见到，相比1973年之前的好年景，美国的收入增长会减慢，因为生产率增速放缓了。美国经济的生产率增速从二战后繁荣时期的每年约3%下滑至1973年之后的1%左右，而通常情况下，生产率增长决定着实际收入增长。

但尽管生产率增速有所放缓，其力量仍不可小觑。相比1979年，美国在今天的生产能力要大得多。那么，为什么典型家庭的收入没有显著改善呢？生产率增长的成果到哪里去了？

近似的答案是，平均收入相对于中位数收入提高了。表3显示的是1979—1990年平均家庭收入与中位数家庭收入的对比，结果表明，在此期间，平均家庭收入提高了11%，这与1%的生产率年增速几乎正好对应。因此计算似乎没有问题。

从之前的表1和表2可以推断，平均收入相对于中位数收入有所提高，这并不令人惊讶，而是当收入不平等加剧时我们应该看到的情形，因为当顶层群体的收入增长快于平均水平时，较低层群体的收入增长必然相应地慢于平均水平。从算术角度看，我们可以说生产率增长的大部分成果被“抽取”到了高收入家庭，给较低收入家庭留下的部分相当少。我想强调这只是算术的视角，不涉及何种经济力量在背后发挥作用，尤其是能否或者应该出现其他情形。

表 3　1979—1990 年平均收入与中位数收入的对比

1979	平均收入	100
	中位数收入	100
1980	平均收入	97
	中位数收入	97
1981	平均收入	95
	中位数收入	94
1982	平均收入	95
	中位数收入	93
1983	平均收入	96
	中位数收入	94
1984	平均收入	99
	中位数收入	96
1985	平均收入	102
	中位数收入	97
1986	平均收入	106
	中位数收入	102
1987	平均收入	107
	中位数收入	103
1988	平均收入	108
	中位数收入	103
1989	平均收入	111
	中位数收入	104
1990	平均收入	108
	中位数收入	102

资料来源：U. S. Census Bureau。

不过，当我说增长成果被“抽取”到顶层收入家庭时，又是指哪些人呢？我们是在谈论一对学校老师组成的家庭，他们 6.5 万美元的年收入足以使之进入顶层 20% 群体？还是说，我们在谈论特朗普？

表 2 的内容会提示你，我们不是在说那对学校老师，真正的收入

增长成果不是归属顶层20%群体的底部，而是其顶部。事实上，国会预算办公室的数据显示了第9个十分位群体在税后收入中所占的份额：在1977—1989年，收入水平位居第81到第90百分位家庭的实际收入略有下降。由此证明，所有被抽取的增长成果都归属顶层5%或10%的家庭。而且从表2看，完全可以推测其中的主要部分归属顶层1%群体。

为了让读者对此有所感受，以及吸引大家关注我认为被长期忽略的趋势，我建议做如下假想实验。假设有两个村庄，每个村庄都有100个家庭，代表居民在特定年份的收入分配中占据的百分位，一个是1977村庄，另一个是1989村庄。根据国会预算办公室的数据，1989村庄的总收入大约比1977村庄高10%，但不是整个收入分配向上平移了10%。相反，1989村庄最富有家庭的收入是1977村庄最富有家庭的两倍，而1989村庄底层40%家庭的收入比1977村庄的对应群体更低。

现在的问题是：两个村庄的收入差异中有多少是来自最富有家庭的收入差异？这相当于问：美国平均家庭收入的增幅中有多少是归属顶层1%群体？通过这种测算方式，我们能知道是哪些人在“抽取”平均收入的增长，并解释中位数收入水平升幅如此小的原因。

答案非常令人震撼：平均家庭收入的增长中有70%归属顶层1%群体。

这告诉我们什么信息？自20世纪70年代以来，中位数收入就跟不上平均收入的增长步伐，或者换句话说，尽管生产率在提高，典型的美国家庭却看不到成果。因此当我们谈及“高收入”家庭时，我们是在说真正的高收入，也即不是普通的雅皮士，而是汤姆·沃尔夫笔下的“宇宙的主人”。

关于财富分配：财富（居民家庭拥有的资产）和收入是彼此相关但不同的东西。财富的集中度通常远高于收入，目前的估计是，收入最高的1%家庭在全部税前收入中所占的份额约为12%，而财富最多的1%

家庭在财富净值中所占的份额达到约37%。恰恰是因为财富如此集中，才难以从抽样调查中做准确测算。对几百人甚至几千人的随机调查只能包含极少数真正的富人。不过，美联储的研究人员曾试图利用更成熟的抽样程序来解决这一问题。在一段时间内，他们的调查显示了不平等扩大的确切证据：同收入分配中看到的情形一样，平均财富的增速远高于中位数财富的增速。他们在1992年3月发表的一篇工作论文指出，财富集中度自1983年以来大幅提高，最顶层1%家庭占有的财富份额从31%提高至37%。

最近哈佛大学的克劳迪娅·戈尔丁（Claudia Goldin）与布拉德·德龙，以及纽约大学的爱德华·沃尔夫（Edward Wolff）对财富分配做了很长历史跨度的估算。他们认为，美国的财富集中度在20世纪70年代后期达到自19世纪以来不曾有过的低谷，然后快速反弹到20世纪20年代的水平。其结论是，财富分配数据证实了美国经济的不平等程度出现巨大而快速上升的普遍印象。

政治影响

不平等扩大并不必然带有政策意义。即使你可能希望在其他条件相同时，分配能更加平等一些（当然并非所有人都认同该目标），但我们又能为此做些什么呢？今天的美国没有几个人会支持工资管制政策。尽管克劳迪娅·戈尔丁曾指出，二战时期的工资管制似乎促进了工资差异长期收缩的趋势。我们或许可以利用不平等扩大作为部分恢复税收体制累进性质的理由，然而不平等扩大主要来自税前收入的变化，而不是累退性质的税收政策。像赫伯特·斯坦（Herbert Stein）这样诚实的保守派经济学家会说，“是的，不平等扩大了，但我认为这并不代表需要采取任何政策应对措施”。

尽管如此，当收入不平等问题在1992年初暴露出来时，许多保守派人士还是愤愤不平。有关报道甚至让《华尔街日报》的编辑和老布什政府勃然大怒。

原因显而易见。《华尔街日报》社论版编辑罗伯特·巴特利（Robert Bartley）等供给学派支持者相信，他们的意识形态得到了自己印象中的里根时期巨大经济成就的佐证。如果说大多数人在那些年里过得并不很成功，大多数收益归属了少数富有家庭，将构成政治上的沉重打击。而且事实上在1992年春迟来的对不平等问题的关注明显帮了克林顿的忙，让他的竞选运动找到了新的聚焦点，树立了给公众发泄怒火的新目标：让中产阶级选民可以不再把自己的痛苦归罪于里根所说的"福利女王"，转而责备偏袒富人的政府政策。

因此保守派人士的沮丧与愤怒是可以理解的。但老布什政府、《华尔街日报》和其他保守派发言人的反应则不配得到原谅：他们不是在保守主义规则的基础上直面不平等快速扩大的事实，而是试图否认事实，并干掉送信人。

保守派的反应之一：否认

家庭数量

当《纽约时报》发表一篇报道，介绍我估算的不平等扩大的影响时，若干保守派经济学家（包括总统经济顾问委员会的成员）的最初反应是另做一套计算：找出在总收入（而非平均收入）的增长中有多大份额归属了顶层1%群体。我们姑且称之为"经济顾问委员会算法"。结果跟我的大不相同，因为随着婴儿潮世代的最后一波步入成年，美国的家庭数量在1977—1989年大幅增长。所以美国的总收入增幅远不止10%，而是达到35%左右。很自然，这一更大幅度的增长成果中归属最富有人群的比例也显著缩水，从我测算的70%变成了25%。修订后的数据在华盛顿广为传播，以驳斥《纽约时报》发表的数字。甚至有人告知我，有家主流新闻杂志差点刊发一篇介绍《纽约时报》严重错误的欢快报道，只是到最后才被人提醒：我是对的，犯错的是那些经济顾问。

经济顾问委员会算法有什么问题？请回想一下我们要解答的问题：为什么尽管生产率明显提高，典型的美国家庭却看不到多少收入增长？以及哪些人拿走了生产率提高创造的果实？只需要分分钟思考你就会明白，把工作年龄段人口增长因素包含在内的总收入增长数据会让我们完全偏离原先的问题。例如，考虑收入分配底层20%人群遇到的情况。在国会预算办公室测算的时期内，这些家庭的平均收入下降了10%，但其数量增加了约25%，于是他们的总收入大约增长了15%。然后经济顾问委员会算法就认为，底层20%人群也分享了经济增长的成果，全然不顾这些家庭平均收入下降的事实！

经济顾问委员会还散发了一份备忘录，介绍他们假想的数据分析例子，因为内容过于复杂，这里不做赘述。其中的要点是说，如果劳动力队伍要迎来大批缺乏经验的劳动者的涌入，中位数劳动者的经验水平就会下降，于是，中位数收入出现停滞可能掩盖了给定经验水平的劳动者的工资提高，因此“克鲁格曼算法”会错误地得出只有极少数富人获益的结论。理论上，这份备忘录讲的没错。但任何人只要看看劳动力和工资的相关数据就会明白，现实情况同他们臆想的案例完全不符：工资不平等的扩大表明，同样特征的劳动者的工资差异在拉大，不存在混合作用。

家庭规模

这个议题放在这里讨论略有些尴尬，因为涉及我本人与国会预算办公室之间坦诚的意见分歧，对最后的结论也不会造成太大差异。该问题是关于如何处理美国人的家庭规模变小给测算带来的影响。

前文提到，国会预算办公室喜欢测算的不是家庭原始收入，而是“调整后”的家庭收入，以贫困线的倍数表示。调整后家庭收入的增速比原始收入本身更快，因为家庭规模一直在变小。从1977年到1989年，调整后家庭收入增长了15%，而原始收入的增幅为10%。

如果利用调整后家庭收入（而非原始收入）做克鲁格曼算法，结果会没有原先那么极端：顶层1%人群在收入增长中占有的份额为44%，不再是70%。这个份额依然不小，但测算方式的修订合适吗？

国会预算办公室之所以愿意采用调整后家庭收入，是由于他们认为这能够更好地测度物质生活水平：在家庭收入水平相同时，只有一个子女的家庭比有三个子女的家庭更有购买力。这个逻辑很合理。但如果把美国家庭减少生育子女数量的决策看作一种收入增长方式（谁知道共和党把持的委员会会怎么说呢），则有些滥用这个概念了。

实际上，典型的美国家庭的工作小时数在20世纪80年代有所增加。所以在关心为什么家庭收入没有跟上生产率提高的时候，对于收入略有提高的部分，我们还应考虑到美国人为此付出了更大的努力。国会预算办公室的调整方式则似乎是走向了反面，或者换个说法：调整后家庭收入的测算有利于解释为什么很多家庭有能力购买录像机，却忽略了这些人感觉日子过得不如其父辈的原因。

当然这些是比较次要的影响。无论是否调整家庭规模，数据都证实收入向顶层1%群体严重倾斜。

资本收益

许多保守派评论家，如保罗·罗伯茨（Paul Craig Roberts）、艾伦·雷诺兹（Alan Reynolds）、众议员理查德·阿米（Richard Armey）及《华尔街日报》社论版激烈攻击了国会预算办公室把资本收益纳入收入估算的做法。他们指责说，这一纳入会从几个方面高估富人的收入：把一次性出售的收入混淆为永久性收入；计算了富人持有资产的资本收益，却忽略了中产阶级家庭从房产上获得的非纳税收益；把资本收益的通胀部分当成了收入等。另外所有这些评论家都声称，富人的收入增长好于普通人这一结论，正是来源于国会预算办公室所做的资本收益估算。

对以上每个批评意见都可以做出回答：资产出售必然会在某个时段发生；住房的资本收益比评论家设想的要小得多；资本收益的通胀部分

已随着通胀率下降，因此如果还有影响，那只会低估顶层群体的收入增速。但关键点在于，从国会预算办公室的数据中剔除资本收益部分，对结论的影响非常小。若包含资本收益，国会预算办公室认为顶层1%群体占有的总收入份额在1977—1989年从7%提升至12%，在调整后家庭收入的增幅中，有44%归属该群体。若不包含资本收益，其占有的总收入份额是从6%提升至10%，在调整后家庭收入增幅中占有的份额则为38%。尽管国会预算办公室并未提及，但我们可以推算出，排除资本收益的“克鲁格曼算法”依然会得出超过60%的结果。也就是说，追究资本收益的影响完全是为了转移注意力。

你也能成为富人吗？

美联储的财富研究报告出台时，艾伦·雷诺兹立刻在《华尔街日报》上予以攻击，共和党众议员理查德·阿米也加入其中。雷诺兹的主要观点是，该研究是基于对3 000个家庭的调查，不能可靠地代表顶层1%群体，因为30个家庭是个太小的样本。这是很有趣的反应，因为美联储的研究报告做过认真解释，他们采用了两阶段研究程序，其数据估算是基于超过400个顶层1%家庭。实际上，该报告采用的写作形式就是探讨统计方法论的工作论文，文章一开头即提到了样本规模的问题。所以我们只能认为，雷诺兹在发起攻击之前甚至都没有费心去读一下那篇报告。

阿米众议员走了另外一条路，他的结论被雷诺兹和保罗·罗伯茨在几篇专栏文章里引用。在仔细搜索过美联储之前的一份报告后，阿米发现了他自认为的显著事实：年收入高于5万美元的家庭的平均财富增速在1983—1989年慢于总体的平均财富增速。于是他宣称，该事实表明财富分配实际上没有变得更加不平等，而是更加平等。但他显然没有注意到，年收入超过5万美元的家庭数量在此期间有所增加，在样本数中的占比从17%提高至20%。好比我告诉你，如今最出色的20%的学生的大学入学考试平均成绩低于几年前最出色的17%的学生，你会感到担心吗，还是会指出我在计算样本里增加了一部分学生，而他们明显会把平均成绩拖下来一些。

关于财富的分歧是收入分配争议中较为次要的部分，但同样暴露了当今的保守派人士的绝望、肆无忌惮与低能。

保守派的反应之二：归功于经济增长

保守派的第二个辩护思路也已为人们所熟悉，他们宣称，里根时代的经济增长表现说明，供给学派的政策给每个人都创造了收益，而对收入分配过于担心（甚至是关注）将产生破坏性的影响。

我们再看看表3，显然从1982年的衰退年份到1989年的商业周期顶点，中位数收入有大幅增长，增幅为12.5%（同期的平均收入增幅则为16.8%）。如果你用这些年份作为比较基准，中位数收入的增幅落后于平均收入就显得不那么重要了。但问题在于，用这些年份做比较基准是否合适？

如果说宏观经济学理论对增进人类的知识真有什么实质贡献的话，那就是区分了商业周期和长期增长。长期增长是通过经济体的产能扩张实现的，而衰退与复苏则代表产能利用程度的波动变化。衰退是件坏事，复苏是件好事，但我们绝不应该把复苏期出现的快速增长混同于长期经济增长业绩的改善，因为一旦接近现有产能的极限，增长率注定会慢下来。此外，衰退与复苏和美联储而非在任政府的行动关系更为密切，并且无论共和党还是民主党执政都会发生。正因为如此，要想对经济发展趋势做有意义的评估，就应该在商业周期顶峰的年份之间做比较，或者更好的办法是观察在任何给定的失业率水平上，收入水平有何变化。

因此，起初指责传统凯恩斯主义过分关注商业周期的供给学派思想家，如今完全依靠1982—1989年的经济复苏期来论证自己的理论成立，这实在有些讽刺。但他们当然必须这样干，因为其行动计划没有对促进长期增长产生任何作用。

中位数收入在1982—1989年的提升，即罗伯特·巴特利口中的“丰腴的七年”，几乎完全代表着暂时的商业周期复苏阶段，当它达到不可避免的极限时，也仅比1979年的顶点高出4%。而随后出现的经济衰退，不属于老布什的错，正如1980年的经济下滑同吉米·卡特关系不大一样，或许又让中位数收入跌回不高于1980年的104%的范围内。

“克鲁格曼算法”希望传递的基本理念是，收入不平等扩大的速度非常快，以至于大多数美国家庭未能从长期经济增长中获得多少好处。这个命题是成立的。像供给学派的人那样费力地把过去15年切成多个小段，然后选出其中的好年份为自己说话，把坏的年份抛在一边，我们不应信以为真。

保守派的反应之三：收入流动性

美国不是个静态的社会。某一年赚得高收入的人在下一年可能减收，或者出现相反的情形。在之前描述过的两个假想的村庄里，我们不能想当然地以为，无论在1977村庄还是1989村庄必然由相同的人（或其子女）占据收入分配阶梯的相同位置。经济福利水平更多取决于你在长时期获得的平均收入，而非某个特定年份的收入。所以从任何一个年份的收入分配统计数据中得出有关经济福利分配状况的太多结论，是有一定风险的。

收入流动性，也即经济状况的重新洗牌，不同家庭在收入排名中的上下调整，可能通过两种途径缓和不平等严重加剧的结论。第一种是，如果收入流动性非常高，那么任何特定年份的收入不平等程度都无所谓，因为人们在整个生命周期的收入分配状况将变得非常平均。我把这种情形想象为搅拌机模型：无论你目前处于机器中的哪个位置的泡泡里，在几分钟的过程中，每个泡泡平均来说都处于中间位置。

第二种途径是，如果收入流动性随时间增强，也可能会抵消不平等在任何时点扩大的效应。收入流动性提高通常会使终生收入的分配状况更为平均，因为富人们的排名只有下滑的空间，底部的穷人只能向上流动。

但很不幸，以上两种可能性都不符合美国经济的现实特征。美国确实存在一定的收入流动性，但完全不足以使收入分配效应变得无关紧要。例如，人口普查数据显示，在1985年时位居收入分配底层20%群体的家庭，到次年仍有81.6%停留在该层次；对顶层20%群体的家庭，该数字为76.3%。从更长时期来看情形更为复杂，但流动性仍不是太大。城市研究所与美国财政部各自的研究均表明，在初期位居收入分配顶层或底层20%群体的家庭，约有一半在10年之后依然居于原来的层次，仅有3%～6%的家庭从底层上升至顶层，或从顶层滑落至底层。

即使这些数字也高估了收入流动性，原因在于：（1）脱离顶层20%群体的家庭通常是位居该层次底部的人；（2）向上或向下的流动有很大部分是属于围绕相当稳定的长期分配状况的偶然波动。密歇根大学的乔尔·斯莱姆罗德（Joel Slemrod）设计了一个有效的指数来描述高收入的持久程度：1983年年收入超过10万美元的家庭在当年的平均收入为17.6万美元；他们在截至1985年的7年期平均收入则为15.3万美元。

另外没有任何迹象表明收入流动性在20世纪80年代有显著提高。表4展示了密歇根大学的格雷格·邓肯（Greg Duncan）的部分研究成果：在5年时间里加入或脱离“中产阶级”（根据一个有些主观但仍合理的定义）的群体的变动情况。表中数据说明，中产阶级类型的群体规模在80年代有所萎缩，因此中产阶级家庭的地位提升或下滑的可能性加大，但与此同时，更贫困的家庭向上流动加入中产阶级群体和更富裕家庭向下流动加入中产阶级群体的数量在减少。另外贫困家庭进入富裕群体，或富裕家庭滑入贫困群体的情形非常少。所以总体图景表明收入流动性的变化不大。

表4　成年人发生较显著收入变化的比例

	时期效应			周期效应	
	所有年份	1980 年前	1980 年及之后	非衰退年份	衰退年份
与高收入群体之间的转移					
中产阶级升至高收入（%）	6.7	6.3	7.5	6.9	6.2
高收入降至中产阶级（%）	29.7	31.1	27.1	28.5	31.8
与低收入群体之间的转移					
低收入升至中产阶级（%）	33.6	33.5	30.4	35.0	32.3
中产阶级降至低收入（%）	7.0	6.2	8.5	6.2	8.5

注：衰退年份的定义是根据人均实际可支配收入的 5 年期增长率，包括 1974—1975 年，1979—1981 年。

资料来源：Dimitri B. Papadimitriou and Edward N. Wolff, *Poverty and Prosperity in the USA in the Late Twentieth Century* (Palgrave Macmillan, 1993), 经 SNCSC 授权使用。

收入流动性从理论上讲或许是对不平等扩大的重要缓冲，然而现实情况证明并非如此。但这丝毫不妨碍保守派利用它来充当争论的焦点。

哈伯德研究

1992 年 6 月，美国财政部的税收分析办公室（Office of Tax Analysis）在从哥伦比亚大学休职的经济学家格伦·哈伯德（Glenn Hubbard）指导下发表了一份研究报告，声称美国存在巨大的向上流动性。该报告特别指出，在 1979 年位居底层 20% 群体的美国人中，有 86% 到 1988 年已脱离该群体，另外在初期位居底层 20% 群体的人，进入顶层 20% 群体的概率比留在底层的概率还高。

然而客气点说，该报告的基础数据是源自我们常说的有些新奇的统计程序。哈伯德报告的实际做法如下：他们追踪了一群在 1979—1988 年这 10 年中每年都缴纳所得税的人，然后拿他们的收入水平同人口的整体水平（而非彼此之间）做比较。把样本限制在每年都缴纳所得税的人，这本身就存在强烈的偏差，即只纳入了经济上较为成功的人群。事实上，美国仅有大约一半的家庭在那 10 年中每年缴纳所得税。这种样本选择偏差的影响很明显：到调查期结束时，样本群体中的穷人非常少，而富裕的人相当多，实际上仅有7%的样本在期末位居底层20%群体，位居顶层20%群体的则达到28%。更重要的是，该报告采用的方法是把该群体同总人口做比较，而非在样本内部对比，这样就把收入随着年龄提高的正常趋势当成了社会流动性的表现。被该研究划入1979年底层20%群体的人，当时的中位数年龄仅为22岁。

芝加哥大学的劳动经济学家凯文·墨菲（Kevin Murphy）干脆利落地给财政部的这项研究结果做了总结："这不是我们熟悉的收入流动性，是出自一个在大学书店打工，到30岁出头才找到一份像样职业的人。"

收入增长

现在我们来看看最后一个或许也最具迷惑性的保守派论点。

还是从介绍事实开始：在初期属于高收入群体的家庭，平均而言在之后10年的收入增长率较低甚至为负，而初期属于低收入群体的家庭，其收入平均而言会呈现快速增长。城市研究所与美国财政部的数据均能证实这个观察。根据城市研究所的数据，在1977年位居底层20%群体的家庭的收入到1986年增长了77%，而顶层20%群体的家庭的收入仅增长了5%。《华尔街日报》社论版、保罗·罗伯茨以及其他人抓住这些数据，证明穷人在20世纪80年代的处境改善好于富人。请允许我把这种观点称作"《华尔街日报》算法"。

《华尔街日报》算法的结果看似很惊人，但仔细想来，它其实完全符合美国不平等快速扩大的结论。该算法只是表明确实存在一定的收入流动性，对此并没有人否认。但它并不代表供给学派的政策给了穷人帮助，而是显示只有极少数人在连续几年中交到好运。

遗憾的是，如果没有一个量化的案例，这很难解释清楚。我们可以设想，在某个经济体的任何给定年份，有半数家庭的年收入为10万美元，另外一半的收入为20万美元。再假设该经济体符合搅拌机模式，因此在初期位居底部的家庭有50%的概率在5年之后上升到顶部，反之亦然。

现在我们来做下《华尔街日报》算法。有一半的家庭在初期的收入为10万美元，10年后这群人的平均收入将变为15万美元，因此收入增长了50%。另一半的家庭在初期的收入为20万美元，10年后这群人的平均收入也是15万美元，其收入减少了33%。

然而，该经济体的收入分配变得更平等了吗？没有，毫无变化。我们看到的一切都是常见的“向均值回归”的统计现象。归根到底，初期的富人只能向下运动，初期的穷人只能向上运动。因此如果基本收入分配格局保持稳定，任何水平的收入流动性都必然导致《华尔街日报》算法的结果。甚至在收入不平等扩大的时候，我们依然能得到这种结果，这也并不令人奇怪。

当然，如果收入流动性的水平像这个假想案例中那么高，某个时点的收入分配状况就没有太大关系。但我们已经知道，美国的收入流动性远没有那么高，大多数穷人或富人依然维持原状。所以，我们的收入流动性水平足以让《华尔街日报》算法成立，却不足以改变不平等仍在扩大这一现实。

如果你想要更形象的描述，可以这样思考。在任何给定年份，某些低收入者只是因为运气不好，比如临时下岗的员工，冲销了亏损的小企业主，被糟糕天气重创的农民，等等。这些人的处境会在几年内大大改善，因此目前的低收入人群的平均收入在未来会有显著提升。但这并不表示长期限于贫困的人的收入会提高，那不会发生。要暴露《华尔街日报》算法的问题，或许最有说服力的办法是借鉴城市研究所的伊莎贝尔·斯瓦希尔（Isabel Swahill）的方法，做反向计算。根据斯瓦希尔的数据，1977年时位居顶层20%的家庭，其收入到1986年下跌了11%。而当她分析1986年位居顶层20%的家庭时，却发现这批人的收入在同一时期上升了65%！保守派喜欢强调收入流动性，因为他们可以借此召唤起美国是“机会之地”的历史形象，一个总是部分（但非完全）真实的形象。可是在他们的一切言行背后，20世纪80年代的流动性既没有提升，也没有高到对不平等恶化的整体形势产生任何影响的程度。

美国自20世纪70年代以来的收入不平等扩大绝非整个经济图景中不起眼的部分，恰恰相反，它在几乎所有经济统计上都相当显著，并渗透到国计民生中的几乎一切事务。你可以接受或反对这种趋势，但难以想象会有人真敢否认这个事实。

因此有关收入分配争论的令人吃惊的教训在于，它在多大程度上暴露了今天的保守派人士的心态。我们看到大量保守派人士尽管言辞上反对极权主义，却有着奥威尔式的极权主义直觉：如果现实记录不符合你的期望，就将其隐瞒或篡改。

收入分配涉及若干重大议题。没有人真正了解顶层群体收入大涨而底层群体收入下跌的全部原因。对于采用何种政策能够制止或扭转这一趋势，则更加缺乏共识。但目前来看，许多保守派人士不仅不愿意探讨这些实质议题，而且根本没兴趣面对现实，只想生活在自己幻想出来（而非真实发生）的20世纪80年代的世界。

毕业生还是寡头

伯南克作为美联储主席在国会的首次作证，每个人都认为表现绝佳。他没有在货币政策或财政政策上犯任何错误。

然而伯南克先生确实在一个点上被绊住了。面对众议员巴尼·弗兰克（Barney Frank）关于收入不平等的问题，他回应时宣称，导致收入不平等扩大的“最重要因素”是“技能溢价的提高，对教育的回报增加”。

这是对美国社会现状的根本误读。我们看到的并非各种类型广泛的有知识劳动者的地位提升，而是范围狭窄的寡头的兴起；收入和财富日益集中到极少数有特权的精英群体手里。

我把大家经常听到的类似伯南克先生的看法理解为一种“80—20”谬论。这种观点认为，我们所在的日益不平等社会中的赢家是个人数不少的群体，也就是说，拥有合适技能，可以充分利用新科技和全球化优势的20%左右的美国劳动者，渐渐甩开了其余80%不具备那些技能的人。

真相远非如此。受教育程度高的劳动者确实比受教育程度低的人境遇更好，但大学文凭并不等于收入会显著增长。2006年的《总统经济报告》显示，大学毕业生的实际收入在2000—2004年下降了超过5%。而在更长期的1975—2004年，大学毕业生的平均收入虽然有所提高，但年增幅不足1%。

---

* 2006年2月27日。

那么谁才是收入不平等扩大的获利者？并非顶层的20%人群，甚至不是顶层的10%人群。巨大的收益归属了人数少得多、富裕程度高得多的群体。

近期由美国西北大学的伊恩·迪尤－贝克尔（Ian Dew-Becker）与罗伯特·戈登（Robert Gordon）发表的一篇论文《生产率增长的成果到哪里去了》给我们带来了某些细节。在1972—2001年，在收入分配阶梯中位居第90百分位的美国人的工薪收入仅提高了34%，或者说每年约1%。因此加入收入分配顶层的10%群体，与拥有大学毕业证一样，并不代表你能分享多少收入增长的成果。

然而，第99百分位的人的收入提高了87%，第99.9百分位的人的收入提高了181%，第99.99百分位的人的收入提高了497%。别吃惊，不是打印错误。

可以再给你提供些关于这些人的感性认识：根据无党派倾向的税收政策中心的估算，2006年第99百分位对应的年收入为402 306美元，第99.9百分位对应的年收入为1 672 726美元。该机构没有提供第99.99百分位的收入数字，很可能会超过600万美元。

为什么像伯南克先生那样睿智而博闻的人会误判不平等扩大的本质？因为他坠入的谬误总是支配着关于收入分配趋势的友好讨论，不是依靠其合理性，而是由于能带给人安慰。把问题都归结为教育回报，意味着没有人应该为不平等的扩大受责备，而只是市场供需作用的结果。它还表明，缓和不平等恶化的办法是改进我们的教育体制，而改善教育是美国所有政客至少在口头上都拥护的价值观。

寡头社会正在兴起的说法相比之下就高度令人不安。它意味着不平等扩大除了跟市场力量有关外，还受到权力关系的影响。不幸的是，现实就是这样。

我们应该对美国社会日益浓厚的寡头性质感到担忧吗？是的，不仅因为经济上的涨潮未能把所有的小船都抬起来，而且历史与现实情况都告诉我们，高度不平等的社会通常也高度腐败。从收入分配扩大的趋势到杰克·阿布拉莫夫* 和白宫前街的腐败项目之间，存在着因果联系。

在这点上我与格林斯潘看法一致。尽管是自由意志主义者，他却令人吃惊地反复发出警告：不平等扩大会给“民主社会”造成威胁。

或许还需要一些时间，我们才能聚集起足够的政治意愿来对抗这种威胁。当然针对不平等采取行动的第一步应该是放弃上述“80—20”谬误。如今正是我们面对现实的时候：不平等扩大是源于少数精英群体占有了过多收入增长的收益，而非大学毕业生拿走的微小部分。

---

* Jack Abramoff，美国共和党人，号称游说业“教父”，于2006年因为贿赂政府官员和国会议员被判刑。——译者注

金钱与道德

不平等议题最近再度成为国家话题。"占领华尔街"运动将该议题显性化，国会预算办公室则提供了收入差距扩大的实际数据。无阶级社会的神话被揭穿，在富裕国家中，美国似乎变成了经济与社会地位最有可能被继承的地方。

由此你可以猜到接下来会发生什么。突然之间，保守派告诉我们，这其实无关乎金钱，而是源于道德。别在意工资停滞之类的事情，真正的麻烦是工薪阶层家庭的价值观崩塌，而这些不知怎么成了进步派人士的错。

但这些真的都源自道德吗？不，主要还是关于金钱。

公正地说，作为保守派舆论攻势核心武器的新书，即查尔斯·穆雷（Charles Murray）的《分崩离析：美国白人的处境，1960—2010 年》，如实地强调了某些惊人趋势。在只受过高中或以下程度教育的美国白人中，结婚率与男性劳动参与率下降，非婚生育现象却在增加。显然，白人工薪阶层的变化趋势很不令人乐观。

可人们应该提出的第一个问题是：价值观方面的情况真有那么糟糕吗？

穆雷先生与其他保守派人士似乎经常以为，传统家庭的没落对社会整体具有可怕的影响。这当然是他们长期坚持的立场。在阅读穆雷先生的书籍时，我联想起早年的一部谴责性作品，格特鲁德·希梅尔法布

---

* 2012 年 2 月 9 日。

（Gertrude Himmelfarb）于1996年出版的《社会的道德沦丧：从维多利亚时代的美德到现代价值观》。该书涉及了许多类似主题，宣称我们的社会正在解体，并预测随着维多利亚时代的美德继续受到侵蚀，趋势还将持续。

但真实情况是，尽管传统家庭在继续失势，某些反映社会功能紊乱的指标却出现了显著改善。就我所知，穆雷先生从未提到自1990年以来各种族群体的青少年早孕现象都大大减少，或者自20世纪90年代中期以来美国的暴力犯罪下降了60%。有没有可能表明，传统家庭对社会凝聚力的重要性并不像他们宣扬的那般重要？

当然，传统工薪家庭肯定在发生某些变化，但问题是什么变化？那就是被保守派极其迅速而冒失地否认却一目了然的现实：受教育程度较低的男性成员能得到的工作机会大大减少。

你看到的大多数关于美国收入变化趋势的数据都集中在家庭，而非个人，这在某些方面是有道理的。但是在看到收入分配的较低层群体的收入略有提升时，你必须意识到这些提升中的全部——没错，就是全部——都来自女性。一方面是因为有更多女性加入雇佣劳动力队伍，另一方面也因为女性的工资相对于男性不像过去那样低了。

而对低教育程度的男性劳动者而言，则完全是负增长。经通胀调整后，高中毕业男性的初级工资水平自1973年以来下跌了23%。与此同时，雇员福利也大大削减。1980年，在私人部门工作的高中毕业男性雇员有65%享受医疗保险，到2009年已下滑至29%。

于是在如今的美国社会，低教育程度的男性要找到有体面工资和良好福利的工作非常困难。然而却有人想让我们惊讶地看到，这些人越来越不想去找工作或者结婚，并认为那必然是源于傲慢的进步派人士造成的某种神秘的道德败坏。穆雷先生还告诉我们，工薪阶层即使结婚，婚姻幸福度也在下降。说来也怪，经济拮据不就会导致这种结果吗？

还有一点：这场争论的真正赢家是知名的社会学家威廉·威尔逊（William Julius Wilson）。

早在 1996 年，也就是希梅尔法布先生哀叹我们道德堕落的同一年，威尔逊先生也出版了《当工作消失时：城市新穷人的世界》一书。他指出，通常归咎于价值观堕落的非洲裔美国人的许多社会败坏问题，其实是源于城市区域缺乏蓝领工作机会。假如他的理论正确，那么当另一个社会群体——如白人工薪阶层——遇到类似的经济机遇匮乏时，就会发生类似的事情。我们见证的结果确实如此。

因此，看到有人试图把国家话题的焦点从不平等飙升转向被抛在后面的美国人的所谓道德堕落，我们应该坚决反对。传统价值观并不像保守派人士想让你相信的那般重要，并且无论如何，美国工薪阶层正在发生的社会变化绝对是收入不平等急剧恶化的结果，而非其原因。

别把低工资归罪于机器人

几天前，我像往常一样去参加一场有关工资停滞与不平等恶化的研讨会。会上有许多有意思的讨论，但令我吃惊的是，竟然有那么多与会者认为机器人是问题的很大一部分，机器正在夺走好的工作岗位，甚至普遍的工作岗位。在大多数时候，这个说法甚至不是作为假设来陈述，而是当成人人皆知的事实。

这种看法对政策讨论具有非常现实的影响。例如，全民基本收入引起的巨大骚动在相当程度上正是源于如下信念：随着“机器人启示录”接管我们的经济，工作机会将永远变得越来越稀缺。

有鉴于此，我感觉很有必要指出，在此问题上人云亦云的说法并不成立。预测非常困难，尤其是关于未来社会，或许有朝一日机器人真的会取代我们的所有工作。然而对过去的40年而言，自动化并不是美国工人经历的故事的主要部分。

我们确实面临着大问题，但这跟技术关系很小，跟政治和权力则关系巨大。

让我们先暂停一下，来问个问题：到底什么是机器人？显然，它的样子并不需要像《星球大战》里的C－3PO那样跟人类似，或者滚来滚去喊着“消灭消灭”。从经济学视角看，机器人就是能用技术完成以前由人做的工作的任何东西。

按照这个定义，机器人参与改造我们的经济已经很多个世纪了。经

---

* 2019年3月14日。

济学理论的奠基人之一大卫·李嘉图在1821年就写过关于机器的破坏作用的文章！

如今，当人们谈起机器人启示录的时候，他们通常不是在联想露天采矿和削平山头这种事情。然而这些技术却彻底改变了煤矿采掘业，美国的煤炭产量在1950—2000年几乎翻番（只是在几年前才开始下降），而煤矿工人的数量在此期间却从47万人减少到不足8万人。

再来看看集装箱运输业。码头装卸工过去是主要港口城市的一大风景线，但随着全球贸易自20世纪70年代以来的腾飞，参与“海运货物处理”的美国工人在全体劳动力中的占比却缩减了2/3。

因此，技术破坏不是新现象。但其速度是否在加快？数据显示并非如此。如果机器人真的在大规模取代劳动者，我们将会看到留下的每个工人生产的产品数量，即劳动生产率飙升。但实际上，20世纪90年代中期到21世纪头10年中期的生产率增速却比此后要快得多。

可见技术变革的故事由来已久。真正新鲜的地方在于，劳动者未能分享到技术进步产生的果实。

我不是说适应变革很容易做到。煤矿就业岗位的减少给许多家庭带来了毁灭性影响，过去的许多煤炭工业区一直没有复苏。港口城市的体力劳动岗位减少也显然加剧了那些地方在20世纪70—80年代的城市社会危机。

不过，尽管技术进步总会制造某些受害者，但在20世纪70年代之前，生产率的进步依然能转化为绝大多数劳动者的工资提高。之后这个联系被打破了，而且不是机器人干的。

怎么造成的？经济学家中有个正在形成但尚不完全的共识，即工资停滞的一个主要因素是劳动者的谈判能力下降，这个问题的根源则在于政治领域。

最显著的一点是，经通胀调整后的联邦最低工资水平在过去半个世纪下降了约1/3，而工人的生产率却提高了150%。这个分化纯粹是由于政治原因。

工会势力被大大削弱，1973 年曾包含私人部门员工人数的 1/4，如今只剩下 6%，这或许还不算太具有政治色彩。然而，其他国家并未出现同样的变化趋势。加拿大如今的工会组织程度与美国在 1973 年时相当，而北欧国家的工会则覆盖了 2/3 的劳动力。让美国与众不同的是其政治环境对劳工组织的态度充满敌意，而对破坏工会的雇主非常友好。

工会的衰落造成了严重后果。例如卡车运输业，过去是被视为不错的职业，而今天的工资水平比 20 世纪 70 年代要低 1/3，而且工作条件恶劣。差别是哪些因素造成的？去工会化是其中很大一部分。

另外，这些容易量化的因素只是表象，背后是我们的政治生活中长期持续的全方位反劳工倾向。

我们由此再回到为什么有那么多关于机器人的高谈阔论的问题。在我眼里，答案在于这是转移目标的策略，借此可以逃避现有体制受到操纵、对劳工极为不利的现实问题，类似于用“技能缺口”之类的话题转移对造成失业率居高不下的糟糕政策的关注。

进步派人士尤其应该避免掉入这种偷懒的宿命论。美国的劳动者能够而且应该得到远远好于今天的待遇。假如他们未能得到，责任不在我们的机器人，而在于社会的政治领导人。

特朗普之地出了什么问题？

这些天以来，似乎所有人都（合理地）感到美国正沿着裂缝解体。但这不是新闻，也不只是关乎政治。自20世纪70年代以来，社会就从许多方面分崩离析，政治极端化与经济极端化并肩而行，收入不平等急剧恶化。

另外政治极端化与经济极端化都带有强烈的地理特征。在经济方面，以沿海大城市为主的美国部分地区的富裕程度大大提高，而其他一些地区被抛在后方。在政治方面，经济较繁荣的地区大体上给希拉里·克林顿投票，落后地区则支持唐纳德·特朗普。

我不是说沿海城市的一切都好，尽管都市区整体上欣欣向荣，那里的许多人仍陷于经济困境。还有住房成本飞涨也是一个正在加剧的现实问题，这在很大程度上拜邻避主义所赐。不过地区经济分化是真实存在的，并与政治分化有着虽不完全却很密切的关联。

这些分化背后的因素是什么？“特朗普之地”出了什么问题？

地区差异对美国而言不是新现象。事实上远在二战之前，这个全球最富裕、最具生产力的国家同时也生活着数百万极端贫困的农户，其中许多人家里没有通电和自来水。但20世纪70年代以前，地区差异一直在快速缩小之中。

以美国最穷的密西西比州为例。20世纪30年代，密西西比州的人均收入仅为马萨诸塞州的30%左右，不过到20世纪70年代后期，这个

* 2018年4月2日。

数字已经提升至近70%，而且当时大多数人或许判断收敛趋势还将继续。

然而，这一进程此后却出现了逆转，如今，密西西比州的人均收入又回落到马萨诸塞州的55%左右。如果放在国际上做个类比，如今的密西西比州同美国沿海各州的差距，几乎相当于西西里岛同意大利北部地区的差异。

密西西比州并非孤立的个案。本杰明·奥斯丁、爱德华·格莱泽与劳伦斯·萨默斯发表的一篇新论文指出，美国人均收入的地区收敛趋势已经停止。落后地区的相对经济下滑还伴随着社会问题激增，越来越高比例的适龄男性没有工作，死亡率上升，毒品消费量较高，等等。

此外，这些变化还证明了社会学家威廉·威尔逊的观点。威尔逊的一个著名论断是，城市中心区域非白人贫困人群的社会问题的根源不在于什么神秘的非洲裔美国人的文化缺陷，而是来自经济因素，具体来说就是缺乏合适的蓝领工作。的确如此，当农村地区的白人群体同样缺乏经济机遇时，他们也表现出了类似的社会瓦解现象。

那么，特朗普之地的问题何在？

对此议题，我基本赞同伯克利加州大学的恩里克·莫雷蒂（Enrico Moretti）的看法，他于2012年发表的《就业机会的新布局》对试图了解美国现状的任何人而言都是必读材料。莫雷蒂认为，经济的结构性转变对雇用高教育背景员工的产业有利，而这些产业的最佳选址是已经有大量此类人群的地方。结果导致此类地区出现了增长的良性循环，知识密集型产业繁荣发展，吸引来更多高教育背景的员工，从而再度强化其区位优势。

与此同时，初始有着较低教育水平的劳动力的地区进入下降循环，一方面选择了错误的产业，同时又面临人才外流。

虽然上述结构性因素确实是主要事件，但我认为还必须认识到自我破坏的政治活动所起的作用。

奥斯丁等人发表的那篇论文说明应该采取扶持落后地区的国家政

策。可是我们已经有可以帮助这些地区的福利计划，但问题是他们并不接受。甚至在联邦政府会支付大部分经费，并在此过程中会创造许多就业机会的情况下，一些州依然拒绝扩展医疗救助计划，其中许多属于美国最贫困的地区。

再看看堪萨斯州与俄克拉荷马州的例子，它们在20世纪70年代都较为富足，但如今远远落后。这两个州实施了激进的减税政策，结果摧毁了自己的教育系统。外来因素把它们陷在了坑里，它们自己仍在把坑越挖越深。

在国家政治层面，我们需要面对现实：特朗普之地实际上是在投票支持自己的贫困化。罗斯福新政推行的社会计划与公共投资对战后的伟大经济融合发挥了显著作用，保守派压缩政府规模的行动则会伤害美国各地的人，对支持共和党上台执政的那些地区的伤害尤其严重。

真实情况是，即使有了明智的政策，通过行动遏制美国不断扩大的地区差异也并不容易。而在我们实际可能采纳的政策下，地区差距只会更趋恶化。

13
保守派

保守主义运动

“我不属于任何有组织的政党，我是个民主党人”（Democrat）*，这是威尔·罗杰斯 ** 的俏皮双关语。罗杰斯讲这个笑话时，其实包含了一定的道理，如今更是如此。不相信我的话，政治学家会告诉你，美国的两大政党在结构上存在本质差异。

民主党并不总是时运不佳或效率低下，但它始终是个利益团体的松散联盟。民主党在过去把北方工会领导人与南方种族隔离分子都吸收进来时，松散程度比如今更甚。该党近年来似乎已经在意识形态上更趋于团结，只是仍没有任何一个团体控盘。

相比之下，现代共和党最好被视为一个高度组织化的政治运动的下属部分，该政治运动还包括默多克的传媒帝国、大批令人晕眩的智库和游说团体（其多数资金来自同一伙亿万富翁），等等。内部和外部的观察家往往把这个集合称为“保守主义运动”。

保守主义运动并非一直是美国政治中的重要势力，在 20 世纪 70 年代前几乎不存在，到 90 年代之后才完全控制共和党。但如今它已成为唯一重要的保守主义类型，而且是美国强烈的政治极端化的背后推手。政治学家再次找到了测算政治风向变化的方法，结果表明至少到近期之前，民主党只是略微左移，共和党则向右翼走了非常远。美国政治生活中确实出现了极端化，但用政治学家的话说，这种极端化呈现出“非对称”形式。

---

* 在英语里是民主主义者的同音多义词。——译者注

** Will Rogers（1879—1935），美国作家、演员和评论员。——译者注

然而，许多对美国政治和政策发表意见的人士，没有看到或者拒绝承认两党之间这一基本的非对称性。以至于有人用“两边主义”（both-sidesism）的说法来形容这种态度，也就是说，坚持认为无论你在右翼看到多么过分的党同伐异，在左翼也能看到对等的现象，而解决美国现实问题的出路在于让两党的优秀中间派团结起来想办法。但所有这些都是一厢情愿的天真。

美国的确有激进左翼势力，但他们并未控制民主党，而激进右翼势力基本上已等同于共和党。某些政客或许可以被归类为中间势力，因为他们的政策观点大致符合民意，尽管在各种经济议题上真实民意比通行判断要偏左得多。可无论如何，如今你可以称作中间分子的几乎每个政客都是民主党人，共和党中间派已经被该党驱逐。

如果不把极端化中的非对称特点考虑进来，你不可能对政治或政策写出有现实意义的东西，因为政策观念至少部分取决于有现实发生可能性的事务。本章所选的文章都是以这种或那种途径来分析保守主义运动时代的美国政治现实。

同一个古老政党

近期刊出若干文章，把小布什总统描述为偏离了真正保守主义道路的人。这些文章认为，共和党需要找回自己的初心。

好吧，我并不清楚真正的保守主义是什么，但在为自己下一本专著做功课时，我花了相当多时间研究自称为保守主义的美国政治运动的历史，发现小布什先生完全没有偏离这一道路。恰恰相反，他是现代保守主义运动的典范。

例如有人说，小布什在发动一场成本高昂的战争的同时减税，令人震惊。可是罗纳德·里根同样是在建立庞大军备的同时实施了减税。

有人说，小布什先生普遍的财政责任缺失，令人震惊。然而按照保守派知识分子自己的说法，他们在30年前就放弃了财政责任态度。当时担任《公共利益》杂志编辑的欧文·克里斯托尔如此解释他在20世纪70年代拥抱供给学派经济学的原因：他“对财政赤字和其他货币或财政问题有种满不在乎的态度”，原因在于“我眼中的任务是创立一个新的多数派，这显然是指保守主义的多数派，也就是共和党多数派，所以优先考虑因素是政治效果，而非政府的财政缺口”。

有人说，小布什政府把关键的政府职能外包给私人承包商，同时拒绝对它们加以有效监督，这在伊拉克重建失败与黑水事件中被充分暴露，令人震惊。

---

* 2007年10月8日。

然而早在1993年，乔纳森·科恩*就在《美国展望》杂志上做过如下解释："在里根和老布什治下，负责监督承包商的政府官员队伍已被大大削弱，使理论上的外包收益已完全消失。相关机构面临着公私两个领域的最糟糕的缺陷：人心涣散、组织不力的政府官员，加上不负责任的私人承包商。"

有人说，小布什政府一贯的低能，令人震惊。但对建设高效政府漠不关心正是现代保守主义的一贯原则。巴里·戈德华特（Barry Goldwater）于1960年发表的《一个保守主义者的良知》就说："我对政府的机构改革或提高效率没有多大兴趣，我只希望缩小其规模。"

有人说，尽管国会和法院有禁止刑讯的指示，小布什政府的司法部依然发出了授权刑讯的意见，这完全是在蔑视美国宪法，令人震惊。但有人还记得伊朗门事件吗？里根政府当时违反禁运法律，秘密向伊朗出售武器，并利用其收益支持尼加拉瓜的反对派，公然蔑视美国国会对此类支持行动的禁令。

嗯，假如你认为伊朗门事件是小流氓行动，上层人士对此并不完全知情或不曾批准，那么用精心的掩盖手段（包括轻松授予的总统特赦令）保护的又是哪些人？我这里还有封来自尼日尔的信，你或许有兴趣买下。**

有人说，小布什政府以打击投票造假为由，试图剥夺少数族裔的公民权，令人震惊。而里根就曾反对《投票权利法案》，并在1980年将其描述为"对南方的羞辱"。

有人说，小布什政府试图威胁新闻媒体，在一段时间内甚至很有效果，令人震惊。但本届政府的媒体策略乃至负责执行该策略的很多人员，都直接继承自尼克松政府。迪克·切尼（Dick Cheney）打算搜查西

---

* Jonathan Cohn，美国记者、作家，曾任《美国展望》杂志执行主编。——译者注

** 意指小布什政府为发动战争而谎称伊拉克从尼日尔购买铀矿的尼日尔丑闻。——译者注

摩·赫什（Seymour Hersh）的公寓，不是上周，而是在1975年。如今担任福克斯新闻频道总裁职位的罗杰·艾尔斯（Roger Ailes）曾是尼克松的媒体顾问。

有人说，小布什政府试图把政见不同等同于叛国，令人震惊。可是戈德华特——与里根一样被美化为保守派的纯洁象征，但在现实中的吸引力要弱得多——曾鼎力支持约瑟夫·麦卡锡（Joseph McCarthy），并且是对一项严厉谴责政治煽动的议案投出反对票的22位参议员之一。

最关键的一点，人们震惊于小布什政府的独裁主义倾向、对法治的轻蔑。但远在半个世纪之前，《国家评论》杂志就宣称，“南方白人社群有权采取此类必要措施来占据主导”，并认为，在“查询有关生而平等的美国公民的权利目录”之后（意思是根据我们所知道的美国宪法）可能提出的反对意见于此无关紧要。

如今，在审视自己事业的废墟时，保守派可以扪心自问：“我们是如何走到这一步的?”他们也许会说，“这不是我想要的美好的右翼道路”。他们也许该质疑自己：“上帝啊，我们干了些什么?”

然而，他们的运动其实一如既往。小布什先生正是保守主义运动的真正的忠实继承人。

埃里克·坎托与一场运动的死亡

众议院多数党领袖、共和党人埃里克·坎托（Eric Cantor）在初选中意外落败有多大影响？非常大。它表明自罗纳德·里根当选到巴拉克·奥巴马当选期间主导美国政坛的保守主义运动在我们注视下走向瓦解，而许多权威人士认为在今年（2014年）还可能卷土重来。

我的意思不是说一般意义上的保守主义正在死去。我和其他人所说的“保守主义运动”具有较为特定的含义，我记得自己是从历史学家里克·珀尔斯坦那里学来的术语。该运动是一套密切连接的组织和联盟，通过激发文化与种族上的忧虑情绪来赢得选举，却又借用选举胜利来推行服务于精英人群的经济纲领，同时为政治与意识形态的忠实拥护者提供支持网络。

通过拒绝坎托先生，共和党基础选民表明他们已看穿了选举中的诱导转向；通过自己的失败，坎托先生显示上述支持网络已不再能保证职位的稳定。他为保守派效力有30年之久，然后就出局了。

要理解我说的诱导转向，可以想想2004年发生过的事情。小布什把自己塑造成国家安全与传统价值观的捍卫者而赢得连任就像我喜欢说的那样，他是作为抗击同性恋婚姻恐怖分子的美国保卫者出来竞选的，然后马上转向真正的首要任务：把社会保障计划私有化。托马斯·弗兰克的著作《堪萨斯州出了什么问题》对此策略做了众所周知的精彩描述：共和党人用社会议题动员选民，但在选举之后无一例外转向为大公

---

* 2014年6月12日。

司和顶层1%人群的利益服务。

作为对这一服务的回报，企业界和富人群体给“正直”的右翼思想政客提供慷慨的资金支持，给忠实拥护者提供安全网，即所谓的“翼形螺帽福利”（wing-nut welfare）。具体来说，对自愿或非自愿的去职者，总是有舒适的归宿，包括做游说的工作、福克斯新闻频道和其他媒体的评论员职位（小布什的两位前任讲稿撰写人如今担任《华盛顿邮报》的专栏作家），还有“做研究”的岗位。例如在失去参议员席位后，里克·桑托勒姆（Rick Santorum）在科赫兄弟资助的一家智库担任“美国的敌人”这一研究项目的负责人，还兼任其他职务。

成功的竞选策略与安全网的组合，让做保守派的忠实支持者似乎成了一条低风险的职业发展道路。这项事业很激进，但其招募的人员越来越像东方党政官员，更多依靠追名逐利而非坚定信仰来产生激励。

而这显然是坎托先生传递出来的形象。我从未听到有人说他能鼓舞人心。他的政治言辞令人生厌且缺乏能量，并经常迟钝到令人吃惊。例如你或许还记得，他曾在2012年用一条称赞企业主的推特来庆贺劳动节。不过他显然非常善于玩幕后的游戏。

但如今的结果表明，仅此已经不够了。我们不清楚他到底为什么输掉初选，但显然共和党的基层选民不相信他会优先服务于选民的利益而非公司利益（他们或许是对的）。最引人关注的特定议题，即移民问题正好也是基层选民与共和党精英分歧巨大的部分。不仅是因为精英们认为必须找到一条途径来动员西班牙裔群体（而基层选民很不喜欢那个群体），而且在基层的本位主义要求与大公司对丰富的廉价劳动力的欲望之间，也存在内在的冲突。

尽管坎托先生不至于挨饿，他肯定会在白宫前街找到舒适的游说职位，但他落败的羞辱仍是一个警告，即成为保守派的职业党政官员并非像过去那样安稳的职业选择。

那么保守主义运动将走向何方？在弗吉尼亚州的混乱选举前，媒体上流传一种说法，即共和党建制派正在从茶党手中重夺控制权，表明旧式的良性保守主义运动正在回归。但在现实中，赢得初选胜利的建制派人物都是依靠把自己重新包装成极端分子的做法。而坎托先生的失败说明，光在口头上靠拢极端主义已经不够，必须让基层选民相信你真的这样认为。

从长期看，或许将从2016年开始，这对共和党是个坏消息，因为当全国总体上向左移动时，共和党却在若干社会议题上向右转。例如他们在同性恋婚姻问题上的立场变得多快。但与此同时，我们目睹的是一个将比2008年之后变得更加极端、更缺乏兴趣参与正常治理的政党。丑陋的政治场景将变得更为丑陋。

伟大的中右翼幻觉

是什么因素正在令美国政治跌落悬崖？种族仇恨与希望利用这种情绪的政客的愤世态度起到了核心作用，但还有其他因素。今天的《纽约时报》上发表了亚历山大·赫特尔-费尔南德斯（Alexander Hertel-Fernandez）、马托·米尔登贝格（Matto Mildenberger）与莉亚·斯托克斯（Leah Stokes）的一篇评论文章，它其实是一篇社会科学著述而非评论。该文似乎确证了我已经怀疑的某种东西：对选民意愿的误解正在扭曲政治主场与公共政策制定。

文章作者介绍的主题是，国会助理严重误解了其老板依赖的选民群体的观点，该现象在两党都存在，但共和党尤甚。文章没有明确指出的一点是，除了有关《平价医疗法案》废立的行动，民主党出了与共和党同方向的误判，只是程度略轻。尤其是，两党都把公众立场判断得比实际情况更趋右翼。

这里补充两句关于废止《平价医疗法案》的事情，我很想知道到底出现了什么状况。大量民意调查结果显示，选民压倒性地希望为有既往病史的人提供医疗保障，并给低收入美国人提供购买医疗保险的补贴。也就是说，即使他们口头上说不赞成该法案，他们也想要获得法案提供的实质内容。因此，我需要对上述结论加点保留态度，民主党在这方面或许没有像表面上错得那样离谱。

不管怎样，我真正希望看到的是对其他群体做类似的民意调查，例

* 2018 年 10 月 31 日。

如，针对主流媒体的政治观察家。为什么？因为我推测会看到相似的结果：对政治发表观点的人也会把选民的立场想象得比实际情况靠右翼得多。换句话说，我认为华盛顿圈子里存在一种共同的错觉：美国是个保守国家，或最多是个中右翼色彩的国家。这种看法其实缺乏现实根据。

的确，越来越走向极右翼的共和党在政治上颇具竞争力，在过去24年中，有20年时间控制了白宫或众议院，或同时掌控二者。但这在很大程度上是因为竞争环境不公平，他们在此期间仅赢过一次总统大选的普选票，而且在选民票远远低于民主党的情况下仍能够把持众议院。

这同时反映了共和党人在现实政策之外的一切事务上的政治策略。特朗普把"可怕的有色人种"而非医疗或减税当作下周的核心选举议题的疯狂举动，比我们在很久以来见过的任何场面都更显粗鄙和丑陋，但从根本上并没有出戏。老布什竞选时谈威利·霍顿*，小布什竞选时谈国家安全，同样没有太多着力于实际政策。

事实上，我们曾经在2004—2005年得到过真实教训，当时共和党的竞选活动同公众倾向也存在不一致。小布什将其定位为关于国家安全的选举，带着几分文化战争的气息。我经常嘲笑说，他把自己当作同性恋婚姻恐怖分子的死敌去竞选。而在拿到胜利之后，他宣称得到了把社会保障计划私有化的授权。其实没有。

但许多舆论权威认为他有。在2004年大选后的几个月中，时事评论家形成的共识是：小布什当然可以在社会保障计划上通行无阻，南希·佩洛西等试图阻止他的人是站在历史的对立面。结果，衷心拥护社会保障计划（以及医疗保险计划和医疗救助计划）的选民表现出大面积反弹，这让许多自封的政治专家瞠目结舌。

那么，把美国当作中右翼国家的错觉有何恶劣影响？它显然阻碍了民主党人采取大胆的政策立场，因为担心对选民来说过于左倾。而坚持

---

* Willie Horton，美国囚犯，利用监狱提供的周末休假机会再次犯罪，被共和党方面作为1988年大选的核心议题。——译者注

宣扬公众喜欢居于两党之间的中间派的记者，则在不断滋养这种担心。还记得为布隆伯格竞选总统造势的阵营吧，里面就有若干知名舆论领袖和大约三位非记者身份的选民。

至于共和党，则更加与民意不搭边。赫特尔－费尔南德斯等人的那篇文章明智地指出，特朗普的减税政策始终不受欢迎。但他们没有提到，共和党人起初确信这会是个重大政治胜利。米奇·麦康奈尔曾宣告："如果我们连这都不能让美国民众接受，那真应该改行去干别的。"但他们就是没能让民众接受，减税议题实质上已经从共和党的宣传信息里消失了。

公众强烈反对共和党人企图取消对有既往病史者的医疗保障，他们则对此完全视而不见，想到这点着实令人震惊。他们怎么不能认识到这是个痛点呢？

由此让我想起戴维·罗伯茨昨天写的文章，对我这段时间一直思考的问题提供了补充。在提及穆勒调查案的时候，他注意到我们正在同"第二代福克斯新闻频道保守派"打交道，这批人完全是在右翼泡沫内部成长起来的，完全不了解外部人的言论、思想与行为。

我想说，这对共和党的职业政客更是如此，他们全都是党政官僚。也就是说他们成长于保守主义运动的机器内部，真以为除了少数左派的"输家"之外，其他人都认同其意识形态。他们甚至没有意识到，自己所处党派的成功是立足于种族对立，没有意识到大多数人希望对富人增税，并维持社会福利保障。

顺便说一句，这正是特朗普拥有优势的地方。他不是在保守派温室里成长的，他的残忍表明，他知道自己的选举胜机不是维持保守派的虔诚，而在于最大限度的丑陋。

美国政治中的空荡角落

咖啡业亿万富翁霍华德·舒尔茨（Howard Schultz）想象他能以“中间派”的身份吸引广泛支持，结果仅得到4%的支持率，反对率则高达40%。

以压倒性优势赢得弗吉尼亚州州长竞选的民主党人拉尔夫·诺瑟姆（Ralph Northam）则因为他在医学院校刊上的种族主义色彩的照片，面临自己党派的谴责风暴。

在竞选中承诺扩大医疗保障、对富人加税的特朗普，自到任之日即开始背叛工薪阶层支持者，推进对富人减税，同时剥夺数百万人的医疗保障。

这些其实是相互关联的故事，全都涉及美国政治生活中两个巨大的缺位。

缺位之一是社会领域进步派、经济领域保守派的选民。这些选民是舒尔茨以为自己可以吸引到的人群，但整体上他们并不存在。没错，仅占选民的4%左右。

缺位之二是经济领域进步派、政治领域保守派的政客，或者不客气地说就是“种族主义+民粹主义”分子。其实有大量选民喜欢这个组合，而特朗普也假装是他们要找的人。但他不是，其他任何人也不是。

我要指出，看清楚这些空缺的角落是理解美国政治的关键所在。

美国国会一度存在种族主义民粹分子，新政联盟的基础就包含大批

---

* 2019年2月4日。

种族隔离主义的南方民主党人。但这个基础始终不稳定。事实上，推动经济包容性似乎会自然扩展到支持种族与社会的包容性。到 20 世纪 40 年代，北方民主党人已变得比北方共和党人更支持维护公民权利。而且如诺瑟姆事件揭示的那样，如今的民主党哪怕对种族主义的肤浅表象也极难容忍。

但与此同时，现代共和党关注的完全是削减富人的税负以及穷人和中产阶级的福利。而特朗普尽管在竞选时故作姿态，结果也毫无差别。

因此，我们的政治体制便无法满足这批人群，他们在社会领域持保守乃至种族主义态度，同时却希望对富人加税，并维持社会保障。民主党人不接受他们的种族主义；对种族主义并无愧疚感的共和党人则不会捍卫他们依赖的社会保障计划，请记住，该党的建制派坚决支持罗伊·摩尔* 竞选参议员。

那为什么持相反立场的选民，即在社会和种族问题上持进步派态度，在经济领域持保守派态度的选民数量如此之少呢？我认为原因正在于，共和党向右翼滑落得太远了。

这方面的民意调查结果不存在异议。如果你把“中间”定义为美国两党立场之间的某个位置，那么在经济议题上，民众压倒性地站在中间的左侧，甚至很明显比民主党的立场还左倾。对富人减税是共和党的标志性政策，但 2/3 的选民认为现有的富人税负过低，仅有 7% 认为过高。选民以 3∶1 的绝对多数支持伊丽莎白·沃伦对大额财富征税的建议。虽然共和党近年来的每份医疗改革建议都把削减医疗救助计划作为核心内容，却仅有很少数选民乐见其成。

为什么共和党人要在一个如此偏离选民意愿的立场下赌注呢？因为他们可以。随着民主党变成一个支持民权的政党，共和党便可以靠迎合工薪阶层白人在社会和种族问题上的反进步主义来吸引他们，同时却奉

---

* Roy Moore，亚拉巴马州共和党人，身陷多项丑闻，2018 年中期选举败给民主党参议院候选人。——译者注

行会伤害普通劳动者的政策。

结果导致在美国做经济保守派意味着主张那些只有少数精英群体拥护的政策。事实上没有几个人想接受这些政策，只有捆绑上种族对抗才能推销出去。

那么，美国政治生活中这些空荡角落对未来意味着什么？首先，舒尔茨显然是个傻子，任何梦想让共和党通过改革切断同种族主义者的联系却维持保守立场的人也是如此。基本上没有人想要那种立场组合。

其次，对于民主党人过度左倾（如主张对富人增税，扩大医疗保险计划等）会威胁到选举前景的担忧被严重夸大了。选民普遍支持经济上向左转，只是某些人不喜欢民主党对公民权利的支持，但民主党不可能因此放弃自己的灵魂。

不那么清楚的一点在于，是否有空间容纳愿意成为真正的“种族主义+民粹主义”分子的政客，特朗普不是这样，他在第二种身份上是假扮的。美国确实存在相当数量的“种族主义+民粹主义”选民群体，你或许以为会有人愿意为他们服务。然而，巨额财富的引力或许过于强大，它已经彻底俘获共和党，并严重妨碍民主党向选民真正希望的位置左移。

无论如何，假如真有独立参选人的操作空间，那更可能是乔治·华莱士*，而非霍华德·舒尔茨。蔑视传统政党的亿万富翁应该知道自己真正需要什么。

---

* George Wallace（1919—1998），美国政治家，曾任亚拉巴马州州长，1968年作为坚持种族隔离立场的美国独立党候选人参加总统大选。——译者注

14

啊，社会主义！

21世纪的"赤色分子"

美国应该有一个面向全体合法居民的医疗保险计划类型的福利项目吗？这是你可以向选民提出的一个现实问题，并能得到有意义的回答。人们普遍赞成能够参与医疗保险计划的主张，但不喜欢被要求放弃自己满意的私人保险计划。

美国应该接受社会主义吗？这就不是个现实问题，因为"社会主义"可能对不同人有着不同的含义。社会主义的经典定义是"生产资料的国家所有制"，显然美国选民对此并不热心。但美国政治中有一个悠久的传统，把社会主义混同于欧洲人所说的"社会民主主义"，也即实施市场经济，但有强大的公共社会安全网，以及限制企业在追求利润时的行动范围的监管机制。实际上，医疗保险计划在发挥作用并广泛普及之前，也被谴责为"社会主义药方"，伴随着它会摧毁美国式自由的可怕警告。

我们再换个说法，你是否认为美国应该向丹麦靠近一点，也即实施市场经济，但有着比美国强大得多的社会安全网？保守派则会坚称，你打算把我们变成委内瑞拉，对市场力量的蔑视给那里造成了经济灾难。

在我撰写这些文字的时候，共和党人显然正准备把对社会主义的恐惧变成他们在2020年大选中的核心议题，希望利用民主党（在目前基本属于社会民主主义性质）中有政客挑衅式地自称社会主义者的事实。当然，我认为他们这种自称并不准确。我不清楚共和党的恐吓策略会不会奏效，但如果该策略能获得关注，部分原因在于很少人明白社会民主主义到底要做些什么，或者说在社会民主主义道路上走得比我们更远的国家，人们到底过着怎样的生活。

本章收录的文章试图从多个角度解决这一知识匮乏问题：描述西欧国家的真实生活，并破除关于我们自己的社会运转方式的某些神话，尤其是关于自由市场总能增进个人自由的经久但错误的说法。

资本主义、社会主义与不自由

眼下在《纽约时报》主页上刊有两篇文章，一篇是科里·罗宾（Corey Robin）的观点评述，另一篇是尼尔·欧文（Neil Irwin）的新闻分析，我认为应该结合起来读。这两篇文章共同讲到了许多关于新自由主义意识形态（我认为意识形态的说法在此处很合适）的错误，而这种意识形态支配了从20世纪70年代以来的太多公众话题。

归根到底，低税收和最低程度监管在过去和今天的卖点有哪些？当然部分理由是说小政府是实现伟大经济业绩的关键，涨潮能把所有的船都抬起来。尽管在新自由主义占据统治地位的时代，实际经济增长表现平平，其成果也没有为普通劳动者分享，这种观点依然苟延残喘，因为有强大的利益集团希望其延续。

另外一个理由则说，自由市场会转化为个人自由，无约束的市场经济能把普通人从官僚机构的暴政下解放出来。该理论声称，在自由市场中，你出售自己的本事时不需要讨好老板或公司，因为他们知道你随时可以另谋高就。

而罗宾告诉我们，市场经济的现实并非如此。事实上，千百万美国人，尤其（但不仅）是那些没有挣大钱的人的日常经历表明，他们的命运往往取决于雇主或其他更有权势的经济行为人的心情。

的确如布拉德·德龙所述，罗宾的许多案例事实上能适用于任何较为复杂的经济体系：我在同威瑞森电信公司（Verizon）和社会保障管理

---

* 2018年8月26日。

图 1　16 岁及以上男性全职工作者的中位数实际周薪的变化趋势

资料来源：U. S. Bureau of Labor Statistics。

局打交道的过程中都浪费了不少时间，而在这两次事件中，我的社会经济地位还帮了些忙，比一位挣最低工资的劳动者去办事要容易得多。另一方面，我跟人们普遍抱怨的车管所打交道的经历始终都还不错。总的来说，所谓自由市场会完全消除权力关系的影响这种观念实在过于天真。

而且同几十年前相比，这种观念在今天显得更加天真，因为如欧文所言，经济中的大玩家在越来越多地支配经济生活。例如，我们日益清楚地看到垄断力量正在压抑工资水平，并且远不止这点。就业机会集中到少数公司，加上竞业禁止条款和暗地串谋等强化其市场支配力的操作，不仅可以在你得到就业机会时压低你的工资，还会在你受到不公平待遇时减少或消除你的其他选择。如果因为对恶劣的老板或公司政策不满而辞职，你或许很难找到新的工作。

但对此能做些什么呢？科里·罗宾说可以用“社会主义”来解决。但在我看来，他真正想说的是社会民主主义，即丹麦的做法而非委内瑞拉的做法。政府强制要求的雇员保障可能会制约企业雇佣和解雇的能力，却也能保护劳动者免遭某些非常现实的虐待。工会可能在一定程度上限制劳动者的选择权，但也对公司的买方垄断权构成了重要的制衡。

还有，社会安全网能做的事情除了减轻痛苦，还可以起到解放人性的作用。我认识许多人，由于担心失去医疗保险而被迫继续自己本来不喜欢的工作。奥巴马医改计划尽管有缺陷，却显著地减少了这种“锁定”状况，对医疗保险的全面覆盖则会使美国社会明显变得更加自由。

之前有一天，我拿加图研究所的美国各州经济自由度指数出来把玩，竟然看到佛罗里达州的自由度最高，而纽约州最不自由。政委同志，我写这些内容没问题吧？但我发现，除其他因素外，加图研究所测算的自由度似乎还与较高的婴儿死亡率呈现正相关关系（紧随佛罗里达的是新罕布什尔州）。真是生而自由，死也自由！

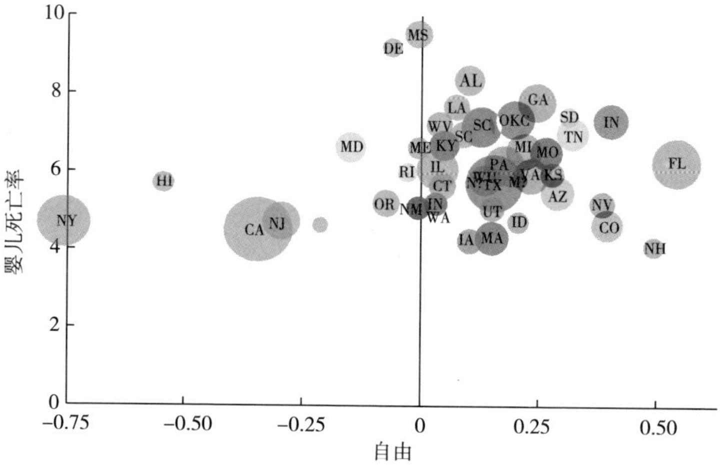

图2　加图研究所的经济自由度指数与婴儿死亡率

资料来源：William P. Ruger and Jason Sorens, Freedom in the 50 States: An Index of Personal and Economic Freedom (Cato Institute, 2018)。

不过严肃地说，纽约人的自由度较低确实是由于纽约州与佛罗里达州的真实差距所致吗？纽约是个工会组织程度较高的州，25.3%的员工是工会成员，而佛罗里达州的工会仅能代表6.6%的员工。这使得纽约的员工更缺乏自由，还是增强了他们面对企业时的谈判力？

另外，纽约州还扩大了医疗救助计划，努力让《平价医疗法案》设立的保险交易所正常运转，因此该州仅有8%的非老年成年人没有医疗保险，而佛罗里达州的相应数字为18%。纽约人是对医疗法规的重压感到气恼，还是会觉得更自由——因为他们知道自己被紧急医疗状况毁掉的风险降低了，也不至于一旦失去工作就被甩进深渊。

如果你是位高薪的专业人士，那或许不会带来多大区别。但我估计，大多数劳动者会感觉在纽约州要比在佛罗里达州相对自由一些。

显而易见，对于生活在一个复杂社会中要为自由付出的必要牺牲，我们并没有完美的解决方案，乌托邦并不现实。然而提倡不受限制的企业支配权和尽量减少劳动者保护的人，却在太长时间里随心所欲地假扮成自由的捍卫者，但他们所谓的自由，不过是一无所有的代名词。

丹麦没有那么腐朽不堪

要不要当一个社会主义者，这是个问题。抱歉，我实在忍不住了。

上星期，福克斯财经频道主持人翠西·雷根（Trish Regan）制造了一小场国际事件，把丹麦描述为社会主义的恐怖范例，与委内瑞拉并列。丹麦的财政部长于是建议这位女主持人去他们国家走一趟，看看实际情况。

事实上，雷根选的例子实在糟透了。或者从美国进步派人士的角度看，实在是好绝了。

因为丹麦确实在过去几十年走了一条与美国迥异的道路，较为适度地向左转（而美国是向右转），并做得非常好。

美国政坛的绝对主题一直是对大政府的十字军讨伐，丹麦则选择让政府发挥更大作用，其公共支出超过 GDP 的一半。美国政客不敢谈论从富人到穷人的收入再分配，丹麦则在我们难以想象的规模上实施这种再分配。美国的政策越来越对劳工组织抱有敌意，工会基本上从私人部门消失，丹麦的工会则覆盖了约 2/3 的劳动者。

保守派意识形态宣称，丹麦的政策选择将导致灾难，哥本哈根的街头会变得杂草丛生。雷根描述的，其实就是她的雇主设想的必然景象。但假如丹麦确实是他们说的那种鬼地方，则肯定花了好大工夫来隐瞒真相，因为我刚去过那里，整个国家看起来欣欣向荣。

---

* 2018 年 8 月 16 日。

数据也印证了我的印象。丹麦人比美国人更容易找到工作，在许多情况下收入也更高。丹麦的人均 GDP 从整体看略低于美国，但这主要源于丹麦人享受的假期更多。他们的收入不平等程度比美国低得多，预期寿命也更长。

因此，朴素的事实是，大多数丹麦人的生活比美国的对应人群过得更好。这是丹麦在幸福度和生活满意度排名上长期遥遥领先于美国的一个原因。

然而，丹麦是社会主义国家吗？

自由意志派的加图研究所认为不是："除了福利国家的转移支付体制和较高的政府消费之外，丹麦有着完全自由市场性质的经济。"这算是某种资格认证。

丹麦的确完全不符合社会主义的传统定义，即对生产资料实行国家所有制。它其实属于社会民主主义类型：推行市场经济，但通过政府行动弥补资本主义的缺陷，包括提供非常强大的社会安全网。

而美国的保守派，例如福克斯电视台的雷根，继续系统性地混淆社会民主主义和社会主义。2008 年，麦凯恩就指责说奥巴马想搞社会主义，主要理由是奥巴马呼吁扩大医疗保障覆盖面。2012 年，米特·罗姆尼又宣称奥巴马的理念是取自"欧洲的社会主义民主党人"。

或者说，在美国的政治讨论中，任何想让市场经济中的生活变得不那么危险、残酷和短缺的人，都会被谴责为"社会主义者"。

这种抹黑运动导致了一个可以预见的后果：如果你把任何试图改善美国人生活的努力都称作"社会主义"，那早晚有一天，许多美国人会认为社会主义还行。

近期开展的一项盖洛普民意调查显示，在年轻选民与自诩为民主党的人群中，多数人喜欢社会主义胜过资本主义。但这并不代表有数千万美国人希望政府掌握经济的绝对控制权，而只是说许多人在被反复告知让美国更像丹麦就是走社会主义道路之后，觉得社会主义原来也没那么糟糕。

同样的事情也发生在部分民主党政客身上。亚历山大里亚·奥卡西奥－科尔特斯吸引了很大关注，不仅是因为她那令人吃惊的初选胜利，还由于她自称为社会主义者。但她的纲领完全不符合传统的社会主义定义，而是毫不掩饰的社会民主主义。

这让她的路线与民主党的其他人能保持一致。每当读到质疑民主党人究竟有何主张的文章时，我都怀疑作者有没有看一眼多位候选人对政策到底说过什么。因为如今的民主党已经围绕着社会民主主义的目标惊人地联合起来，其紧密程度远超过去。

确实，他们在政策与表述策略上存在各种分歧。例如，推进医疗保险全民覆盖是通过全民医疗保险计划，还是允许每个人出资参与改进后的医疗保险计划？面对共和党对于社会民主主义理念的抹黑攻击，民主党是应该不屑一顾，还是争取把“社会主义”的污名变成荣誉勋章？

但这些不是根本性的分歧，同二三十年前折磨民主党进步派与中间派的对立完全不可同日而语。

一个简单的事实是，美国有着太多本不必有的苦难。其他所有发达国家都有全民医疗保险体制，以及比美国完善太多的社会安全网。美国不必非要承受那些。

特朗普与社会主义的威胁

1961年，美国面临保守派眼中的一个致命威胁：要求建立一个全国性医疗保险计划，覆盖全体老年公民。为避免这一可怕的命运，美国医疗协会发起了所谓的“咖啡杯行动”予以抵制，那是病毒式营销宣传的早期尝试。

该行动是这样开展的：他们要求医生的太太（记住，是1961年）把各自的朋友请到家里，放一段罗纳德·里根的讲话录音，内容是关于全民医疗保险会如何毁掉美国式自由。然后，请听过录音的那些家庭主妇给国会写信，谴责医疗保险计划的危害。

显然这一策略并未奏效。医疗保险计划不但变成了现实，而且大受欢迎，以至于今天的共和党人经常（无端地）指责民主党人试图切断其资金来源。不过这种抵制策略本身，即宣称加强社会安全网或缓和不平等的任何企图都将把我们导向极权统治，却延续了下来。

于是我们看到，特朗普在国情咨文演讲中从他惯常发出的关于可怕棕色人种的警报，突然转向对社会主义威胁的告诫。

特朗普的拥趸乃至一般保守派人士所说的“社会主义”是什么？答案是这要取决于具体情况。

有时他们是指任何形式的进步主义经济措施。因此在国情咨文发表后，财政部长史蒂文·姆努钦为特朗普的经济成绩唱赞歌，并宣布“我们不会回到社会主义”——这意思分明是说，美国在2016年的时候还

---

* 2019年2月7日。

是个搞社会主义的地方。谁知道呢?

但其他时候，他们说的社会主义是指苏联式的中央计划经济，或委内瑞拉式的产业国有化，却从不考虑事实上在美国政坛根本没有人主张走这种道路。

他们的花招——这个词恰如其分——是在上述完全不同的含义之间来回调换，并希望人们没有注意到。你说想要免除大学学费？想想那些死于乌克兰饥荒的大批民众吧！不，这不是讽刺漫画。看看特朗普的经济学家在2018年秋天发布的关于社会主义的揣摩上意的奇特报告，他们的论证逻辑就是这样。

我们还是来说说现实的选择。

美国的某些进步主义政客如今自称为社会主义者，并有相当数量的选民，包括30岁以下的多数人，说自己支持社会主义。但无论是这些政客还是选民，都没有要求政府没收生产资料。相反，他们采取的是一种较为保守的说法，把调节市场经济的过度现象的任何行动都表述为社会主义，然后承认，"于是在这个意义上我就是社会主义者"。

支持"社会主义"的美国人真正想要的是世界其他地方称为"社会民主主义"的制度：推行市场经济，但通过强大的社会安全网限制极端贫困，通过累进制税收限制极端不平等。他们希望美国变得更像丹麦或者挪威，而非委内瑞拉。

如果你没有去过那里，北欧国家其实并不是什么破败的地狱。他们的人均GDP略低于美国，但主要是因为有更长的休假。相比美国，这些国家民众的预期寿命更长，贫困现象更少，整体生活满意度明显更高。另外，他们还有高度的创业精神。人们更愿意承担开办企业的风险，因为他们知道，即使失败，也不会丧失医疗保险或者陷入赤贫。

要把北欧社会的现实与反社会主义宣言协调起来，特朗普的经济学家显然做得很费力。在某些地方，他们说北欧人不是真正的社会主义者。在其他地方，他们又竭力说明，尽管表面上看不出来，但瑞典人和丹麦人其实在受苦，例如，他们开皮卡车要付出很昂贵的代价，这些内容可不是我编的。

美国是否有从进步主义滑向极权主义的危险呢？绝没有这方面的证据。美国的医疗保险计划并未摧毁自由。斯大林时代的苏联与毛泽东时代的中国不是从社会民主主义演化而来的。委内瑞拉在查韦斯上台以前早就是个腐败的石油国家。如果确有“通向奴役之路”，我想不出哪个国家曾经走过。

所以，对社会主义恐惧论的贩卖既愚蠢又虚伪，但这在政治上能有效果吗？

或许不会。毕竟选民对美国的“社会主义者”倡导的大多数政策表现出了压倒性的支持，包括对富人加税，让医疗保险计划能面向所有人，当然，选民不支持迫使人们放弃私人保险的做法，这是警示民主党人不要拿推行单一付费方体制做决定性实验。

另一方面，我们永远不要低估欺诈的影响力。右翼媒体会把民主党提名的任何总统候选人描画成列夫·托洛茨基再世，然后数百万人会被他们蒙骗。让我们期望其余媒体能把美国式社会主义的干净的小秘密报道清楚，那就是它一点也不激进。

15
气候变化

最重要的事

说老实话，有时候我怀疑谈论气候变化之外的其他任何问题都是在浪费自己的时间。我的意思是，文明面临生死存亡的威胁；如果我们不采取行动限制温室气体排放，长期来看其他任何事情，如医疗改革、收入不平等甚至金融危机等都不值一提。

当然，还是能找到某些充足的理由，让我不至于把每篇专栏文章都用来写气候变化的威胁。生活与政策制定仍将继续，毕竟我们还是希望能在太晚之前采取足够的行动阻止气候恶化。另外写作效果除了所涉议题的重要性之外，也取决于你能往里加多少料。正如雷蒙德·钱德勒*在其随笔《简单的谋杀艺术》中所言，“有些关于上帝的书写得很无趣，也有些关于如何谋生与保持诚实的书写得非常精彩”。

还有不管你喜欢与否，尽管气候变化正成为日益重要的政治议题，但在力争采取相关行动时，我们需要把气候政策同民众关心的其他事情捆绑在一起。稍后我还会谈及这点。

因此我不是随时都在写气候问题，甚至写作力度与它在总体上的重要性不太成比例。但这里有个问题，经济学家对气候议题能做出什么贡献呢？我认为有如下三方面的回答。

第一，尽管我不是气候学家，但有关气候变化的政治讨论同有关经济政策的政治讨论极为类似。与经济一样，全球气候是个复杂系统；与经济政策一样，在气候政策领域，有些人真心希望弄清楚世界如何运转，另一些人则出于既得利益宣扬观点，而不管是否有实际证据的支持。

---

* Raymond Chandler（1888—1959），美国著名推理小说作家。——译者注

所以数十年来的经历告诉我，做严肃研究的人与出于政治动机的冒牌学者各自是什么样子的。一边是迈克尔·曼（著名的“曲棍球棍”形全球气温变化图的创始人）等人的研究成果，另一边是气候变化否认者对他的令人愤慨的妖魔化与污名化。看清楚孰是孰非并不困难。

第二，反对就气候变化采取任何行动的一个理由是，宣称限制温室气体排放的任何重要行动都会给经济造成巨大伤害。因此，这里也有直接属于经济学领域的讨论话题。

第三，过去多年观察经济政策的政治斗争，让我自认为对各种政策的政治角逐过程有了某些洞察力。具体来说，医疗改革路径对我就是个实际教训：表明追求完美可能会过犹不及。我们有充分理由证明，单一付费方的全民医疗保险体制相对于奥巴马医改计划等公私混合体制具有优越性。然而在 2009 年，当真正推动医疗改革的良机在 15 年中首次出现时，很明显美国还没有为单一付费方体制做好充分准备（或许如今依然没有）。因此我们采取了次优方案，使大约 2 000 万人获得了保险覆盖。

这跟气候变化有何关联？每个上经济学原理课的学生都会知道，应对污染的有效办法是对其标价，也就是征收碳税。我的某些同事便痴迷于这种完美主义的解决办法：我们应该有碳税且只有碳税。但同时，某些进步派人士一直在呼吁实施绿色新政，把气候政策同其他某些发展目标结合起来，并在碳税之外，也倚重其他政策的作用。在本章收录的最后一篇文章中，我将指出气候政策的圣诞树策略，即对不同利益群体有很多相应办法在现实中是可行的。

特朗普与致命否认者

气候变化是个骗局。

气候变化是在发生，但不是人为的。

气候变化是人为的，但为此采取任何行动都会破坏就业，扼杀经济增长。

以上是气候变化否认论的不同阶段，或者不该说是不同阶段，因为这些人从未放弃其中任何观点，不管事实对此给出了多么彻底的反驳。最好还是把它们描述为蟑螂理念，你以为自己已经清除掉的错误说法，却不断反复出现。

不管怎样，面对气候变化催生的另一场致命飓风与联合国发表的又一份不祥报告的打击，特朗普政府及其盟友在过去几天忙于陈述上面的各种错误观点。我本该承认这是令人震惊的景象，只是如今已让人见怪不怪。但它们依然提示：我们今天的统治者竟愿意为了政治上的权宜之计而置人类文明于危险境地，更不用说能给他们在化石燃料产业的朋友送去丰厚利润了。

再说下那些蟑螂理念：先不管细节，气候变化否认者讲的故事一直在变化，但“我们应该听其自然”的结论维持不变，这种论据的改头换面说明反对采取气候行动的人加入争论是出于恶意。他们并不是在严肃地对待气候变化的现实或减排的经济影响，其目的完全是让污染者尽可能长久地继续免费排污，并且动用一切手段为该目标服务。

---

* 2018 年 10 月 15 日。

但我们仍有必要指出，他们的全部观点在近年来崩塌得多么彻底。

如今，气候变化否认者似乎从什么事情都没有发生的立场上暂时略有后退。过去的伎俩是把近期的温度同异常暖和的1998年做对比，以否认地球在变暖，好比拿7月初的日子同5月份一个较热的日子做对比，以否认夏天的存在。但由于近年来的温度连创新高，该伎俩的说服力大减。另外，海洋变暖引发的强大热带风暴让气候变化的恶果越来越显著地呈现在公众眼前。

因此他们采取了新的策略：弱化实际发生的事情。白宫首席经济顾问拉里·库德洛（Larry Kudlow）宣布，气候变化模型“还不是很得力”。实际上，那些模型运转得很好，到目前为止的全球变暖趋势与过去的预测非常一致。特朗普则在《60分钟》节目中断言：“有些事情是在发生，但以后会恢复原样。”可他的说法毫无事实根据。

在不情愿地让步说地球或许确实略有变暖之后，气候变化否认者又说，温室气体是罪魁祸首的说法不能令人信服。特朗普说：“我觉得那不是人为的。”尽管已经从之前宣称气候变化是中国人捏造的骗局的立场上有所后退，他依然认为气候学家中间存在巨大的阴谋，他说这些人“有着非常宏大的政治纲领”。

请想一想，专家们在几十年前就根据基础研究预测，温室气体排放将导致地球气温提高。特朗普之类的人对此冷嘲热讽。如今专家们的预言成真，否认者又坚持说排放不是真凶，必然有别的因素在推动变化，而这些都是阴谋。拉倒吧！

这种情形好比，当贾迈勒·卡舒吉（Jamal Khashoggi）在进入沙特大使馆就失踪以后，特朗普出来说沙特方面同他的消失并无关系，他是被某个神秘的第三方所害，等等。

最后是关于气候政策的成本：我过去曾提到，保守派人士对市场经济的力量和灵活性有着十足的信仰，却宣称如果政府为减少温室气体排放做点激励设计，这些经济体就会被完全摧毁，实在让人匪夷所思。

考虑到可再生能源上取得的巨大技术进步，关于减排成本的末日观点尤其令人奇怪：风能与太阳能的成本已大幅下跌。与此同时，煤炭发电厂已变得极其缺乏竞争力，以至于特朗普政府打算给它们提供补贴，却以减少使用更清洁的能源为代价。

简而言之，气候变化否认派的论点一直很脆弱，如今更是遭遇沉重打击。即使你在 5 ~ 10 年之前能被他们真正劝服，后续的发展也足以令你反思。

当然在现实中，气候变化否认派从来就与逻辑或证据没太多关系。如我所言，他们只是在寻找某些借口，让科赫兄弟之类的人能继续赚钱。此外，进步派希望限制排放，现代保守主义的主要任务就是打击进步派。

理解目前事态的一种思路是，这是特朗普式腐败的极端案例。我们有充分理由相信，特朗普及其下属正在为个人私利而出卖美国。但在气候问题上，他们不仅在出卖美国，还在出卖全世界。

气候变化否认派的堕落

毋庸讳言，特朗普政府是相当反科学的，事实上也是反客观现实的。但他们对政府的控制毕竟有限，不足以阻止最新的《国家气候评估报告》的发表。该报告详细描述了全球变暖对美国的近期影响与未来预期影响。

不错，该报告是在“黑色星期五”发布的，显然是希望它在混乱中不被人重视。而好消息是这一花招并未奏效。

通过大量补充细节，评估报告基本上确认了关注气候科学研究的所有人已经知道的内容：气候变化对美国构成了严重威胁，某些负面影响也已显现。例如，（在最新的加利福尼亚州山火灾难发生前完成的）该报告强调了西南部地区野火风险的增加，野火之所以变得越来越肆虐和危险，是因为全球变暖，而非没有及时清理好落叶。**

但特朗普政府及其国会盟友当然会无视上述分析。无论面对何种证据，否认气候变化已成为共和党的一项核心原则。因此我们有必要弄清楚这种情形究竟是怎样出现的，以及成为气候变化的否认者需要何等的堕落。

请等下，堕落一词是否说得过火了？我们就不能允许人们持有跟通行观点不同的意见吗，哪怕这种观点得到了科学界的压倒性共识的

---

* 2018 年 11 月 26 日。

** 特朗普当时对媒体讲，加利福尼亚州野火频发的原因是没有用“耙地”清理好落叶。——译者注

拥护？

当然允许，但前提是他们的讨论应该出于善意。可现实中几乎没有善意的气候变化否认者，为了利润、政治好处或自我满足否认科学结论是不对的。当不按照科学结论办事会导致可怕后果时，正如我所说，否认就是堕落。

关于以上议题，我最近读过的最佳著作是知名气候学家迈克尔·曼所著的《疯人院效应》，汤姆·托尔斯（Tom Toles，美国知名漫画家）负责该书中的插图。曼解释说，气候变化否认派其实是步过去的科学否认派的后尘，始作俑者则是以长期的宣传攻势迷惑公众、掩盖吸烟带来危害的烟草公司。

真相令人震惊，早在20世纪50年代，这些公司已经知道吸烟会导致肺癌，而他们却花费巨资制造假象：吸烟与癌症的关联似乎真的存在学术争议。或者说，他们明知自己制造的产品在杀人，却极力阻止公众了解这个事实，以便让自己继续收获利润。这种行径应该够得上堕落的标准了，对吧？

在许多方面，气候变化否认论与致癌否认论颇有相似之处。通过蒙蔽公众能获得财务利益的企业是主要鼓动者，这次是化石燃料公司。就我判断，在气候问题上持怀疑态度的几乎所有知名科学家都从这些企业收取了大笔资金，或者通过“捐助者信托基金”（Donors Trust）之类的黑钱渠道得到好处。很巧，这个渠道正好是新任代理司法部长马修·惠特克（Matthew Whitaker）在加入特朗普政府之前的资助方。

不过，气候变化否认论的政治根基比过去的致癌否认论更为深厚。事实上，除非你否认全球变暖的现实，坚持认为这是自然现象，或者说不可能在不破坏经济的条件下采取行动，否则你将难以在当代共和党中立足。你还必须要么接受、要么默认如下的疯狂说法：支持气候变化的压倒性证据都是骗局，是由全球大量科学家通过共同谋划编造出来的。

为什么会有人否认气候变化？金钱依然是主要缘由，几乎所有重要的气候变化否认者都受到化石燃料产业的收买。不过意识形态也是个因素，如果你认真看待环境议题，你会发现社会需要某些形式的政府监管，因此僵化的自由市场思想家不愿意相信环境议题真的令人担忧，但反过来，对于迫使消费者给煤炭产业提供补贴，他们却好像心安理得。

最后我还有个印象，他们似乎有种塑造硬汉形象的考虑，比如真男人不用可再生能源之类的说法。

这些动机都在发挥作用。如果哪些重要人物是出于科学上的善意分歧而反对采取气候应对行动，那是遗憾，而不是罪过。我们应该更好地做说服工作。但现实中的气候否认派却是源自贪婪、机会主义和个人满足，由此发起的反对行动无疑就是罪孽。

气候变化否认派的确是在堕落，且其程度令致癌否认派显得不值一提。吸烟会伤害生命，企图阻挠公众了解真相的烟草公司在作恶。气候变化则不止在杀人，而且可能扼杀整个文明，企图阻挠公众了解这一点是在完全不同层次上的作恶。这些人难道自己都没有孩子吗？

我们需要弄清楚：特朗普固然是气候变化否认派堕落的典型案例，他的整个党派其实在这个议题上也已于多年前走进黑暗面。共和党人不止有着糟糕的理念，就这点而言，他们也注定是坏人。

气候变化否认派是特朗普主义的严峻考验

共和党对特朗普的忠诚似乎令许多观察家感到困惑，该党心甘情愿地在所有方面支持他，历经中期选举的惨痛失败之后依然如是。对一个明显腐败并可能被外国独裁者操纵，而且时常否认事实，试图把任何讲真话者打上有罪标签的领导人，什么样的政党才会给予如此全力的支持呢?

答案是，远在特朗普入场之前，就致力于否认气候变化事实，并把报告这些事实的科学家罪名化的那类政党。

共和党并非从来就是反环境保护、反科学的党派。老布什总统推动的总量管制与交易计划很大程度上控制了酸雨问题。另外直至2008年，约翰·麦凯恩还呼吁采取类似计划以限制导致全球变暖的温室气体排放。

但麦凯恩的政党早已步入向如今的境地滑落的轨道，这个党派目前非但被气候变化否认派把控，而且普遍地敌视科学，对挑战他们信条的科学家采取妖魔化和打击迫害的策略。

特朗普非常适合该党的这种心态。实际上，如果你回顾共和党对气候变化的否认历史，就会发现那非常像特朗普主义。可以说，否认气候变化就是锻造特朗普主义核心要素的熔炉。

例如，对所有关于他的行动及其后果的负面消息，特朗普统统斥责

---

* 2018年12月3日。

为敌对媒体炮制的假新闻或阴暗的“深层政府”（deep state）的操作。此类阴谋论正是气候变化否认派长期以来的标准操作，他们把全球变暖的证据称作“巨大的骗局”，尽管这些证据得到了97%的气候学家的认可。

这一所谓的庞大阴谋又有何证据支持呢？你或许知道，很大部分来自黑客找到的电子邮件。当时有太多新闻记者轻信了“气候门”揭发的所谓不端行为，依靠从一所英国大学的电子邮件中选择性地找出来的藏头去尾的引文编造丑闻，这是媒体对2016年民主党的邮件遭黑客入侵的灾难性反应的预演。实际上我们从当时的邮件中只能看到，科学家也是普通人，偶尔也会暴躁，而他们之间的专业化简略交谈方式被充满恶意的外人做了任意的曲解。

还有，会是什么因素在鼓动数千名科学家共同参与这场所谓的骗局呢？我们已经习惯了特朗普的表演：有史以来最腐败的美国总统，领导着现代史上最腐败的政府，还动辄把对手与批评者斥责为“骗子”。气候变化讨论中发生着太多同样的事情。

真相在于，最显赫的气候变化否认者基本上都是为利益而站位，从化石燃料公司获取了大笔资金。但在《国家气候评估报告》于近期发布，详细介绍了全球变暖可能造成的危害之后，大批共和党人却到电视上宣称，科学家得出这些结论只是“为了钱”。这是对他们自己很好的形象投射吧？

最后，特朗普把美国政坛带到了新的威胁层次上，挑唆其拥趸对批评者一方实施暴力，并试图命令司法部对希拉里·克林顿和詹姆斯·科米（James Comey）进行检控。

而气候学家遭受骚扰、恐吓，甚至包括死亡威胁，已经有多年了，另外还面临政客对其工作的罪名化。其中最著名的一个例子是，“曲棍球棍”气温变化图示的发明者迈克尔·曼，在许多年里被时任弗吉尼亚州总检察长肯·库奇内利（Ken Cuccinelli）发动的反气候变化科学圣战列为打击目标。

骚扰仍在继续。亚利桑那州一位明显对科学研究一窍不通的法官，近期在与科赫兄弟有关的团体提出的诉讼中，要求公开亚利桑那大学的气候学家的全部电子邮件。为防止不可避免地选择性曲解，曼公开了他同亚利桑那大学的同事之间的所有往来邮件，并附上背景说明。

这个故事有三方面的关键道德意义。

第一，假如我们未能应对好气候变化挑战，并造成灾难性的后果（目前来看可能性非常大），那不是因为我们没有认识到事件的可能危害，而是由腐败、蓄意忽视、阴谋论与恐吓胁迫导致的悲剧。

第二，腐败并不是“政客”或者“政治体制”的问题，而只是共和党的问题。尽管地球变暖的危害变得日益显见，他们却在气候变化否认论上越陷越深。

第三，我们今天可以看出气候变化否认论是更普遍的道德败坏的一部分。特朗普不是例外现象，而是他所在的政党多少年来发展的顶峰。可以说，特朗普主义不过是把气候变化否认者的堕落推广到所有政治领域而已，而这一堕落目前仍看不到终点。

寄望绿色新年

让我们老实承认吧，民主党虽然重新在众议院掌控多数席位，却没有能力制定出新的法案。两党在任何重大议题上达成协议，都会让我吃惊，即使在双方都号称愿意采取行动的基础设施领域，共和党真正想要的不过是为公共资产的私有化寻找借口。

因此，华盛顿的权力转移的短期影响不涉及实际政策制定，而主要表现为民主党获得了有传票支持的监督能力，可以调查特朗普式腐败的烂摊子。

但这并不意味着民主党人能忽略政策议题，相反，该党应该用接下来的两年时间弄清楚，假如在 2021 年得到政策制定权，究竟该做些什么。由此让我联想到如今的宏大政策口号：人们所说的“绿色新政”。这真是个好主意吗？

的确如此。但关键在于要超越有吸引力的口号，把大量细节推敲出来。我们总不希望像共和党那样，花了好多年高谈阔论废除奥巴马医改，却从来拿不出可行的替代方案。

那么，绿色新政到底是什么意思？这并不完全清楚，所以才使它成为一个绝好的口号，可以代表若干美好的前景。但就我的理解，其要点在于我们应该采取重大举措应对气候变化，而且这一举措应该突出正面意义，而非负面影响。具体而言就是强调投资与补贴，而不是征收碳排放税。

---

* 2018 年 12 月 31 日。

但等一下，我们不应该考虑实施碳税吗？原则上是应该的。任何正牌经济学家都会告诉你，通过对排放标价来制约污染有巨大的好处，你可以用征税的方式，也可以创立一套总量控制的交易系统，让人们买卖排放许可证。

这是经济学原理课的内容：污染税或其等价措施可以创造广泛的激励，是其他不够全面的政策无法做到的。为什么？因为它会鼓励人们以各种可能的方式减少碳排放，从使用可再生能源到厉行节约，以及减少能源密集型产品的消费等。

然而，碳税毕竟是税收，会让必须缴税的人感到不快。虽说从碳税中筹集的财政收入可用于减少其他税收，但要说服足够多的人，使其相信总体上会得到福利改善是很困难的政策推销。至于可以产生实际效果的足够高的碳税能得到两党充分支持的说法，则最多是一种幻觉，甚至可能是化石燃料产业为阻碍重大行动而玩的计谋。

关键在于，至少在初始阶段，推进不够理想但易于接受的政策，好过因为追求完美却过犹不及。这是医疗体制改革给我们留下的教训：单一付费方体制没有可能在奥巴马总统任期内获得通过，但保留雇主保险制度的略有些尴尬的公私混合医疗保险体制刚好是可行的，于是 2 000 万美国人由此获得了医疗保险。

如今，追求医疗保险全民覆盖的原则依然没变，向某种类型的全民医疗保险计划逐渐过渡的方案，已开始显示出政治上的可行性。但重要的是，当初起步时采取了能取得重大进展，却不至于严重干扰人们生活的政策。

我们可以在防止气候变化领域取得类似重大进步，而不至于过分影响美国人的日常生活吗？从数据看，我认为可以。

美国的大部分温室气体排放来自发电和交通运输业。只需要通过结束煤炭发电和更多采用可再生能源（其价格正在急剧下降），我们就能把发电导致的排放削减 2/3 乃至更多，而无须要求美国人减少电力消费。通过增加电动汽车的行驶里程数和使用率，我们几乎可以让交通运输业的排放下降相同的比例，而无须减少每年行驶的总里程数。

这些收益可以通过若干正面激励措施的组合来实现，如税收优惠和不太烦琐的监管措施。如果把扶持替代能源的技术和基础设施的投资加入进来，能大幅减少温室气体排放的绿色新政似乎完全具有现实性，甚至还是在没有碳税的情况下。所有这些政策将在可再生能源领域创造看得见的就业岗位，该领域目前的雇员人数已经远远超出煤炭采掘业。

当然，还是有人会受到伤害。目前仍在煤炭采掘业工作的5.3万美国人最终将必须寻找其他就业机会，为转型产业的劳动者提供补贴也应该是绿色新政计划的组成部分。化石燃料产业的利润将下降，但鉴于这些公司如今的捐助几乎全部面向共和党，对民主党而言似乎不需要太在乎。

总之，民主党人肯定可以在气候变化方面有所作为，一如他们在医疗改革上的成就，也即设计出能显著改善现状且产生的赢家远超过输家的政策。目前尚不能推行绿色新政，但他们应该着手加以筹划，并预备在两年后开展行动。

16
特朗普

为什么还没到最坏的时候

对于特朗普的当选，我像其他人一样震惊，尽管媒体对希拉里·克林顿的讥讽曾经令我对大选深感忧虑，但那是本书下一章的故事，关于新闻媒体的问题。我的震惊不在于共和党提名他，也不在于他上任后的糟糕表现同悲观派人士警告的情形一模一样，或者始终有权力制约他的国会共和党人竟然在腐败和残忍的气息中与之臭味相投。

因为事实在于，特朗普主义这种东西早已出现了。特朗普的胜利要求很多事情出问题，尤其是詹姆斯·科米的不端行径与媒体的狭隘卑鄙的有毒组合，这些媒体在攻击希拉里的时候以为她不可能失败。但美国右翼势力迈向特朗普式的统治事实上由来已久。

让我们反思一下。当保守主义运动依靠白人的仇恨情绪来赢得选举时，尽管之后的政策是牺牲大多数美国人的利益而服务于极少数富人群体，白人民族主义怎么可能不高涨？在一个把所有不符合自己先入之见的观点，从气候变化到低通胀的现实等都视为巨大阴谋产物的政治运动中，怎么会不滋生出特朗普支持者的偏执狂心态？人们总是健忘，其实特朗普政府的腐败与任人唯亲早在小布什执政时已有先例。在许多方面，特朗普自 2016 年以来对美国的所作所为与小布什团队在占领伊拉克之后头一年的行动颇为相似。

国际视角同样能给我们带来启发。我曾经追踪欧洲的白人民族主义右翼势力的兴起，以及民主制度在匈牙利和波兰的实质崩塌。我非常清楚，这些场景也完全可能在美国上演。

总之，本章的专栏文章主要是关于 2016—2018 年的美国政治，多数是探讨已经发生的可怕事件及其原因，但并不都是负面内容。在本章的所有文章中，我自认为关于南希·佩洛西被埋没的伟大那篇最能触动人心。佩洛西的成就全都明摆在那里，即使你不喜欢她的政策方向，她的杰出效力也一目了然。只是当时没有任何人提及。当然在 2018 年中期选举后，随着民主党人在众议院多拿下 40 个席位，又引起了更多的议论。

共和党政治中的偏执风格

就布雷特·卡瓦诺被任命为大法官对美国的长期影响，许多人有合理的担心。他是赤裸裸的党派分子，对个人履历中的许多问题在宣誓之后还公然撒谎。与之有关的一个同样重要的疑问是，他到底对克里斯蒂娜·布莱西·福特[**]做了什么。由于所谓的调查成为如此直白的骗局，该疑问依然悬而未解。把这样的人放到最高法院，可以说一举摧毁了该机构在可预见将来的道德威信。

但在目前，这一远虑应该属于较次等要操心的问题。更近的威胁来自我们在听证会中及之后看到的共和党方面的表现，不仅蔑视事实，而且急于把全部和任何批评意见妖魔化。尤其是，资深共和党人坦然拥抱关于反对卡瓦诺出任大法官的疯狂阴谋论，这是对美国今后走向的令人惊悚的警告，不是对于长期，而是在短短几周之后。

谈谈那个阴谋论：在卡瓦诺的证词一开头就出现了，他把自己的问题归结为“试图为希拉里复仇”的人鼓动的“精心策划和组织的政治打击”。这是纯粹的谎言和歇斯底里的指责，捏造这样的事情本身就说明卡瓦诺没有做大法官的资格。

然而，特朗普很快把事情搞得更加糟糕，他把对卡瓦诺的抗议归咎到乔治·索罗斯身上，毫无根据地错误宣称，抗议者是被人收买的。

---

* 2018 年 10 月 8 日。

** Christine Blasey Ford，现为加州心理学教授，2018 年指控卡瓦诺性侵并出席听证会。——译者注这里的情况是：共和党的大人物很快为特朗普站台。负责布莱西和卡瓦诺听证会的参议院委员会主席查尔斯·格拉斯利坚持说，抗议者确实是索罗斯雇用的。参议员约翰·科宁说："我们不能被收钱的抗议者的尖叫所霸凌。"不，那些抗议者不是被人收买，更不用说什么乔治·索罗斯。但作为一名优秀的共和党员，你必须假装说他们是被人收买了。

这是怎么回事？从某种层面讲，并不新鲜。阴谋论从一开始就是美国政治中的组成部分。理查德·霍夫施塔特* 于1964年发表的名作《美国政治中的偏执狂风格》中提到18世纪就出现的某些案例。在抵制民权运动时，种族隔离主义者经常将非洲裔美国人的抗议行动怪罪于"外来的煽动者"，尤其是北方各州的犹太人。

但阴谋论的重要性取决于是谁在宣扬。

如果政治边缘人群把自己的懊恼归罪于某些阴暗势力（往往是邪恶的犹太银行家），你可以视为无稽之谈。但如果掌控大多数权力杠杆的人讲同样的话，他们的臆想就不是幻觉，而是一种工具，是让反对派丧失合法地位的手段，对胆敢批评其行动的任何人加以贬斥乃至惩罚的借口。

正因为如此，阴谋论才始终是各种威权体制的意识形态的核心部分，从墨索里尼的意大利到埃尔多安的土耳其。所以已经从民主体制蜕变为实质上的一党制国家的匈牙利和波兰政府，都喜欢指责一般的外国人（而重点是索罗斯）挑起对他们统治的反抗。当然，对他们的行动与政策不可能有合法的抱怨。

如今，控制了美国联邦政府全部三大权力分支（如果你曾经对最高法院是否带有党派倾向抱有疑问，现在应该已经打消）的共和党高层人士说起话来跟匈牙利和波兰的白人民族主义者一个腔调，这意味着什么？

---

* Richard Hofstadter（1916—1970），美国历史学家。——译者注

我认为，这意味着共和党已经是个候任的威权主义组织了。

特朗普本人显然有着他时常表示羡慕的外国独裁者的相同本性。他要求公共部门官员对其个人而不是对美国民众效忠。他以报复来威胁政治反对派，在上次大选过去两年后，他依旧在领唱“把她关起来”* 。他攻击新闻媒体是人民的敌人。

加上对特朗普的众多丑闻的调查，从逃税到上任后的以权谋私，再到与俄罗斯的潜在勾结，所有这些都让他有十足的动力扼杀新闻自由和执法独立。假如有机可乘，会有人怀疑特朗普打算走向全面独裁吗？

谁能出来阻止他？应声附和索罗斯收买抗议者的阴谋论的参议员？被重新打造的最高法院？我们从过去几周学到的教训是，特朗普与他的共和党之间并没有分歧，它们中间没有人会以美国价值观的名义站出来阻止他。

但我说了，共和党是个候任的威权主义组织，还不是现任。他们在等候什么？

好吧，假如在即将到来的中期选举中，共和党守住了国会两院，想想特朗普和他的党会做些什么。如果对我们即将面临的境地仍未感到恐惧，得怪你太不关心。

---

* 针对希拉里·克林顿的威胁。——译者注

特朗普与骗子贵族

结果表明，我或许不公正地对待了特朗普。

你知道，我对他自诩的杰出生意人的地位一向表示怀疑。但我们刚了解到，他的谈判技艺很早就萌生了。他在非常年轻的时候，就能每年挣到相当于如今的20万美元，这着实令人惊叹。

特别是，他在挣到这么多钱的时候只有3岁，他到8岁的时候已经是百万富翁。当然了，那些钱来自他父亲，老特朗普在几十年里一直在逃避给儿子的钱里面应依法缴纳的税收。

关于特朗普家族行骗历史的《纽约时报》轰动性报道，其实包含两种相互关联却不同性质的欺诈。

一方面，特朗普家族从事了大规模的税收欺诈，利用各种洗钱手段以逃避本应缴纳的税收。另一方面，特朗普讲述的关于他自己的故事——把自己包装成一个从出身低微到亿万财富的自我奋斗型企业家——从来就是谎言：他不仅继承了巨额财富，从父亲那里获得超过4亿美元的资产，而且在他把交易搞砸之后也是老爹弗雷德·特朗普挽救了他。

这些报道内容的一个启示是，特朗普的支持者原本以为找到了一位心直口快的卫士，会清理掉华盛顿政治沼泽地里的污泥，同时依靠其商业精明让美国再次强大，结果被大大地欺骗了。

不过特朗普的金钱传说只是更宏大叙事的一部分。在我们生活的这

---

* 2018年10月4日。

个不平等急剧恶化、财富日益集中的时代，即使对此感到不满的人也始终存在一种倾向，认为巨额财富更多时候是用较为正当的手段得来的。只是到今天，推动我们走向寡头社会的公开腐败与违法行为的大量增加才开始成为关注的焦点。

我推测直到最近，包括税收专家在内的大多数经济学家会认为：公司与富人群体的合法避税行为是个大问题，而逃税行为，即向税务人员隐瞒财产没有那么严重。显然，某些富人在钻税法中的合法（尽管道德上存疑）漏洞，但通行观点认为，直接对税务机关乃至公众实施欺诈在发达国家并不普遍。

然而，这一观点始终是立足于脆弱的事实基础。毕竟从定义来看，逃税不太会出现在官方统计数据里，而豪富人群并不习惯夸耀自己是多么伟大的税收骗子。要了解税收欺诈的真实情况，你要么得像《纽约时报》那样对某个家族的财务状况做彻底调查，要么得依靠幸运的曝光机会揭示之前隐藏的秘密。

两年前，一次幸运的海量曝光以《巴拿马文件》的形式展现出来，那是专门帮某些人在离岸税收天堂隐藏财富的一家巴拿马律师事务所泄露的数据宝库，另外还有从汇丰银行泄露出来的规模较小的数据。尽管这些泄露揭示的龌龊细节早就占据了新闻标题，但直到伯克利加州大学的加布里埃尔·祖克曼及其合作者与北欧国家税务部门配合开展调查后，其真正含义才得到清晰呈现。

这些研究人员把《巴拿马文件》及其他泄露文件的信息同国家税务数据做了匹配对比，发现直接逃税在顶层人群中是个严重问题。真正的富豪最后缴纳的实际税率比一般的富人低得多，不是因为钻了税法中的漏洞，而是因为他们直接违反了法律。研究发现，最富有的纳税人平均而言比应纳税收少缴了25%，而且，其中有许多人显然缴纳的更少。

这是个很大的数字。如果美国的富人以同等规模逃税（几乎肯定是这样），他们给政府造成的损失大致相当于食品券福利计划的支出。另外他们还利用逃税巩固自己的特殊地位，并把财富传递给继承人，这就是特朗普的真实故事。

显而易见的问题是，面对如此猖獗的欺诈，我们选出的议员在干什么？哦，国会的共和党人为此已忙活了好多年，他们一直在系统性地削减国税局的开支，破坏其调查税收欺诈的能力。我们不只拥有受制于税收欺诈的政府，还有听命于税收欺诈、服务于税收欺诈的政府。

我们由此获知，美国社会发生的事情的真相比我们想象的更为糟糕。不仅像老牌税收领域记者戴维·约翰逊所说的那样，美国总统是个“金钱吸血鬼”，欺骗税务官员，一如他欺骗与之做生意的所有人。

而且除此之外，美国滑向被少数人统治的寡头政治的趋势同时也越来越像恶人政治（kakistocracy），即被最坏的人或者至少是最寡廉鲜耻之徒统治。腐败不再是精细的操作，相反会变得比绝大多数人的想象更为粗鄙。腐败还会深化，并已感染整个政治生活，不折不扣地渗入最高层级。

别再把特朗普称为平民主义者

给那些在新闻媒体中继续把特朗普称作“平民主义者”的人传个话：我认为那个词汇不是你们理解的意思。

的确，特朗普偶尔会装装样子：作为美国普通工薪阶层的利益代表，对抗精英群体。另外我推测，他对白人民族主义的拥抱，可以说为同样支持种族主义却苦于无法公开表达自己偏见的普通美国人发出了心声。

然而，他上任已有一年半的时间，足以让人们通过他的实际行动而非言辞做出评判。他的政府在所有方面都不遗余力地干着反劳工阶层的事情。特朗普作为平民主义者，就好比他作为信神的人，说穿了，根本不是。

首先来看税收政策，特朗普的重大立法成就是减税，其主要受益对象是税负急剧降低的公司，却对提高工资完全没有帮助。该税收法案对普通美国人的作用微乎其微，以至于共和党人已停止了这方面的竞选宣传。然而，特朗普政府依然在考虑采用行政手段为富人再减去 1 000 亿美元税负的（可能非法的）想法。

再来看医疗政策，特朗普未能废除奥巴马医改计划——那样做可能会给工薪家庭带来沉重打击——却采取了某些破坏行动，导致医疗保险费比之前或许提高了近 20% 。不可避免的结果是，保费提高的负担主要落到上层工薪阶层头上，他们的收入略高于申请补贴的资格标准。

---

* 2018 年 8 月 2 日。

还有劳动力政策，特朗普政府从多个方面取消了过去保护劳动者免受剥削和伤害的监管制度，等等。

短期的政策措施并非故事的全部内容，你还需要看看特朗普的人事任命。在涉及劳工的政策领域，他打造了一个亲信团队，几乎所有重要职位都安排给了游说活动者，或与产业界有密切财务关系的人士。完全没有人代表劳工方面的利益。

提名布雷特·卡瓦诺进入最高法院则值得特别关注。对于卡瓦诺，我们还有很多不了解的地方，部分原因是参议院的共和党人正在阻止民主党提出的调查更多信息的要求。但我们非常清楚他是毫不掩饰的极端反劳工派，也就是说，站在主流态度的右翼，甚至比大多数共和党人更为右倾。

关于他的激进反劳工立场的最著名案例是，在海洋世界乐园驯养的虎鲸杀死一名员工之后，他认为资方无须承担任何责任，理由是受害者在接受工作时理应知道面临的风险。而其履历中还有比这极端得多的反劳工记录。

卡瓦诺的任命一旦被批准，其影响会延续很长时间。考虑到这一点，上述极端主义表现已足以说明应当否决其提名。尤其是他还支持不受限制的总统权力，以及共和党人极力掩盖的其履历中的其他所有秘密。

那为什么自诩为美国工人利益捍卫者的特朗普会挑选这样一个人？为什么他会做目前推进的所有那些事情伤害把他抬进白宫的民众？

我不知道答案是什么，但我认为传统解释——特朗普较为懒惰，对政策细节极其无知，不自觉地被共和党正统派俘获——既低估了这位总统的能力，又美化了他的形象。

从行动上看，我们很难不留下这样的印象：特朗普非常清楚他是在伤害自己的基层选民。但他是个喜欢用各种各样的手段侮辱别人的人。因此我推测，看到拥护者在遭到背叛时依然追随着自己，他实际上非常享受。

事实上，他有时会公开表露对工薪阶层选民的蔑视。还记得吗，“我喜欢没有什么教养的人”？还记得吗，他吹嘘说自己可以在纽约第五大街对人开枪而不会因此失去任何选民的支持？

无论其动机如何，特朗普在行动上都是平民主义者的对立面。另外，他的贸易战也不会改变这一结论。击败平民主义挑战者而当选的美国镀金时代的典型总统威廉·麦金莱也是位贸易保护主义者。而特朗普式贸易战的打法，则是为了最小的收益让美国的工人承受最大的痛苦。

虽然特朗普绝非平民主义者，却是有史以来占据美国最高领导职位的最缺乏诚实的人。他所谓同美国劳动者站在一起的宣言就是其最大的谎言之一。

最后回来说说媒体对“平民主义者”一词的使用。在用这个词描述特朗普时，你实际上是在配合他说谎，尤其是在要求做客观报道的场合下。

而你不必这样做。在介绍特朗普的行动时，你大可不用会给他带来不应有声誉的词汇。他在蒙骗自己的支持者，你不必配合他。

党派偏见、寄生虫与极端化

寄生生物是自然界的重要力量，它们大多数时候只是以宿主为食，但某些时候也会产生更危险的影响：改变宿主的行为，使其对寄生者有利，损害甚至最终杀死宿主。

最近我在思考，美国是否正在发生这样的事情。我们的政治疾病中有多少是因为寄生虫感染所致？我特别关注到的是一种直销骗局感染现象：利用和强化政治上的党派偏见，主要针对右翼人群，根本目标是推销商品。

如果这听起来有点抽象，请稍微忍耐下。我不是首个提出这种见解的人，研究现代保守主义的一流历史学家里克·珀尔斯坦在 2012 年就有过几乎相同的观点（但他没有做生物学上的类比）。我还要指出，自那之后发生的很多事情给这一观点提供了支撑。

最初把我引上这条思路的，是听说正在走红的青年保守派知识分子本·夏皮罗（Ben Shapiro）在利用他的脱口秀节目推销膳食补充品。

此是后话不提。现在先讲点政治经济学。

在试图理解政治行为的时候，我跟很多人一样经常想到曼库尔·奥尔森的名著《集体行动的逻辑》。他提出了简单而深刻的观点：为群体利益采取的政治行动，在该群体的成员看来是一种公共产品。

这是什么意思？公共产品是说，提供这类产品会让很多人受益，而提供者没有办法让受益范围仅限于自己，也就无法从提供产品中获利。

---

* 2018 年 8 月 21 日。

灯塔是个典型例子，它提示所有人远离暗滩，无论他们是否为此付费。控制疾病的公共卫生措施也属于这一类型。因此结论是，公共产品从社会角度看是应该提供的，但并不因此保证实际上会被提供，必须对某些人来说值得去做，才会真正被提供。

正如奥尔森所言，政治行动也符合同样的逻辑。例如，某位政治参选人的胜利对农民有利，并不代表农民就会给他提供资助，因为任何一位农民都愿意搭其他资助人的便车。所以，政治行动往往是由可以直接受益的个人或小规模有组织群体开展的，或者是本身有利可图，同时也能被用于政治目的的其他行动的副产品，例如成为商会或工会的会员等行动。

那么，不是有富人出钱捍卫自己的阶级利益吗？事实上，我们看到的政治活动中的大量资金最终是服务于出资人的个人利益。例如，你可以把科赫兄弟的政治资助视为他们对自身的投资：他们从近期的减税中获利巨大，其回报远远超过在推动减税行动中花出去的钱。

所以，许多政治行动的推动者是试图让政策变得对自己有利的人。而夏皮罗的补脑丸的故事带给我的启发则是，当前的政治生活中还有另外一种关键因素在起作用：利用政治行动作为营销策略，通过推销与政治本身无关的东西来挣钱。

前面提到，里克·珀尔斯坦已经写过这方面的内容。他记录说，右翼政治网站大体上充当如下这种东西的营销中心：

> 亲爱的读者：
>
> 我将告诉你一些事，但你必须承诺保守秘密。你懂的，如果“精英”知道我给你讲了，他们会对我很不客气，所以我们得小心从事。你看，虽然大多数人关注股票市场，但银行、经纪商和大机构却把资金放在别的地方……我称之为隐秘金山的地方……现在你只需要知道内线人的密码（这个我会告诉你），就可以每月多挣6 000美元。

某些最具影响力的右翼人士不仅把广告空间卖给万灵药的承销商，甚至亲自投身于这种伪劣产品的生意中。于是我们看到：

- 格伦·贝克（Glenn Beck）在最走红的时候以“奥巴马会随时制造恶性通胀”的噱头刺激观众，然后通过兜售标价过高的金币来牟利。
- 亚历克斯·琼斯（Alex Jones）耸人听闻地宣称，多起校园恶性枪击案是假新闻，受害者其实是演员，却以推销膳食补充品来挣钱。
- 本·夏皮罗写文章批评进步派知识分子，被保守派认为博学多才。你是否记得埃兹拉·克莱因怎么说的，蠢人眼中的智者形象？此人也跟琼斯一样为自己捞钱。

为什么营销骗局会跟政治极端主义挂上钩？因为这完全属于雷同欺诈：一旦你设定了某个人物角色，对那些充满怨气的年长白人具有吸引力，你就可以向他们兜售号称能维护他们的雄性能力、腰围和财富的东西。

在更宏大的层面，那不正是福克斯新闻频道做的事情吗？请不要把它当作一个意识形态组织，而是把它看成商业机构：针对喜欢坐在沙发上对着电视骂骂咧咧的愤怒的年长白人观众，它迎合这些人的偏见，提供廉价的电视节目（因为没有多少真正的报道），然后用收视率帮助广告商推销减肥计划。

如今，我们通常认为个人的观点和利益才是政治生活背后的驱动力，包括日益占据主导的丑陋的极端化。而对政治极端化的商业开发，即使有人提到，也只视为依附于基本政治机制的某种表层现象。

但我们对此看法有多大把握？如果不是因为愤怒的年长白人群体喜欢听那些东西，亚历克斯·琼斯、本·夏皮罗以及福克斯新闻频道确实不能通过极端主义节目赢利。然而对政治怨气的商业利用或许也在让这股怨气更加集中，并被人用作武器。换句话说，回到本文开头的比喻，我们之所以深陷政治噩梦，原因或许在于我们的政治行为事实上已被营销策略给寄生感染了。

我知道自己并不是唯一有此类思考的人。查理·斯特罗斯*就认为，“回形针制造机”（paperclip maximizers）——不是指人类，而是试图最大化利润、市场份额等东西的社会体制和算法程序——已经在日益主导社会的前进方向，并会危害人类。他特别强调企业对政府政策的影响力，而非动员愤怒的群众支撑直销骗局，但二者都是可行的。

总之，我认为这点非常重要，我们应认识到对政治万灵药的兜售，无论是经济问题、种族问题还是移民问题等，很大程度上已经成为兜售现实生活中的万灵药的一种手段：忽悠你购买不用感觉饥饿就能减肥并恢复青春男儿本色的神奇药丸。

---

* Charlie Stross，英国科幻小说作家。——译者注

为什么能在美国发生？

我以前提到过，柏林墙倒塌后不久，我的一位国际关系领域的专家朋友讲过这样的笑话："现在东欧摆脱了外来的共产主义意识形态，可以回归自己的正途法西斯主义了。"即使在当时，他的玩笑也有些道理。

到2018年时，这似乎已完全不像笑话。自由之家组织（Freedom House）所说的反自由主义正在东欧兴起，包括波兰和匈牙利这两个仍属欧盟成员国的国家，我们通常理解的民主制度在那里已经死亡。

这两个国家的执政党，即波兰的法律与公正党和匈牙利的青年民主主义者联盟（简称青民盟）建立的政治体制保留了普选的形式，却摧毁了司法独立，压制新闻自由，纵容大规模制度化腐败，并剥夺了持不同政见者的合法地位。它们很可能在可预见的将来走向一党专政。

这种情况也完全可能发生在美国。就在不久前，人们还常说我们的民主传统、我们引以为傲的自由历史会让美国免于像它们那般滑向独裁。事实上很多人今天依旧这样说。但真相是共和党已经做好准备，甚至急迫地想成为美国版的法律与公正党或者青民盟，借助当前的权力锁定永久的统治。

我们只需要看看各州层面正在发生的事情。

在北卡罗来纳州，当民主党人赢得州长竞选后，共和党人利用在任者的最后任期通过法案，剥夺了州长办公室的很大部分权力。

---

* 2018年8月27日。

在佐治亚州，共和党人试图利用有关残疾人选民投票的明显捏造的担忧，关闭一个重要的黑人选区的大部分投票点。

在西弗吉尼亚州，共和党议员利用民众对经费超支的怨气弹劾整个州高等法院，然后用本党的忠实分子取而代之。

这些仅仅是引发全国关注的情形，各地肯定还有数十乃至数百起类似事件。它们共同反映了如下现实：当代的共和党已不再忠诚于民主理想，为巩固权力，它们会做出一切自认为可以得手的事情。

那么国家层面的情形又如何？这才是真正吓人的地方。我们目前可以说正站在刀锋上，如果向错误方向倒去，具体来说，如果共和党人在11 月份保住对国会两院的控制，美国将以超出你想象的速度变成下一个波兰或匈牙利。

本周，爱可信新闻网站（Axios）激起了一阵骚动，独家发表了国会共和党议员中流传的一份电子表格的报道，表中罗列了他们认为民主党人在控制国会后可能展开的调查。该表格清单有意思的地方在于，上面的每个项目，从特朗普的税收返还开始，都明显是应该受到调查的，而且在任何其他总统治下也确实会受到调查。然而流传这份文件的人们理所当然地认为，共和党人不会在乎其中任何调查项目，党派忠诚度将压倒宪法赋予的责任。

特朗普的许多批评者为上周的司法进展庆贺，把马纳福特定罪与科恩认罪当作标志，认为圈住违法活动首犯的围墙最终将合拢。但我在观察共和党的反应时感到深深的恐惧：面对有关特朗普胡作非为的不可否认的证据，其政党却比过去更加紧密地团结在他的周围。

一年之前看，似乎共和党的同流合污可能还会有些限度，到某个时点，至少有几位众议员或参议员会出来说，够了。如今很明显，没有下限可言：只要是为捍卫特朗普和巩固执政权，他们什么都做得出来。

甚至对以往看似有某些原则的政客，情形依然如此。来自缅因州的参议员苏珊·科林斯（Susan Collins）在医疗改革讨论中发出过独立声音，如今对于尚未被起诉的总统提名最高法院法官一事（这位被提名者认为总统对检控有完全豁免权）她已无动于衷。参议员林赛·格雷厄姆（Lindsey Graham）曾于2016年对特朗普发出谴责，并在最近似乎还反对解雇司法部长以终止穆勒调查案的设想，如今他已表示自己对解雇没有异议。

为什么作为民主国家诞生地的美国，会如此紧密地追随在近期摧毁了民主制度的其他国家的脚步？

请不要跟我讲“经济焦虑”。波兰就不属于这种情况，其经济在金融危机期间和之后都保持着稳健增长。那也不是2016年之后美国发生的情况，各项研究都发现鼓动特朗普支持者的力量并非经济困境，而是种族仇恨。

要点在于，我们正受到同一种疾病的折磨，即失控的白人民族主义。它已经在其他一些西方国家扼杀了民主制度，而我们正非常非常靠近无法回头的临界点。

谁在害怕南希·佩洛西？

通常而言，一个放弃掉2万亿美元，却不担心这些钱将从哪里找回来的政党至少能给自己挣回来几张选票。但特朗普的减税法案依然相当不受欢迎，而共和党在竞选之旅中也极少提及。事实上，民主党人在竞选中对减税的抨击甚至多于共和党人对减税的赞许。

共和党人也不太讲特朗普的贸易战，因为同样不受欢迎。

那么，共和党的竞选主题到底是什么？他们可以大肆宣扬非法移民的威胁，但那并不能吸引太多关注。于是共和党人的广告攻击日益集中到他们经常谈及的恶巫师（或者说恶巫婆）身上，即前任和可能的下任众议院议长南希·佩洛西。

因此目前似乎是个提醒各位的好时机：佩洛西绝对是美国当代最伟大的议长，而且注定将跻身历史上最杰出的议长之列。但有个好奇的问题是，对于她取得的成就，为什么新闻媒体乃至普通民众给予的肯定如此之少？

佩洛西取得了哪些成就？

首先，作为众议院少数党领袖，她在阻击小布什把社会保障计划私有化的企图上发挥了核心作用。

然后在通过《平价医疗法案》的过程中，她又成为枢纽人物，甚至可以说比奥巴马总统更为关键。该法案使没有医疗保险的美国人的数量大幅下降，并在后来面对特朗普的破坏时表现出了惊人的稳健性。她还

---

* 2018年8月13日。

帮助推动了金融改革，虽然改革成果更容易遭到破坏，却仍有助于稳定经济，并保护了许多美国人免受欺诈。

佩洛西还帮助通过了奥巴马经济刺激计划，经济学家普遍认可该计划缓和了金融危机造成的就业损失，并为绿色能源革命奠定了基础。

这些是了不起的成绩。另外，每当你听到共和党人宣称佩洛西是某种狂热的左派分子时，请问问自己：保障退休收入、扩大医疗保险和约束失控的银行家，这些行动有他们说的那样激进吗？

或许还值得一提的是，佩洛西从未受到个人丑闻指控的困扰。考虑到右翼势力凭空捏造此类指控的能耐，这点也令人惊讶。

自从老大党在 1994 年掌控众议院之后，有四位共和党人占据过议长位置，佩洛西跟他们相比如何？

纽特·金里奇是个吹牛大王，试图以政府关门胁迫比尔·克林顿削减医疗保险计划，但未能得逞。然后以绯闻为由带头对克林顿展开弹劾，虽然他本人也在背着妻子偷情。

丹尼斯·哈斯特德（Dennis Hastert），我们现在知道他有过猥亵青春期男童的历史。个人行为姑且不论，他搞出来的“哈斯特德规则”，即共和党人只能支持本党多数人认可的法案，助长了极端主义，损害了美国的国家治理。

约翰·博纳（John Boehner）没有干其他什么正事，只是反对奥巴马支持的一切，包括对金融危机的善后处理至关重要的某些措施。

再就是保罗·瑞恩，现任但即将离任的议长，一个胡说八道的家伙：伪装的财政赤字鹰派人物，他的一项立法成绩却是打碎财政平衡的减税法案；冒牌的政策专家，其预算建议总是显而易见地故弄玄虚，借削减财政赤字之名，推行劫贫济富的再分配。在政治生涯的最后行动中，他还暴露出懦夫本色，完全没有意愿制止特朗普的渎职弄权。

因此，在美国当代的历任众议院议长中，佩洛西可谓巨人立于侏儒。但你从来不曾从关于她的媒体报道中了解这些。

哈斯特德在任时被普遍描述为坚定的美国中产阶级价值观的化身。

瑞恩则在很多年中受到媒体追捧，即使在任何留心之人都能看穿其显而易见的虚伪面目很久之后，仍被新闻界赞颂为极其严谨、诚实的保守派人士。而佩洛西通常被媒体形容为具有“分裂性”，这是为什么?

我想说，佩洛西的确是位政治上的党派人士，但这个属性并不比她之前或之后担任议长的任何一位共和党人更甚。她的政策立场同公众意见的分歧远远小于其他人，例如瑞恩让医疗保险计划私有化并大幅削减其支出的企图。那么是什么因素让佩洛西显得具有“分裂性”？是因为共和党人对她的不停攻击吗？但所有民主党人都在遭受这种打击。

或者只是因为她是个女人，一个在人们的近期记忆中其职务表现远远超出任何男人的女人。

所有这些是否意味着，假如民主党重新夺得众议院主导权，佩洛西应该再度出任议长？也不尽然，尽管有她的辉煌纪录，你也完全可以替新面孔说话。

但佩洛西的成就的确是非凡的。对共和党而言，可悲之处在于他们没有其他任何竞选主题，只剩下妖魔化一位成绩单令他们无地自容的政治人物。新闻媒体对那些毫无根据的攻击有如此多的反响报道，则同样令人可悲。

特朗普时代的真相与美德

你是否记得，自由曾经等于一无所有？如今，自由则相当于把很多钱交给特朗普。

在中期选举以及共和党人对投票舞弊的无根据的叫嚣里，我不知道还有多少人听说了如下消息：特朗普决定向自己的大额捐助人、赌场老板谢尔顿·阿德尔森（Sheldon Adelson）的太太米莉亚姆·阿德尔森（Miriam Adelson）颁发总统自由勋章。这一勋章通常是对杰出成就或公共服务的褒奖，偶尔也会包括对慈善事业的肯定。但是会有人觉得阿德尔森家获得该荣誉是因为慈善行为吗？

当前，这似乎只是件琐事。但它提醒我们，特朗普对于真相的态度取决于能给特朗普及其朋辈带来何种好处，而非可验证的事实，这也适用于道德。不存在英雄主义，不存在杰出工作，除非是为特朗普服务。

再说一下真实情况：特朗普自然谎话连篇，在中期选举的助跑阶段，他每周在公开场合说谎的次数不下百次。但他对真相的打击比撒谎的频率更为沉重，因为特朗普及其盟友并不接受所谓客观事实的概念。"假新闻"并不代表真正的虚假报道，而是指伤害特朗普的任何报道，无论它有多少充分证据。反之，帮助特朗普的任何说法，不管是关于就业还是选票，都是绝对准确的，因为给他帮了忙。

特朗普及其政党试图阻止佛罗里达州合法的重计选票行动，借口是存在大规模投票舞弊，却没有任何证据，这非常符合共和党的认识论。

* 2018 年 11 月 12 日。

共和党人真的以为存在大量欺诈或伪造的投票吗？提出这种问题本身就属于归类错误。他们并不“真正相信”任何事情，除非是相信他们应该得到自己想要的东西。任何对民主党有利的计票结果对他们都是坏事，因此就存在欺诈，不需要证据。

同样的世界观可以解释共和党人对阴谋论的痴迷。归根到底，如果有人坚持有损他们党的某个事实真相，那就不可能是尊重事实，因为在他们的世界里，根本没有中立的事实。

所以，讲不好听的话的人必然是被某些邪恶势力雇用。在亚利桑那州，民主党人基尔斯滕·西内马（Kyrsten Sinema）依靠迟滞计票赢得了参议员席位。但你知道吗，该州的共和党人随后提出了信息公开要求，以了解选举官员跟乔治·索罗斯（你懂的）之间的往来情况。

另外还有必要指出，拒绝接受任何客观事实以及坚持认为讲不利真相的任何人都是左翼阴谋参与者，在特朗普登场很早以前就支配了共和党人的灵魂。其中最突出的案例是宣称有关全球变暖的压倒性科学证据是个惊天骗局，是世界各地数千名科学家共同参与的庞大阴谋，这种说法已多年占据共和党的正统。

确实，共和党过去的总统候选人在拒绝事实和支持阴谋论方面通常显得更含糊其词，而非高声大气的疯狂外露。但特朗普也不过是走向该党的大人物长期以来所处的立场而已。

总之，拒绝接受其他任何标准，一切以帮助还是伤害特朗普为准绳，他们的这种态度在我看来已超越了真伪之辩，而融入其核心价值观。在特朗普的世界（如今已经与共和党的世界不分彼此）里面，善恶只取决于是否为伟大领袖的利益服务。所以他才会攻击和侮辱我们最紧密的盟友，同时对拍马屁的残忍独裁者赞许有加，甚至宣称新纳粹分子是“很好的人”。

同样的逻辑适用于英雄与懦夫。像约翰·麦凯恩那样真正的英雄，因为批评特朗普而被贬斥为失败之人：“他不是战争英雄……我喜欢不当俘虏的人。”而在另一边，为国家做的全部贡献基本上就是给特朗普提供竞选捐款的米莉亚姆·阿德尔森却荣膺了总统自由勋章。

对了，这种事在特朗普之前也发生过。还记得共和党人如何诋毁约翰·克里（John Kerry）的参战记录的吗？

在当今政坛的各种纷繁芜杂中，我们迫切需要看清并承认这不是对称现象，不是左右双方都在做的事情。如果你讲“真相与道德如今是根据党派立场来定义”之类的话，你实际上是在给坏人赋能，因为只有一个党是那样想的。

民主党人也是人，有时带有偏见，有时会做动机性推理，但他们并没有完全抛弃客观事实的概念与超越政治的美德。共和党人则相反。

所有这些意味着，美国今天发生的事情并非寻常的政治角力，而是关乎生死存亡。除非陷入幻觉，你应该能够看清：共和党在中期选举挫败后的反应完全是准备通过走向独裁统治的政治运动来夺取权力，由此把任何反对乃至批评都斥为非法。美国的民主制度依然危险重重。

保守主义的丑陋残局

很大程度上，本轮中期选举是对《平价医疗法案》的全民公投。民主党的竞选主题是医疗改革，而非特朗普。选民则给出了清楚的裁决：他们希望奥巴马医改得以延续，支持其把医疗保险覆盖面扩展到大约2 000万原本无法获得保险的人的做法。

然而在本周五，以“武器化”判决权著称、党派倾向强烈的共和党法官里德·奥康纳（Reed O'Connor）宣称，《平价医疗法案》在总体上——为有既往病史者提供保障、为居民家庭购买保险提供补贴，以及扩大医疗救助计划——违背宪法。来自左翼和右翼的法学专家都嘲讽他的根据，并将其判决描述为“粗糙的政治行动主义”。另外该判决或许不会得到更高层级法院的支持。

但对于扭转他造成的破坏，请不要过分自信。奥康纳的滥权举动或许显得过分粗鲁，但此类行为正变得日益常见。不只是对医疗领域，也不只是发生在法院。南希·佩洛西所说的共和党人攻击医疗改革的“丑陋残局”，只是他们在多个方面攻势的先头部队而已，因为共和党正试图违背选民的意志，普遍地破坏民主制度。

我们可以暂时庆祝美国政治制度的生命力，但制度最终是由人构成的，只有在人们自己尊重既定目标时，制度才能充分发挥作用。法治不仅取决于文字表述，也受制于负责解释者与执法者的行为。

假如人们不是把自己首先视为法律的公仆，其次才是党派人士，假

* 2018年12月17日。

如他们不是将政治目标置于维护法律体制的责任之下，法律就将失去意义，发挥影响的将只有权力。

我们在美国目睹的现状——实际上我们已目睹了很多年，只是大量新闻媒体与政治当权者拒绝承认——正是右翼党派分子对基本制度的侵蚀，他们的效忠对象只有党，没有原则。这种入侵在腐蚀共和体制，而且已深入骨髓。

专门指出“右翼”是来自我的认真考虑。与所有行业一样，两党内部都有坏人。但两大党派存在结构性差异。民主党是个不同利益群体的松散联盟，而现代共和党却是被“保守主义运动”支配的铁板结构，被（经常是秘密布局的）大资金与福克斯新闻频道及其他党姓媒体组成的封闭认知生态紧密捆绑。与左翼对手相比，从保守主义运动中崛起的人拥有强烈得多的党政官员属性，是值得信赖、绝不背离党的路线的忠诚政治战士。

数十年来，共和党一直在用这样的人填充各级法院，奥康纳的任命就是来自小布什。因此他的判决，无论在法律依据上多么糟糕，都不太出人意料。唯一的疑问在于，他是否认为自己可以在这场滑稽表演中得逞。显然他是这样打算的，而且很可能想对了。

我已经说过，这种情况不止发生在法院。尽管特朗普及其盟友不断编造所谓“深层政府”搞破坏的幻觉，现实却是越来越多的政府部门职位正被右翼党派分子占据，他们对所在部门的预定使命毫不在意，甚至积极反对。美国环境保护署如今被不希望保护环境的人把持，卫生和公共服务部的领导们则打算剥夺国民的医疗服务。

被党政官员接管的现象同样发生在政治领域。还记得吗，参议院的角色在过去被理解为“建议与准许”？在共和党人控制下，如今只剩下准许，特朗普事实上几乎为所欲为，包括有明显证据的腐败与犯罪，都绝不会招来他所在政党的参议员的任何监督。

那么，当公众否认他们的纲领之后，按党派路线思考和办事的人会做何反应？他们试图动用权力推翻民主程序。当民主党人可能赢下选举时，他们对投票过程加以操控，例如佐治亚州的案例。当民主党人在受到操纵后依然赢下选举时，他们剥夺对方拿下的职位的权力，例如在威斯康星州。当民主党的政策在各种困难下依然得以推行时，他们利用自己的派系官员把持的法院以不堪一击的依据扼杀法案。

正如《特朗普体制》一书的作者大卫·弗鲁姆（David Frum）于一年前发出的警告："如果保守派确信自己无法用民主手段赢得选举，他们不会放弃保守主义，而是会抛弃民主制度。"这正在我们讲话时发生。

因此对于里德·奥康纳的判决，佩洛西称之为"丑陋残局"的症状表现，这说得非常好。然而我们面对的战局不只是对医疗改革的持续攻击，还有对整个民主制度的破坏。目前的残局阶段或许不过是序幕，我担心最坏的时候还没有到来。

雄性气概、金钱、麦康奈尔与特朗普主义

在特朗普与民主党领导人于本周二激烈交锋后，看起来“推特总司令”完全可能让政府关门，以便为修造墨西哥边境的围墙争取资金。这一前景引人瞩目的地方在于修墙实在是个太过愚蠢的主意。即使你强烈反对合法或非法移民，把几百亿美元花在一道徒有其表的物理屏障上，对阻挡移民进入美国也是既无必要也无效率的选项。

那为什么还要这样做？据称，几乎肯定将出任下届众议院议长的南希·佩洛西对其同僚讲，这堵墙对特朗普而言代表某种“男性气概”。听上去有道理，但又令我沉思，还有其他哪些政策是由特朗普的不安全感推动的？本届政府的政策背后有哪些普遍驱动力？

作为回答，我认为特朗普主义政策背后事实上有三种主要驱动力，可称之为“3M 动机”：雄性（Manhood）、麦康奈尔（McConnell）、金钱（Moola）。

我说的麦康奈尔，意指共和党的正统纲领，基本上是服务于大捐助人、富有的个人和企业。这一纲领的核心内容是对捐助人阶层减税，同时削减社会福利计划的支出，以抵消部分税收损失。另外还有放松监管，尤其是针对排污企业，也包括对金融机构和营利性大学等可疑对象的监管。

在 2016 年大选中，特朗普作为另类共和党人登场，表现得似乎愿意捍卫社会安全网并对富人加税。然而一入主白宫，他的国内政策就完

* 2018 年 12 月 13 日。

全正统化了。他在头两年的唯一重大立法成就是向富人严重倾斜的减税；他尽了一切可能来破坏中低收入美国人的医疗保障；他还从内部摧毁了环境保护和金融监管体制。

特朗普的对外政策则取得了突破，不仅是相对于共和党之前的做法，而且偏离了美国过去坚持的一切立场。过去历任总统面对令人生厌的外国体制或许做出过基于现实政治的妥协，但我们从未见过像特朗普那样，喜欢残忍暴君，明显超出对待民主盟友。对于普京或者穆罕默德·本·萨尔曼这类人所做的一切，包括谋杀，他都心甘情愿为其找理由开脱。

这其中或许反映了个人价值观：普京、本·萨尔曼和其他政治强人跟特朗普是同一类人。但我们很难不怀疑，金钱因素，即通过特朗普集团给特朗普个人带来的财务回报，也在发挥重要作用。毕竟与民主国家的领导人不同，独裁者和专制君主可以直接把大笔现金转入特朗普的地产，或给其家族提供投资机遇，而无须向烦人的民选代表解释行动原因。

那么雄性气概的因素又在哪里发挥效用？边境墙就是明证。暴露真相的地方是特朗普政府强调这道墙的面貌要何等“雄壮而漂亮”，而非其实际作用。当美国海关与边境保护局向承包商招标时，特别指出该工程应有“现实的壮观感”，并且“墙体的北侧（面向美国的一侧）应该具有美学的愉悦感”。文件里没有说该建筑应该附有“特朗普之墙”的巨大标识，或许只是由于一时疏忽。

但我要指出，特朗普对于彰显雄性气概的愿望在其他领域也发挥着重要作用，尤其是在贸易政策上。

我一直在追踪“关税男”（Tariff Man）的冒险，让我吃惊之处不仅在于经济学家压倒性地认为特朗普的关税政策是个糟糕主意，而且这些关税在现实政治中同样毫无效用。也就是说，似乎并没有任何一个较大的选民群体要求跟我们的贸易伙伴国展开对抗。

到底谁想要贸易战？不是大公司，每当贸易争端升级，股价就会下跌，反之则应声上扬；不是农民，他们成了外国报复性关税的受害者；不是对特朗普2016年大选胜利至关重要的“锈带”各州的工薪阶层选民，这些州的多数有意向选民声称关税给自己造成了损害。因此，结果表明，贸易领域的好勇斗狠很大程度上是个人事务，是特朗普自己想要贸易战，这才是真相。

的确，跟边境墙之类的情况不同，在美国贸易法律的现有架构下，无须国会批准，总统自己就能发动贸易战。那么特朗普本人的动机又是什么呢？他让贸易成了自己的标志性议题，并且可以宣称自己干成了大事。哪怕某些政策在贸易争端后基本同之前保持一致，他依然坚称要修改名称，这很说明问题。借此手段，他可以到处假装说《美国—墨西哥—加拿大协定》，或者如佩洛西说的“之前大家所说的王子贸易协定”，与《北美自由贸易协定》完全不同，他取得了贸易战的天大胜利。

就这样，如今决定美国重大事务的不是国家利益，甚至也不是国家内部重要集团的利益，而是把持白宫的那个人的金钱利益与个人满足。这样的美国令人叫绝吧。

17 关于媒体

不只是假新闻

2016 年大选后，人们追问怎么可能发生那样的事情，于是有许多关于“假新闻”作用的议论，即通过社交媒体传播的阴谋论与错误说法。例如所谓“比萨门”，毫无根据地宣称民主党高层官员与一个儿童性犯罪团伙有关，并涉及华盛顿的一家比萨餐厅。这个谎言在互联网上广泛传播，导致了各种后果，包括餐厅老板们收到死亡威胁。

此类虚假传闻几乎都对特朗普有利。尽管如此，特朗普及其追随者很快劫持了“假新闻”这个词汇，来指代对特朗普政府不利的任何报道，无论有多强的事实依据。接下来许多人上了套，认为主流新闻媒体可以信赖的人数急剧下降，主要是来自共和党人的信任度大跌。

事实真相是，主流媒体渠道（默多克拥有的除外）在确认事实方面做得非常谨慎，并且为它们所做的工作承受着可怕的频繁攻击。但这并不代表媒体没有倾向性。恰恰相反，新闻界在报道什么以及如何报道上存在某些严重的倾向性，而这些导向对我们的政治失调产生了重要影响。

我所说的并非直接的政治倾向，是进步派还是保守派等，而是指虚假的对等性之类的东西：给分歧双方同等待遇，即使其中一方明显在撒谎。有不少人如今把这种现象称为“关于地球形状的观点分歧”，借用了本章收录的第一篇专栏文章的说法，那是我在 2000 年大选期间写成的。至于新闻媒体偶尔不采取双方对等主义的时候，则往往是因为那些一本正经的人士都在某个问题上达成了碰巧错误的共识。

我还想说说用影评方式取代政策讨论的倾向，即关注候选人应该如何给人留下印象，而不是他们的实际主张。这将在《琐碎的胜利》一文中展开分析。另外，只要记者出于任何原因不喜欢某位候选人，即使符合事实的报道依然可以产生对其不利的偏向性，阿尔·戈尔在 2000 年与希拉里·克林顿在 2016 年就分别遇到了这种局面。

总之，本章收录的专栏文章将探讨新闻媒体的真正失败之处，以及它们如何加剧了我们的政治堕落。

诱导转向

今年大选的主要教训是一位候选人可以说明显的假话而不会受到追究，只要这些假话是涉及大数字的。这一教训相信会让政客们刻骨铭心。

小布什反复宣称，除了其他事项外，他打算把1万亿美元用于新的社会福利计划。尽管在他实际提出的预算计划中，相关额度还不到一半，这个说法的反复出现并没有让公众对其可信度产生怀疑。

小布什先生还承诺，将把社会保障计划的1万亿美元用于彼此冲突的两个目标：存入年轻劳动者的个人账户，同时又用于向老年人支付福利。另外他喜欢提到的私有化主张也存在类似的双重标准问题。当他拿人们可以得到的资金回报率同社会保障计划缴费的隐含收益率做比较时，他似乎没有搞懂社会保障计划收益率较低的真实原因：必须把年轻劳动者的缴费拿出来，否则在今天的中年劳动者退休之前，该社保项目的资金就会耗尽。

但这其实不是误解，因为许多地方都对他的核算结论发出过警示，包括美国精算学会。所以小布什先生继续宣扬这一说法并非失误，而是他的计谋。而且对于一场承诺把“荣誉和正直”带回白宫的竞选运动而言，这种重复计算丝毫没有带来麻烦。

小布什是怎样瞒天过海的？原因之一是他的选民不太懂那些大数字，但同样也是因为媒体没有帮助选民理解数字的含义。

---

* 2000年11月1日。

从某种角度看这是个市场宣传问题，与做财政算术相比，内部人传出的流言在电视上更有收视率。不过也存在政治方面的问题，主流媒体近乎狂热地要展现公平态度。美国政治中的最大笑话之一，就是保守派坚称新闻媒体有进步派倾向。但实际情况是记者并没有要求小布什先生对最不可容忍的错误陈述负责，因为担心自己会被扣上党派倾向的帽子。假如有位总统候选人宣称地球是平的，你肯定可以看到如下标题的新闻分析：《地球的形状：双方各执一词》。毕竟地球并不是完美的球体。

然而，我们不知道事情将如何结束。假如小布什先生当选，他必须拿出一份现实的预算，还有现实的社会保障计划。到那个时候，光说得好听就不够了。他实际上会怎么做呢？

许多分析人士是希望——居然是希望——小布什先生只是在玩诱导转向。换句话说，他们希望在当选后，他能拿出一套与竞选中宣传的内容大不相同的计划。具体而言，保守派并不隐讳地相信，实际预算计划会涉及对社会性支出的大幅削减，以便为下调所得税和房产税腾出空间，另外还将以社会保障计划的重大福利削减来抵消税收收入向个人账户的转移。

可是这些必要的支出削减将令所谓“慈悲保护主义”的一切说法成为笑话。我们非常清楚社会保障计划部分私有化的任何现实操作办法会是什么样子，它将包括若干措施组合，如大幅提高退休年龄，急剧降低生活成本调整指数，并在个人账户兑现的时候课以重税。“这确实是你的钱”，但根据小布什先生的一位顾问的建议，全部收益中你只能留下25%。

在竞选中承诺要提供免费午餐的小布什先生，届时还会有胆量推出如此铁石心肠的计划吗？想想最初对克林顿医疗改革计划的反应吧，小布什有迎击类似风暴的准备吗？

我的推测是，假如当选，小布什先生会试图像他的竞选承诺那样治国。账目问题将被简单应付了事，直到金融市场在美国迅速恶化的财政状况警告下发出不能再被忽视的信号。

但或许我低估了小布什先生丢弃其竞选承诺的意愿。悲哀地说，假如他获胜，我们确实必须希望他只是在玩诱导转向的把戏。

琐碎的胜利

以“选民想从克里那里了解细节”为题，《华盛顿邮报》近期引用了一位选民的呼吁，要求约翰·克里与约翰·爱德华兹谈谈“他们计划对中等收入和低收入美国人的医疗保险做些什么，因为在当前的体制下，我必须面对永远不可能有医疗保险的现实，而那些百万富翁们对此似乎并不关心”。

克里先生建议用6 500亿美元开支，把医疗保险扩大到低收入与中等收入家庭。无论你支持或反对，你不能说他没有关注这个议题。但为什么那位选民没有听说过克里的建议？

从4/5的美国人视为获取新闻的主要渠道中，即主流的有线和无线电视网络，我查阅了相当于60天的播放记录。先不说细节，我反正没有找到一条报道明确讲述克里先生希望推翻近期对高收入者减税的做法，并把增收的税款用于覆盖大多数缺乏医疗保险的国民。即使有报道提及克里的计划，也通常是赛马活动式的分析，也即关于计划跟竞选的关系，而非其具体内容。

另一方面，所有人都知道特蕾莎·克里（Teresa Heinz Kerry）对某人讲过“滚开”，而且不清楚讲话的背景场合。除了全国广播公司（MSNBC）有过简短介绍外，我读过的记录都没提到她表达愤怒的对象是在为理查德·斯凯夫（Richard Mellon Scaife）工作，而斯凯夫这位亿万富翁曾资助对克林顿夫妇的抹黑，包括指责参与谋杀。有线电视新闻

---

* 2004年7月30日。

网（CNN）虽然提到过斯凯夫，却只说他是“保守主义事业”的捐款人。于是，有关斯凯夫先生对克里太太的长期仇怨，观众自然一无所知。

这里涉及两件事情，琐碎化与偏见，但它们是有联系的。

从某个时候开始，电视新闻不再报道候选人的政策主张，转而关注据称能揭示他们个性的细枝末节。我们听到有关克里先生发型的故事，而不是他对医疗保险的建议。我们听说小布什在农场割草，而不是他的环境政策。

即使就其本身而言，这些报道也往往出错，因为新闻记者并不特别擅长做性格判断。例如，乔治·威尔（George Will）对于因为尴尬的性俱乐部问题而退选的伊利诺伊州参议员候选人杰克·瑞恩（Jack Ryan）的描写：“他毕竟还是个道德捍卫者。”另外占据今天中心报道位置的品行问题，从历史上看对领导才能并无多大影响。例如，在策划诺曼底登陆行动时，艾森豪威尔就跟他的女司机保持着密切（但或许是柏拉图式）的关系。此事应该阻止他入主白宫吗？

把竞选运动报道搞成名人形象速写，这本身没有规则可言，从而给倾向性报道提供了充分的空间。

请注意文章开头那位选民提到的“那些百万富翁”。哥伦比亚大学的一个新闻研究网站（campaigndesk. org）指出，他们的分析“发现媒体容易在毫无必要的场合把克里参议员与爱德华兹参议员，以及克里的太太特蕾莎介绍为百万富翁或亿万富翁，却不会给小布什总统或切尼副总统贴上类似的标签”。

该网站还提到，小布什的竞选组织“一直在苦心炒作，借用财富话题把克里排斥在主流人群之外，并希望左右媒体的报道”。这一竞选策略不是说克里先生的政策会优待富人，因为明显不是，小布什的政策才明显对富人有利。他们的策略是，因为克里很有钱（同时请不要注意到小布什也很有钱），所以我们不应该喜欢他。在所有人中，共和党人最会玩弄这种嫉妒政治，而媒体则随波逐流。

简而言之，琐碎的胜利并不是无关紧要的。电视新闻节目未能告知公众今年的总统候选人各自有怎样的政策计划，这本身就是对新闻业的严重背叛，一如他们未能对仓促入侵伊拉克提出质疑。

补充一句：还有件事你或许没在电视上看到，杰布·布什坚称电子投票机是完全可靠的，而《圣彼得堡时报》则说，佛罗里达州的共和党散发了传单，敦促其支持者利用缺席投票，因为电子投票机缺乏纸质记录，而无法“证明你的投票”。

再补充一句：三周以前，《新共和》杂志报道说小布什政府正对巴基斯坦方面施压，要求对方在民主党代表大会期间宣布捕获了恐怖分子头目。果然，在克里先生发表接受提名演讲前几小时，巴基斯坦宣布逮捕了（其实事发是在几天前）一名重要的基地组织特工。

经济分析还有任何意义吗？

听到令人不快的爆料，说华盛顿圈子里的通行看法已认为高失业是结构性而非周期性现象。这与经济学家中如今形成的跨党派共识完全相反，并引起了我的几点深入思考。

首先是关于术语的含义。当经济学家谈论“结构性”失业上升时，他们真正表达的是某些非常具体的内容，不是含糊不清的挥手，而是确认充分就业状态下的失业率（价格和工资开始上涨，可能出现工资－价格螺旋上涨时的失业率）有所提高。遇到这种情况时，不是只通过让某些人增加支出，扩大需求并不能解决失业问题。反之，则可以采用此种对策。

我们谈论的其他一些事情又是什么含义，例如失业率在不同地区、职业或技能之间的差异？有关结构性失业上升的通行说法认为，劳动者与工作岗位之间存在某种“错配”。因此我们可以预期，这种错配的信号会是某些地方或某些类型的劳动力出现短缺。既然现实中没看到上述情形，说明不支持结构性失业理论。当然最终问题始终在于，在出现通胀问题之前，我们能够把失业率压到多低。对此，没有实际证据说明充分就业状态的失业率自 2007 年后有所上升，更不用说它与目前的失业率相当接近。

而且我已提到，相比两三年前，经济学界目前有了更强得多的共识，认为近期失业是周期性而非结构性现象。我的另一篇博客谈及埃

---

* 《纽约时报》博客，2013 年 8 月 4 日。

迪·拉泽尔在杰克逊霍尔发表的论文，还有纳拉亚纳·科赫拉科塔（Narayana Kocherlakota，时任明尼阿波利斯联储主席）的回心转意，他为此应该得到赞许，因为愿意在事实证据面前改变自己观点的经济分析师实在太少了。

我们目前做的是一场经济学讨论，以弄清楚事情的运转方式，进度比我期望的更为缓慢，但最终我们确实得到了专业的结论，即关于当前经济困境本质的一个流行理论并不成立。

不过，公共舆论权威对专业共识似乎并不在意。谈论“结构性”失业听上去很严肃，或者说似乎很严肃，因此他们仍坚持这样说，尽管证据完全指向反面。这甚至不属于“关于地球的形状存在观点分歧”的领域，公共广播公司的听众甚至没有得到还存在专业共识的任何提示。这好比你有一个关于气候议题的节目，却只有气候变化否认派的代表参加。

此外，我们或许应该把这置于另一场讨论的背景之下：关于财政紧缩的大议题。这里同样有非常决定性的专业意见的转折。虽说在经济学界内部也有相当多钻死胡同的人，但事实依然表明，支持紧缩立场的两大支柱，即扩张性紧缩论，以及债务跨越某个临界值后会发生可怕后果的理论，都已轰然崩塌。可政策根本没有改变，至多是在欧洲出现了边缘性的微小调整，而美国则是在经济疲弱时依然大幅削减开支。

对相信研究和事实证据、希望它们发挥作用的人来说，这着实令人气馁。宏观经济领域的政策与通行观念在近期的演变似乎表明走向了反面。

愚蠢生活之年

我起初没有注意到，但就在我对通行观点拒不接受事实证据发出悲叹之前，西蒙·雷恩－刘易斯发表了更广泛的相似见解。在阅读他的帖子时，我又多了几分思考。

如今，我们经常听舆论权威和一般类型的建制派在讲，精英群体与平民百姓之间似乎有条清晰的界限，前者知道世界是如何运转的，后者则需要精英智慧的引导。然而，事实完全不是这样的。的确，有些粗糙的学说，例如拉弗曲线、金本位理论等，在公众舆论中很有影响，却对精英群体缺乏吸引力。但精英群体自身在过去五年的多数时间沉迷的若干经济学说，包括结构性失业盛行、迫切需要削减财政赤字和开展福利改革、谨防不确定性的破坏性影响等，它们与事实证据的差距虽不像担心“恶性通胀已近在咫尺”那样明显，却已足够糟糕。按说今年本应该把它们完全逐出像样的讨论会场，但这些学说的影响力依然不减。

这毕竟是个不简单的年份。不仅学术界对结构性失业问题的观点天翻地覆，而且扩张性紧缩学说也走向崩溃，代之以乘数效应非常大的观点，还有 90% 的债务临界值论点被推翻、财政赤字急剧减少、中长期债务焦虑消失，等等。

不过，政策却完全没有调整，精英的观点也鲜有改变。这怎么可能呢？雷恩－刘易斯抓住了要点：政客在搜寻强化自己偏见的经济学家，新闻媒体要么成为宣传工具，要么严重缺乏勇气，不敢以任何直接方式

---

* 《纽约时报》博客，2013 年 8 月 7 日。

宣告政客的错误，不管他们讲的与事实有多大的背离。

顺便说下，这正是“政治真相新闻网”（PolitiFact）搞砸财政赤字问题的地方。当赤字快速下降时，埃里克·坎托却说是在增长。而政治新闻真相网把他的言论判断为“半真”，因为预测显示，财政赤字在2015年会略有扩大。这就好比我在大晴天里说正在下雨，而你把我的话评判为“半真”，理由是（不太可靠的）天气预报显示本周晚些时候会下雨。实际情况显然是，所谓的事实核查者认为自己需要安全运转，所以就不能把一位共和党的头面人物称作无知或者骗子。结果表明，他们得到了另外一种不幸，而那是件好事。

再回到政策研究遭遇挫败的议题上。显然经济学家必须竭尽所能把自己的事情做对，并把信息传递出去。但过去五年揭示了令人失望的结果：知识似乎已不再是力量，而实权派总是过于急切，容易执迷于看似严肃或为特定目标服务的事情，却忽略了真知灼见。

希拉里·克林顿被中伤

有一定岁数、较为关注政治和政策议题的美国人应该对2000年大选还记忆犹新，那是糟糕的记忆，不仅因为输掉普选票数的人不知怎么当选了，还因为导致这个结局的竞选本身也是一场噩梦。

你知道，当时的候选人之一小布什的不诚实程度在美国政坛是空前的。最突出的一点是，他建议对富人大规模减税，同时完全不顾基本的算术法则，坚称减税是面向美国中产阶级。这些竞选谎言预示了他当政期间会发生的事件——请不要忘记，他的政府以虚假借口把美国带入了战争。

然而在整个竞选期间，大多数媒体报道给人的印象是小布什先生是个豪爽直率的家伙，阿尔·戈尔却显得油滑虚伪，尽管他的政策建议能说得通，对小布什计划的批评也完全准确。戈尔先生的虚伪据说是由琐碎的传闻佐证的，其实都无关紧要，某些还是纯粹的编造。比如，他从来没有说过自己发明了互联网，但这种印象依然造成了打击。

而现在我和许多人有不好的沉沦感：这种事情似乎又在发生。

目前确实还没有太多假装把特朗普当作诚实典范的行动，但我们依然难以摆脱的印象是，对他的评价标准非常宽松。如果他能用讲稿提示器（还不是脱稿）演讲，他就很有总统范儿。如果他暗示不会把1 100万非法移民马上驱逐出境，他就在融入主流。此外，他的众多丑闻，例如给州检察长提供好处，让对方放弃调查特朗普大学，受到的关注相

---

* 2016年9月5日。

当小。

同时我们得到的另一个印象是，希拉里·克林顿所做的一切必须是腐败的，最突出的表现是对克林顿基金会的日益匪夷所思的报道。

请先后退一步，让我们想想这个基金会是为什么设立的。当比尔·克林顿卸任总统时，他是位广受欢迎、全球敬重的人物，他应该借用这个声誉做点什么？为慈善事业筹集一大笔资金，以挽救贫困儿童的生命，这似乎是个非常合理、高尚的行动计划。而且从各种口碑来看，克林顿基金会确实是一支在全球行善的重要力量。例如独立监察组织“慈善观察”给该基金会的评级为A，甚至高于美国红十字会。

如今，任何涉及数十亿美元筹款和开支的行动都存在利益冲突的可能。你可以设想，克林顿夫妇利用他们的基金会给其朋友提供贿赂，或者换种方式，希拉里借用自己的公共职位给基金会的捐助人提供好处。因此对基金会的运转状况展开调查，审核它是否存在不当的利益交换，是正确而合适的要求。正如记者喜欢说的那样，该基金会的庞大规模本身就“引发了疑问”。

然而，似乎没有人愿意接受对上述疑问的调查结果。这个结果非常清晰明确：“不存在不当利益交换。”

例如美联社的长篇报道说，希拉里在担任国务卿期间同该基金会的捐助人会面，表明“假如当选总统，她可能受到道德上的质疑”。从该报道的腔调中，你或许以为她会面的对象应该是某些暴虐的外国独裁者、面临指控的公司硕鼠，还会读到为这些人牟利的可疑行动，等等。

可是美联社提到的主要例子却是希拉里同诺贝尔和平奖得主、她长期以来的私人朋友穆罕默德·尤努斯的会面。如果说这就是调查能找出的最好证据，那确实没有任何污点可寻。

因此，我敦促新闻记者们问问自己，你们究竟是在报道事实，还是在挖苦讽刺。我也敦促公众带着批判的眼睛去阅读。假如关于某位候选人的报道涉及“引发疑问”“带来阴影”或类似说法的事情，请千万小心，那些报道太有可能是用来制造无中生有的不道德印象的油滑之词。

这里还有专业技巧：判断一位候选人品质的最佳方法是看他或她实际做过哪些事情，他或她提倡哪些政策。特朗普先生在欺诈学生、蒙骗承包商等方面的历史记录，很清楚地显示出他会如何当总统；希拉里的讲话风格与肢体语言则不然。相比 2000 年时的各种零距离接触报道，小布什的政策谎言让我更能看清他的本来面目。而在今天，特朗普在政策上的自相矛盾同希拉里的认真谨慎形成鲜明对比，这已很能说明问题。

简单说，重点看事实。美国和全世界都不能再承受一次被含沙射影颠覆的选举。

18

经济学思想

忧郁的科学

尽管我为《纽约时报》写稿已接近20年，在某些时候我依然感觉自己是个偷偷兼职做新闻记者的大学教授。本书的最后一章将展示几个例子，让我比报纸版面上通常表现的形象更像学者一些。

即使非常优秀的学者，在向公众传递思想时也会遇到如下大难题：再有见识的读者，如果不是某个领域的专家，也不具备你在同内行人讲话时可以推想的相同知识背景。

跟一群经济学家交流时，你可以用“收益递增”之类的词汇，你知道他们不仅明白其中的含义，即产量越高，单位产品的成本越低，而且清楚相关议题的隐含内容。例如，他们知道收益递增往往会导致完全竞争市场（众多小企业生产相同产品的市场）解体，他们还知道完全竞争对正统经济学模型的重要性，等等。人们容易抱怨这些专业术语，但是以特定语言作为表达复杂概念的便捷方式，对专业人士的内部交流而言至关重要。

不幸之处在于，采用专业语言同时意味着非专业人士听不懂你在讲什么。

如果足够细心并非常努力，你往往可以用大白话表述重要的经济思想，哪怕是对从零起步的读者。例如在撰写本文之前，我刚发表了一篇谈美国农村衰落的专栏文章，其内容实际上是转述我被引用次数最多的一篇学术论文《收益递增与经济地理》（1991）。参与把经济学研究翻译成日常语言的工作，既相当重要，又令我感到满足。

但有时我也打算稍微加点力，写点不算技术性研究论文但比平时用的术语更多的文章。本章就包含这方面的一些例子。

头一篇是在 1991 年应约写成的，起初定位的内容是关于我的“人生哲学”，但我觉得那样太傻，谈谈自己做经济学研究的策略要有意思得多。而且我认为，对于愿意听点专业术语的普通读者，这篇文章能让他们了解我在生活中的另一面，以及我的哪些研究方法有助于让自己转型为面向数百万大众读者的写手。

我的研究领域有很多方面涉及宏观经济学，尤其是与凯恩斯的著作有关的思想。不幸的是，在面对一场迫切需要实施大胆的凯恩斯主义政策的危机时，欧洲和美国都未能充分达标。《缓和的不稳定性》是探讨我们政策失败的原因，我认为凯恩斯主义的立场，即珍视市场经济，但做好在必要时采取强势政府行动的准备尽管很明智，却在智识和政治上都不容易坚守。

最后，在 21 世纪 10 年代撰写的经济学作品不能忽略比特币和其他加密货币的内容。我在这方面是个强烈的怀疑派，结尾收录的文章将对此给出具体解释。

我的工作方法

约稿方给本文提出的正式任务是谈谈我的"人生哲学"。但需要声明在先，我无意遵从上述指示，因为我对一般意义上的人生并无特殊见地。我记得熊彼特曾经宣称，在其故国奥地利，他不仅是最好的经济学家，也是最出色的骑手与最浪漫的情人。我不骑马，在其他成绩上也没什么幻觉，就是厨艺还算不错。

我打算在本文谈的是范围更有限的内容：对思考的某些认识，尤其是关于如何做有趣的经济学研究。我认为在同一代经济学家当中，自己可以说有较为独特的学术风格。因为有许多途径成为好的经济学家，这种风格未必胜过同仁的选择，只是对我来说非常合适。该风格的本质是一种通行的研究策略，可以总结为几条规则。此外，我认为自己以政策为主题的写作与言论在根本上也是基于相同的规则。这些研究规则将在本文稍后部分总结，因为我觉得更好的叙述办法是先讲讲自己如何偶然踏上这条学术之路的。

起源

今天的大多数年轻经济学家是从技术专业进入这个研究领域的。他们起初想从事硬科学或工程类的职业，然后下滑到社会科学中最严谨的部分。从这个方向踏入经济学的优势显而易见，他们已经受过良好的数学训练，能很自然地接受规范模型的概念。但我的出身与之不同，我的

* *Sage*，1993 年 10 月 1 日。

初恋是历史学，开始学的数学很少，在前进的途中根据需要补课。

不过，我在很早就深入了经济学领域。还在耶鲁大学读三年级的时候，我就给威廉·诺德豪斯担任世界能源市场课题的研究助理。之后我很自然地进入研究生院，在麻省理工学院的时候写出了首篇较为成功的论文，内容是对国际收支危机的理论分析。我发现自己善于采用小巧的数学模型，懂得用简化的假设让模型便于处理。但在离开研究生院时，我至少在内心里仍有些缺乏方向感。我不确定该做哪些工作，甚至不清楚自己是否真正喜欢做研究。

但非常突然地，在1978年1月，我找到了自己的立足点。由于感觉失落，我去拜访了过去的导师鲁迪格·多恩布什，给他讲了几方面想法，包括模糊地提到，自己在罗伯特·索洛的短期课程上学到的垄断竞争模型，尤其是迪克西特与斯蒂格利茨用的可爱的小模型，或许能用于国际贸易的研究。鲁迪格提示说这个想法或许很有意思，于是我回家之后做了些扎实的工作，几天后便意识到：我已经找到了后来将成为自己职业生涯核心部分的东西。

我发现了什么呢？细想起来，我的贸易模型的突破点并不特别惊人：即使在没有比较优势的情况下，规模经济也可以成为国际贸易的独立原因。这对我而言是个新发现，但很快就认识到，传统贸易理论的批评者此前多次提出过类似观点。我设计的模型留下了些悬而未决的问题，特别是往往有多个均衡解。即使如此，为了便于模型的处理，我依然做了些明显不符合现实的假设。在设定这些假设后，模型变得相当简单，因此没有给论文写作留下展示任何高端技巧的机会。所以有人或许认为我没有做出什么有意思的发现，某些同事在之后几年也确实就是这么跟我说的。然而我却看到（由于某种原因是几乎立刻看到），模型的所有这些特征是优点而非缺点，这些特征支持的研究领域可以在之后若干年里结出丰硕的成果。

显然，我只是指出了传统贸易理论的批评者在数十年里都在讲的道理。但这一观点此前并未成为主流国际经济学的组成部分，原因何在？

因为它从来没有用漂亮的模型表述过。新的垄断竞争模型给我提供了一个工具，利落地开启此前被视为繁杂棘手的盲区。但更重要的是，我突然意识到经济学的方法论能够在多大程度上造成盲点。凡是不能做规范建模的地方，我们就视而不见。这其中最大的盲点与收益递增相关，因此正好便成了我的使命：从略微不同的角度看待事物，由此揭示平凡之理，那些一直藏在我们眼皮子底下的真相。

我在那个冬天到春天写下的模型并不完善，如果有人细究，会发现它们很反映模型设计者的水平，所幸模型仍能讲述有意思的故事。我用了很长时间才表达清楚自己在做的事情，不过最终我认识到，处理复杂课题的一个办法是改变问题，尤其是调整思考层次。细节的分析可能极为烦琐，而系统性的综合描述要简单得多，并且可以讲清楚你需要知道的一切东西。

当然，到达这种系统性的综合描述层次要求接受比较笨拙的对称性假设，那正是迪克西特—斯蒂格利茨理论及相关模型的基础。这些笨拙假设能让我讲出有说服力的故事，采用正统竞争模型的优雅假设反而讲不清楚。于是我又开始意识到，在经济学研究中我们一直在做蠢笨的假设，只是因为有些假设的使用过于频繁，才使其看起来较为自然而已。因此在弄清楚假设会得出何种结果之前，我们不能随便拒绝看似蠢笨的模型。

最后，模型的简洁或许挫败了我的迫切愿望，未能炫耀自己在研究生院费尽力气学到的数学技巧，但我很快发现了简洁对这项研究事业的核心意义。过去的贸易理论家没有考虑收益递增的影响，不是因为缺乏实际证据，而是源于他们认为这很难建模。那么，通过展示模型可以设计得近乎简单幼稚，会给研究带来多大的促进作用？

就这样，在 25 岁生日之前，我基本上已经看清自己在职业生涯中要做些什么。我不知道，如果这一宏大项目当时遇到其他经济学家的冷眼，结果又会怎样。或许我会变得急躁，或许会失去信心并放弃努力。但现实中一切进展出奇顺利。在印象中，我的核心研究曲线自 1978 年

1 月后保持了非常连续的轨迹。在几个月之内，我就完成了基本的垄断竞争贸易模型，与阿维纳什·迪克西特和维克多·诺曼（Victor Norman）的模型，以及凯尔文·兰卡斯特（Kelvin Lancaster）的模型几乎同时独立完成。我在论文发表时遇到了点麻烦，被一本顶级学刊《经济学季刊》拒绝，这似乎是所有经济学创新思想的宿命，但我还是继续推进。从 1978 年到大约 1984 年底，我把几乎全部研究精力都集中在收益递增和不完全竞争对国际贸易的影响上，中间有一年我曾为美国政府工作，此是后话不表。我的个人探索到后来发展成一股潮流，更多人加入进来。尤其是埃尔赫南·赫尔普曼，他首先自己做出了关键贡献，然后邀请我开展合作研究，作为深刻的思想家，他的正直与自律给我的古怪与散漫提供了很好的补充。我俩的代表作《市场结构与对外贸易》让我们的理念不仅赢得尊重，而且几乎成为标准，用 7 年时间颠覆了正统理论的地位。

出于某种原因，我让关于收益递增的宏大研究项目在 20 世纪 80 年代休耕了几年，把注意力转移到国际金融领域。我在该领域的成果主要是一些受当时的政策议题启发而创立的小模型。尽管这些小模型缺乏我的贸易理论模型那种统一主题，但我认为与贸易领域类似，自己在金融领域的研究从某种程度上讲仍保持了一致的学术风格。

1990 年，我从一个新的方向回到收益递增经济学研究。我突然意识到，让我们把收益递增的作用正式纳入贸易理论的技术方法，也可以用于另外一大片被荒废的研究领域：经济地理学，也即关于生产活动空间布局的理论。这里的情形甚至比贸易研究领域更突出，各种实证观察、精彩故事和显而易见的现实意义摆在我们眼前却不受重视，因为人们没有找到好的理论规范方法。在我看来，好比重温作为年幼知识分子的最美好时光。做地理研究是项艰苦的工作，需要大量的深入思考，并使模型变得很琐碎，而我越来越发现自己需要计算机作为辅助，不仅是做数据分析，还要帮忙构造理论。结果表明这样做是非常划算的。我认为，理论研究中遇到的最大兴奋点发生在这样的时刻：模型告诉你某些一直以来应该明显成立的发现，能够让你立刻联想到现实世界，但在过去你却没有真正理解它们的含义。地理研究依然能带来这种兴奋。

在本文写作的时候，有关经济地理的研究似乎正把我引领到更遥远的领域，尤其是在地理模型中自然生成的概念与传统发展经济学［曾经在 20 世纪 40—50 年代走红、然后衰落的高级发展理论（high development theory）］的语言之间存在显而易见的密切联系。因此我预计自己的基础研究项目将继续在该领域得以扩展。

做研究的规则

介绍自己在 1978 年确立职业生涯的时候，我其实已经隐含地提到了做研究的四条基本规则。现在我将它们明确地阐述出来，再展开解释。这些规则是：

1. 倾听外来者的意见；
2. 对问题提出质疑；
3. 敢于做傻子；
4. 简化，再简化。

倾听外来者的意见

这条规则的具体含义是，“关注睿智的人们在说什么，即使他们与你习性不同或者不会讲你的专业语言”。对此或许最好还是用案例来解释：当我开始反思国际贸易理论时，已有大量文献对传统贸易理论提出批评。实证研究者指出，贸易主要是在要素禀赋似乎差不多的国家之间开展，而且大量贸易是产业内部看似同类产品之间的交换。敏锐的观察家指出，规模经济与不完全竞争在现实的国际市场中颇为重要。但所有这些有见地的评论都被主流贸易理论家忽视了，因为这些批评意见似乎缺乏对比较优势理论的深入理解，也未拿出逻辑一致的模型，那为什么还要关注它们呢？结果就是专家忽略了近在眼前的现实证据和故事。

同样的事情也在地理研究中重演。地理学家与区域研究科学家积累了大量关于区域化外部经济效应的性质与意义的证据，并将它们做了虽非严格但也算合理的归类梳理。然而经济学家并不重视他们的言论，因为那是来自讲错误语言的人。

我并不是说规范的经济学分析毫无价值，或者任何人对经济事务的见解都值得重视。恰恰相反！我强烈推崇理论模型的重要性，理论模型与思考的关系就好比投矛器对于石器时代武器的意义，它们可以极大地拓展我们的洞察力与范围。尤其是，对那些批评理论构造者不切实际的简化、自以为不做清晰的假设陈述就能获得更深刻认识的人，我毫不认同。关键在于，我们应该认识到经济学模型其实是一种比喻而非现实。我们竭尽所能用模型表达思想，并尽量做得漂亮（下文将详述），但始终要记住，你可能做错了比喻，采用其他比喻的人或许看到了你忽略的东西。

对问题提出质疑

1978 年之前有过一些关于外部经济效应与国际贸易关系的研究文献，但从未产生较大影响，因为内容看起来相当凌乱，即便最简化的模型到最后也只是对可能结果做点归类讨论。此后我们逐渐弄清楚了，这种凌乱很大程度上是因为建模者要求模型实现传统贸易理论模型的功能，也就是要对分工与贸易的模式做出准确预测。但为什么要提出这一具体问题？即使在赫克歇尔—俄林模型中，你希望得出的核心观点也不过是“一个国家出口的产品，往往是密集使用自己国内较为丰富要素的产品”。如果你采用的具体模型显示，资本丰富的国家 H 出口资本密集型产品 X，该结论的价值只在于加深了你对上述核心观点的理解，而不是说你真正关心明显过于简化的理论模型的这些具体细节。

所以，如果你不去深究在两部门、两产品经典模型中得出的那些细节，外部经济效应模型并不需要搞得很杂乱。如果只关注福利与世界收入如何分配这些“系统性”问题，完全可以设计出非常简洁的模型。而且我们真正感兴趣的恰恰是这些系统性问题。更直接点说，过度关注细节相当于把过度开发的原有模型的固有偏见带到新的研究领域，并只会制造麻烦。

上述情形在我工作过的若干领域都存在。一般而言，当某个领域的工作者陷入难度极大的问题时，反思一下他们是否找对了问题应该是个好主意。很多时候存在其他一些问题，不仅更容易解答，而且更有意义。但这一技巧的缺陷是，往往会惹人们生气。面对一位把多年光阴用于思考某个难题的学者，你说绕开这个问题反而有利于激活那个研究领域，他很少会表达感激。

敢于做傻子

如果你想发表一篇经济学理论论文，有个比较保险的方法：对某个常见模型做概念上小幅度但数学上高难度的扩展。由于该模型的基本假设已为大家熟知，别人不会觉得奇怪；又由于你完成了技术上很难的工作，你展示的研究实力应该得到认可。当然不利之处是，这样不能给人类的知识增加多少有效养分。

我发现自己在新贸易理论方面的研究与之正好相反。我采用不太常见的假设，然后用它们做非常简单的推导论证。这样做需要极大的自信，因为人们（尤其是审稿人）一开始几乎肯定会批评乃至嘲笑你的研究。毕竟，你用的假设肯定看起来较为特殊：一个连续产品集，都有着完全相同的生产函数，对称地进入效用函数，各国有着相同的经济规模，要素禀赋呈镜像分布。人们会问，为什么要关注采用这样傻的假设的模型，尤其是还有明显聪明得多的年轻人在通过破解难题证明自己的素质？

许多经济学家或许很难接受的一点是，经济学的所有模型都用了很傻的假设。例如，认知心理学告诉我们，效用最大化就是个荒唐的概念；均衡概念在金融市场之外也很蠢笨；完全竞争对大多数产业都显得很滑稽。之所以会做这些假设，不在于其是否合理，而是因为它们能帮助我们构建模型，以比拟真实世界中发生的事情。

例如，在效用最大化和完全竞争市场假设下的阿罗—德布鲁完全竞争模型，某些经济学家认为它不仅是个有用的模型，而且揭示了至高真理。该模型确实很出色，但并非源于其假设有多高的可信度，而是因为它能帮助我们更清楚地思考经济效率的本质以及在市场体制下实现高效率的前景。它其实是个充满灵感的卓越的傻作品。

我相信这种创造性愚蠢的时代并未过去。作为理论经济学家，其美德并不在于榨干那些在之前的千百篇论文里被引用、从而看似自然的假设。如果有新的假设组合能产生有价值的思想，那就永远不要介意其样子是否古怪。

简化，再简化

劝大家敢于做傻子不等于可以不受约束，事实上，做出真正创新性的理论所要求的智力训练比在成熟研究领域开展工作要多得多。真正的难点是保持方向感，因为身处陌生领域，你非常容易到处兜圈子。凯恩斯在某个地方提到过，“很难想象一个独自思考的人会暂时相信多么愚蠢的东西”。另外的关键点是如何把你的观念表述出来，让没有在过去两年痛苦思考这个问题且并不急于在今后两年为答案挣扎的人也能够较为容易地理解。

幸运的是，有一个策略能完成如下双重任务：既能帮你掌控好自己的思想，又能让这些理念容易被他人接受。这一策略就是，始终用尽可能简单的模型表述你的想法。走向这种简约主义模型的行动将迫使你捕捉自己想说的核心内容，并暴露出你在哪些情况下其实没有真正的创见。然后这种简约模型也将容易解释给其他经济学家。

这一“最小必要模型”方法，我屡试不爽：利用单要素、单产业模型解释垄断竞争模型在贸易中的基本作用；利用部门特殊劳动力（而非赫克歇尔—俄林模型的要素完全替代）的假设解释产业内国际贸易的影响；利用对称的国家条件分析互相倾销的作用，等等。在每个案例中，这种做法都让我能够用第一眼看上去过于简单的手段解开那些被广泛视为超级困难的题目。

当然，这一策略也有其不利之处：你的许多同事通常会认为能用小而可爱的模型来描述的思想必然微不足道且过分浅显。需要有些阅历，人们才会发现简约或许是多年艰苦思考的成果。我听说的一个故事是，当斯蒂格利茨被考虑授予耶鲁大学终身教职时，一位年长的同事看不起他的成果，说那些基本上都是不起眼的模型，而非深刻的定理。于是另一位同事问："对保罗·萨缪尔森是不是也能做同样的评判"？"正是如此。"那位反对授予职位的人回答说。我也听到过对我的研究成果的类似评论。所幸最终有足够多见过世面的经济学家，让学术正义经常能得到主持。另外，大胆探究其他经济学家尚未涉足的一块领域，所用的方法从事后看却又近乎儿戏，这种经历还能给人特殊的愉悦感。

以上就是我对自己的基本研究方法的介绍，我以自己开拓"新贸易理论"的经历以及更近期对经济地理学的拓展为例，是因为这些是我做的核心领域。当然我还参与了其他许多工作，它们在某种意义上是隶属同一事业的组成部分。因此本文剩下的篇幅将谈谈这些事情，特别是关于一个人能如何兼任政策经济学家与理论经济学家。

与政策相关的工作

大多数理论经济学家不碰当前政策议题，如果他们卷入政策讨论，那也是在职业生涯的后期，在时间安排上放在创造性的理论研究之后，而非并行开展。似乎有一种共识认为，做出精彩的理论研究所需要的目标清晰与单一性，同活跃于政策讨论所要求的对复杂议题的包容性不匹配。但对我而言从来不是这样。我的学术研究生涯中混杂着面向不同政府部门和公共机构的咨询活动，以及在一整年里为美国政府服务。我写了一本面向非专业读者的图书《预期消退的年代》，我持续撰写了大量文章，并非出于自己研究课题的内在逻辑，而是为了弄清楚某些政策讨论热点，包括第三世界的债务减免、汇率的目标区域，以及区域贸易集团的兴起等。所有这些活动好像都没有干扰我的研究，而且我最满意的某些论文还是起源于面向政策的工作。

为什么与政策有关的工作没有和我“真正”做的研究形成冲突？我想原因是在处理政策议题时，我采用了与更基础的研究工作完全相同的方法。关注媒体的报道或中央银行家与财政部长的言论，是倾听外来者的意见的另一种形式。试图找到办法清晰界定他们的问题，非常类似于对理论问题提出质疑。以自己的非正统观点对阵号称博闻强记的权威，显然要求敢做傻子的勇气。另外，在政策讨论中尽可能地追求简洁，要比在理论研究中的简约主义更具现实价值。

所以，与政策相关的经济学研究对我而言不存在学术风格的巨大调整，而且会带来回报。我得老实承认，相比纯粹的学院派人士，邀请我参加银行家会议和发表演讲的出场费要高得多。同时也要承认，做政策研究的一大乐趣是有机会让资产阶级感到震惊，有机会指出官方立场的空洞或愚蠢。例如，我知道自己不是唯一乐于指出《马斯特里赫特条约》荒谬性的国际经济学家，当我和其他人长期预言的汇率机制危机在1992年秋天终于到来时，也没摆脱有些恶意的快感。然而政策研究的主要回报仍是知识上的激发。不是所有现实世界的问题都有意思，例如几乎任何与税收有关的东西都让我感觉昏昏欲睡。但是每过最多两三年，国际经济领域总会出现能激发活跃研究的问题。激发我撰写理论研究论文的事件就包括：《广场协议》《卢浮宫协议》《布雷迪计划》《北美自由贸易协定》以及欧洲货币联盟等。即使不考虑相关的政策背景，我认为那些论文自身也有价值。

当然总是存在这样的风险：加入政策圈的经济学家可能不再有充足的时间做真正的学术研究。我确实撰写了太多的会议论文，我是个非常快的写手，但或许对这个天赋有些开发过度。不过，我认为做政策研究面临的主要危险还不是时间的挤占，而在于价值观受到威胁。我们很容易被诱导，以为直接影响政策比只会撰写论文更重要，我在许多同仁身上见过这种案例。而一旦你走上那条路，一旦你开始觉得大卫·马尔福德* 比索洛更起作用，或者更喜欢巴结理想王国的财政部长，而非同迪克西特探讨理论，你或许就在研究中迷失了。可能很快你就会开始把“影响”当作动词来使用。

幸运的是，尽管自己喜欢同政策议题打交道，我却从来没有太把政策制定者当回事。这种严肃态度的缺失偶尔会给我招来麻烦，例如，在有篇会议论文中关于法国人不失礼貌的插科打诨引来了与会法国官员的长篇抨击，或许也让我永远不可能坐上任何关键的政策职位。但那没什么，最终我宁可多写几篇好论文，而不是掌握实权。当然在此要提醒政策界：这么说并不代表我一定会拒绝你们发出的邀约！

遗憾

对自己的人生与个性，我有许多感觉遗憾之处。可以说我的职业发展惊人得顺利，但在其他方面却远不是那么轻松写意。不过本文的内容还是限于职业领域的遗憾。

一个小遗憾是我从未参与真正严肃的实证研究工作。这不是因为我不喜欢事实或者真实数据。图表之类较为轻松的实证分析，或许还加上一些回归分析，其实很对我的胃口。但对数据库做严肃的构建与透彻的分析，则似乎是我不会真正投入的事情。我感觉部分原因在于，我的许多理念不太容易做标准的计量检验。当然，更重要的是因为我缺乏耐心和组织能力。每年我都承诺要尝试些真正的实证研究工作：下一年我真要做了！

更大的一个遗憾是，虽然麻省理工学院的课程评定把我列为优秀教师，我却没有带出一长串真正优秀的学生、能给老师增添光彩的后辈。我可以为这个失败找些理由：学生们通常更喜欢多讲方法、少提直觉的导师，我提出的少用数学、多用经济学的要求经常吓跑学生，等等。还

---

* David Mulford（1937—），曾任美国财政部副部长、美国驻印度大使等多个政商职位。——译者注

有，或许我表现得太忙碌而分心，或许我的个人印象不够激发人心（稍微高几英寸就好了）……但无论如何，我还是希望本可以做得更好，并将为此努力。

总而言之，我还算非常幸运。一系列偶然事件把我引向与自己非常合拍的学术风格，其中势必有很大的运气因素。我在本文中试图对该风格做出定义和解释，这算是人生哲学吗？当然不是。我甚至不敢确定这算不算经济研究领域的哲学，因为对某位经济学家适用的风格未必适合他人。这些只是我做研究的方法，对我自己很适用。

缓和的不稳定性

布拉德·德龙谈到我们对历史的感受在大衰退之后如何发生了变化。我们曾经可怜自己的祖辈，认为他们缺乏有效应对大萧条的知识和同情心；但如今我们自己又在重复全部旧有的错误。我认同德龙的看法。

目睹过去三年的政策失败，我发现自己越来越相信这种失败有深刻的根源，我们在某种意义上注定要经历这些。具体而言，我现在推测德龙与我都支持的那种温和经济政策体制，即整体上让市场发挥作用，但政府随时准备控制过热与阻止下跌，具有内在的不稳定性。它可以维持一代人左右的时间，但不能长太多。

我说的“不稳定”不仅是指明斯基式的金融不稳定，当然那也是其中一部分，同样关键的还有该体制在学术和政治层面的不稳定。

学术上的不稳定

我在日常工作中用到的经济学方法大体上由保罗·萨缪尔森于1948年建立，当时他出版了自己的经典教科书的第一版，我依然认为这明显是最合理的现有研究方法。该方法把微观经济学的悠久传统（重点是看不见的手如何带来社会普遍满意的结果）与凯恩斯主义宏观经济学（关注经济如何出现内在问题，要求实施政策干预）结合起来。在萨缪尔森式的综合体系中，我们必须依靠政府来确保基本充分就业；只有在此既

---

* 《纽约时报》博客，2010年11月26日。

定前提下，才能表现出自由市场的通行优势。

这是个有高度合理性的方法体系，但在学术上并不稳定。因为对于你如何思考经济运行，它要求采取某种策略上的不一致。在做微观研究时，你的假设是理性的个人与快速出清的市场；在做宏观研究时，市场摩擦与临机应变的行为假设又成为至关重要的内容。

那又有何影响呢？在寻求有用的指导建议时，这种不一致性并无不妥。地图不等于现实场景，完全可以根据你要完成的具体任务选用不同的地图。开车时选用道路图，徒步时用个概要图就好。

但经济学家坚持要攻克划分微观与宏观的分界线，实际上则是想让宏观经济学越来越向微观经济学靠拢，把越来越多的内容归结到最优化与市场出清的基础之上。如果这种提供“微观基础”的尝试未能成功呢？根据人类的天性，加上门徒递减规律，或许不可避免的后果将是有相当多经济学专业人士不再承认商业周期的现实存在，因为这些现象不符合理论模型。

由此带来了我所说的宏观经济学的黑暗时代：大量经济学家对20世纪三四十年代艰苦获得的真知灼见简直一无所知，并在你指出这种无知时报以愤怒。

政治上的不稳定

身兼保守主义者和凯恩斯主义者是完全可能的，毕竟凯恩斯本人也说其著作“具有温和的保守主义色彩”。但在现实中，保守主义者总是把政府在经济中有任何积极作用的观点视为社会主义者打进来的楔子。当威廉·巴克利* 撰写《耶鲁的上帝与人》时，其主要抱怨之一就是耶鲁大学的教员讲授凯恩斯主义理论。恐怖吧！

我始终认为，货币主义其实是想缓和保守主义的政治偏见，而不否

* William Buckley（1925—2008），美国记者、作家、主持人，《国家评论》杂志创办人，保守主义先锋。——译者注

认宏观经济中的现实。弗里德曼的确说了，我们需要政策稳定经济，但他又指出，我们可以让政策变得更技术化和（很大程度的）机制化，使之与任何东西隔离开。只需要告诉中央银行稳定货币供应量M2就够了，至于其他一切，让自由之声响起！

货币主义失败后（说失败容易引发争执，但你知道事实如此），取而代之的是对中央银行独立性的崇拜。让一群银行家负责基础货币，使其与政治压力绝缘，让他们来应付商业周期；与此同时，其他一切可以按照自由市场的原则运转。

这套办法运行了一段时间，大约从1985年到2007年，即所谓的“大缓和时代”。起作用的部分原因是中央银行的政治绝缘性也让他们有了相当程度的知识绝缘性。如果说我们生活在宏观经济学的黑暗时代，那中央银行就是负责保存与研究其他地方散失的古代典籍的修道院。尽管专业期刊已被真实商业周期学派接管，让讨论货币政策（更不必说财政政策）重要性的模型很难得到发表，但美联储的研究部门仍在比较现实地继续研究反周期政策。

然而，这一局面同样不稳定。一方面迟早会出现巨大冲击，如果没有更广泛的财政政策的支持，单靠中央银行将难以应对。另外，野蛮人迟早也要对货币主义下手，如目前对量化宽松措施的愤怒所示，入侵的部落已经杀到。

金融上的不稳定

最后同样重要的一点是，中央银行领导的稳定化获得了巨大成功，加上金融去监管这一自由市场原教旨主义复兴的副产品，酝酿了中央银行自身无法应付的巨大危机。这就是明斯基理论：长期的相对稳定导致更大的风险承担、更高的杠杆，最终将是规模庞大的去杠杆冲击。米尔顿·弗里德曼弄错了，在真正严重的把经济推入流动性陷阱的冲击面前，中央银行无力阻止萧条出现。

等巨大危机到来的时刻，由于学术上滑入黑暗时代，而政治立场上拒绝采取政策行动主义，我们将无法就广泛的应对措施达成一致意见。

于是我担心，萨缪尔森式的理论综合注定走向糟糕的终点，结果就是我们看到的身边的一片狼藉。

交易成本与锚定：为什么我属于加密货币怀疑派

我仍在度假中，在欧洲各地徒步和骑车。我也在或多或少跟踪新闻，但只是偶尔并且不确定地在某个地方和某些条件下会写点东西发出去。

目前是个时机，我觉得可以提前发表一些想法，给在旅行结束后将参与的一个活动预热。具体情况是，我打算在两三周后到一场关于区块链等内容的会议上扮演伊曼纽尔·戈德斯坦（奥威尔的小说《1984》中的人物）的角色，也就是那个被指定的反派。如果你只跟友好的听众交谈，那对自己实在缺乏挑战性，是吧。因此不妨在这里先解释下，我为什么对加密货币持怀疑态度。

这关系到两个问题：交易成本与缺乏锚定。请容我慢慢解释。

如果你看看货币发展的总体历史，会发现一个清晰的随时间变化的方向，即做生意的摩擦以及处理这些摩擦所需的实际资源都在减少。

起先，人类有了金币和银币，它们比较笨重，需要很多安全保护措施，其生产也需要消耗大量资源。

之后出现了由部分储备作为支持的银行票据，这类票据之所以受到欢迎，是因为用起来比成袋的铸币方便得多，它们的出现也减少了对真实贵金属的需求。正如亚当·斯密所言，这提供了“一种空气中的货运通道”，可以把资源释放到其他用途。

---

* 2018 年 7 月 31 日。

即使如此，货币体系依然需要大量实物货币。接下来的中央银行制度又大大减少了这种需求，私人银行把放在中央银行的存款（而非金银）作为自己的储备。等法定货币出现后，则几乎完全消除了对实物储备货币的需要。

与此同时，人们也在逐渐摆脱现金交易，首先是用支票付款，然后是信用卡和储蓄卡，以及其他数字记账手段。

因此从历史视角看，对加密货币的狂热似乎非常古怪，因为它完全与长期趋势背道而驰。它不是走向近乎无摩擦的交易，而是做生意的成本很高，因为比特币或其他加密货币的交易要求提供过去交易的全部历史。这些货币的创造不是点击下鼠标那么简单，而是必须"挖矿"，通过大量消耗资源的计算过程来产生。

此类成本的发生并非偶然，不是可以用创新随便消除的。正如马库斯·布伦纳梅尔（Marcus Brunnermeier）与约瑟夫·阿巴迪（Joseph Abadi）指出的，创造新的比特币或交易现有比特币所需的高成本，是这个在分散化体系中创造信用的项目的核心所在。

银行票据之所以能被接受，是因为人们比较了解发行票据的银行，并且这些银行有维护自己声誉的激励。政府偶尔会滥用创造法定货币的特权，但大多数政府和中央银行有纪律约束，同样是因为它们在乎自己的声誉。但对于比特币，你要在不知道其发行人的情况下相信它是真的，就得依靠一些数字手段来确认它是真实交易（相当于把金币放进嘴里咬一下），于是生产出能通过测试的比特币的成本就必须足够高，才能阻止欺诈。

换句话说，加密货币爱好者是在热烈庆贺用最先进的技术让货币制度倒退回三个世纪之前。为什么你要做这种事呢？它能解决什么问题？我还没看到对上述问题的明确答案。

请别忘记，传统货币通常很好地履行了预定职能：交易费用很低；美元在一年后的购买力是高度可预测的，与比特币相比高出多个数量级；使用银行账户意味着对银行的信任，而银行总体上也配得上这种信任，信用度远远超过那些持有加密代币的公司。那为什么我们要转而使用这种运行效果差得多的货币形式呢？

事实上，在比特币发明8年后，加密货币在现实商业活动中的进展仍然极其有限。有少数企业接受它们作为支付手段，但我感觉这更多是展示一种姿态，看我多么新潮前沿，而非看重其现实用途。加密货币有庞大的市场估值，但绝大多数被作为投机工具持有，而非作为有效的交易媒介。

这是否意味着加密货币是纯粹的泡沫，最终将一泻千里？有必要指出，还有其他类似货币却没有像货币一样广泛使用的资产，但人们依然在持有。例如黄金在很长时间以来已没有再作为实际货币使用，却依然保有价值。

可以说纸币基本上也属于这种情况。尽管纸币交易很常见，但它们在整个交易金额中所占的份额其实很小，而且在下降。然而美元现金持有量同GDP的比值自20世纪80年代以来却提高了，现金持有的增长完全集中在50美元和100美元等较大面额的钞票上。

如今，大面额钞票已不再经常用于支付，事实上许多店铺已不再接受。那么持有这么多现金的目的何在？答案众所周知：逃税、非法活动等。另外许多现金存放在美国境外，有估计称，一半以上的美元现金由外国人持有。

显然，加密货币事实上正在竞争同一类业务：极少人用比特币支付账单，但很有些人用它来干购买毒品、破坏选举等事情。黄金与大面额钞票的例子表明，这类需求可以支撑相当大的资产价值。因此这是否意味着，即使加密货币并非其支持者宣传的革命性技术，也未必是泡沫？

这里就是考虑锚定因素的地方，或者更准确地说，要考虑加密货币缺乏锚定的问题。

在日常生活中，人们并不关心带着已故总统头像的绿色钞票的价值从何而来，我们接受美元纸币，只是因为其他人也接受它。不过美元纸币的价值也并非完全来自这种自我实现的预期，它最终的支撑来自美国政府会接受纸币作为履行纳税义务的方式——政府对民众的纳税义务有强制执行的权力。你甚至可以说，法定货币之所以有价值，是因为手里有枪的人说它有价值。而这意味着它们的价值不是人们丧失信心就会崩溃的那种泡沫。

另外，放在毒枭巢穴或其他任何地方的100美元钞票的价值，始终与美国本土的更小面额钞票的价值挂着钩。

在某种程度上黄金也属于类似情形。大多数黄金都在闲置中，它保有价值是因为人们相信它保有价值。但黄金在现实世界中也有用途，例如用于首饰，或者作为补牙的材料等，这些提供了跟现实世界一个较弱但真实的锚定。

相反，加密货币没有支撑，没有与现实世界的锚定，它们的价值完全取决于自我实现的预期，这意味着彻底崩塌有真实的可能性。如果投机者出现集体性的怀疑时刻，突然害怕比特币会变得一文不值，那比特币就会变得一文不值。

这种情形会发生吗？我认为发生的可能性比不发生更大，部分原因是加密货币的救世主式狂热宣传与远为平凡的现实前景之间差距太大。或者说，可能存在一种潜在均衡，比特币（或许不包括其他各种加密货币）主要在黑市交易和逃税活动中使用。不过即使这种均衡存在，也很难从现状发展到那一步。一旦区块链未来的梦想破灭，失望情绪可能会让整个体系崩塌。

以上就是我作为加密货币怀疑派的理由。我有没有可能说错？完全可能。但如果你想证明我的错误，请回答如下疑问：加密货币到底要解决什么问题？请不要只是用一堆技术呓语和自由意志主义口号来堵怀疑者的嘴。